WINE
&
FOOD

다이어리R

이 책을 펴내며

우리나라에서 조리를 전공하는 학생들이 와인과 음식을 동시에 공부할 서적은 아직 초보단계인 듯하다.

각 대학에서 와인을 전문으로 강의하는 학과 교재에 음식에 관한 내용들을 조금씩 보충하여 교재로 사용하는 실정이기 때문에, 그 불편함을 조금이나마 해소하기 위하여 미력한 힘이지만 용기를 내어 기존의 방식에서 조금 다른 형식으로 책을 구성해 보았다.

이 책의 특징을 요약하면 다음과 같다.

1. 기존의 책들은 주로 와인 관련 사진들이 많은 반면 이 책은 와인과 음식 사진을 함께 수록하여 실질적인 마리아주를 실험할 수 있게 구성하였다.
2. 음식을 도표화하여 같은 음식이라도 부재료와 소스에 따라 와인을 선택할 수 있도록 초점을 맞추었다.
3. 와인 전공자들도 고객에게 쉽게 음식을 추천할 수 있도록 구성하였다.

저자가 이 책을 집필하게 된 경위는 '와인과 음식의 조합을 어떻게 쉽게 설명할 수 있을까?', '음식문화로서 와인의 가치를 어떻게 높일 수 있을까?'에 대한 고민에서 출발하였다.

이를 위해 새롭게 우리 실정에 맞추어 와인과 음식을 한 몸통으로 재구성하기로 하고, 자료를 수집하여 누구나 쉽게 알 수 있도록 와인과 음식을 구성하였다.

2001년 와인 시장이 미약하던 시기에 와인나라를 비롯한 몇 개의 와인 수입사들이 와인 문화의 저변 확대를 위하여 와인관련 전문가를 양성하려는 일환으로 와인관련 업계에 근무하는 사람들을 대상으로 좀 더 구체적이고 체계적인 방법으로 교육하는 와인 소믈리에 전문 과정을 처음으로 개설하였다. 당시 청담동에 소재한 이탈리아 레스토랑 Boun Posto의 CEO 겸 주방장으로 있던 저자는 와인에 대한 지식의 부족함을 느껴 와인 소믈리에 과정을 수강하게 되었다.

당시 우리나라의 와인 관련 1세대라 할 수 있는 서한정 선생님과 김민환 선생님의 훌륭한 강의와 각 회사의 풍족한 와인, 자료 협찬으로 6개월간 와인에 관한 전문지식과 풍부한 와인 테이스팅을 할 수 있는 기회를 갖게 되었다.

그 수업이 아마도 우리나라 와인 소믈리에 과정의 효시였던 것 같다. 그것이 인연이 되어 와인 강좌를 마치고, 음식 전문채널인 M-net에서 교양강좌로 남경주의 '음식과 와인'이라는 프로그램에 12주 정도 출연하게 되면서 와인과 깊은 인연을 맺었다. 그 후 음식과 와인에 대해 많은 생각을 한 것이 동기가 되어 오늘 이 책을 집필할 수 있는 근간이 되었다.

우리가 어렵게 생각할 수도 있는 와인은 실상 그렇게 어렵고 복잡하게 생각할 필요가 없다. 왜냐하면 품종 개발과 와인을 만드는 과정이 자연과학의 관점에서 보면 복잡해 보이겠지만, 문화적인 관점에서 보면 그리 어렵지 않기 때문이다. 예를 들어 과일을 먹는 것이 어렵다고 생각하는 사람은 많지 않을 것이다. 와인의 근본은 포도다. 따라서 포도로 만든 발효음료라고 생각하면 간단하다.

서양에서 와인과 음식의 결합을 흔히 마리아주라고 하는데 이는 우리의 음식 문화인 술과 안주문화와는 다소 다른 각도에서 보는 것이 좋겠다. 서양에서의 와인과 음식에 대한 개념은 음식을 먹을 때 같이 먹는 '마시는 음식' 즉 마른 빵과 와인, 햄버거와 맥주의 역할, 즉 음식을 먹을 때 목넘김을 원활히 해주는 음료음식이다. 따라서 와인과 음식은 그들의 생활 문화만 이해하면 그리 어렵지 않을 것이다.

전문용어들이 다소 생소하겠지만 몇 가지 규칙적이고 객관적인 사항만 이해하면 맛있는 음식과 훌륭한 와인의 조합은 즐겁고 행복한 식탁문화를 연출해 줄 수 있을 것이다.

아무쪼록 이 책이 음식과 와인을 공부하는 모든 분에게 미력하나마 도움이 되기를 바라며, 이 책이 나오기까지 도움을 주신 출판사 관계자분들과 와인 사진에 도움을 주신 (주)나라와인 윤영규 대표님, 신성호 이사님, (주)와이넬 이기섭 전무님, 소팩사 직원 그리고 음식 사진에 도움을 주신 (주)다이어리알 이윤화 대표님, 와인21닷컴 최성순 대표님과 특히 한국호텔관광실용전문학교 조재덕 교수님의 참여가 있었기에 이 책의 완성도를 높일 수 있었습니다. 또한 자료정리를 도와준 아들 준호, 형석군에세 감사의 말을 전합니다.

| 차 례 |

Part 1_ 와인의 이해

| 차 례 |

Part 2_ 와인과 음식의 조화

Part 1
와인의 이해

1 Chapter 와인 입문

1절 와인의 역사

와인의 역사는 이집트와 메소포타미아 지역에서 시작된 것으로 볼 수 있는데, 관련된 유적으로는 BC 8000년경 메소포타미아 유역의 조지아(Georgia) 지역에서 발견된 압착기, BC 7500년경 이집트와 메소포타미아에서 발견된 와인 저장실, BC 4000~3500년에 사용된 와인을 담은 항아리, BC 3500년경 사용된 것으로 보이는 이집트의 포도재배와 와인 제조법이 새겨진 유물 등이 있다. 그 후 BC 2000년 바빌론의 함무라비법전에 와인의 상거래에 대한 내용이 담겨 있으며, 이것이 와인과 관련된 최초의 기술이다. 인류는 자신들이 숭배하는 신에게 와인을 바쳤고 의식, 축제, 상거래 등에서 중요한 매체로 활용하였다. 이집트인들은 오시리스 신에게, 그리스인들은 술의 신인 디오니소스에게 감사의 뜻으로 와인을 바쳤다.

지중해 연안의 온난한 기후와 비옥한 토양에서 자라던 포도는 그리스인들에 의해 경작법이 발전되었고, 로마시대에 이르러 더욱 부흥기를 맞았다. 로마는 제국을 통치하기 위해 로마군이 파견된 유럽의 여러 지역에서 직접 마실 수 있는 와인이 필요하였고, 이를 위하여 로마는 프랑스의 론, 보르도, 부르고뉴와 독일의 라인강 유역에 포도밭을 구축하였으며, 이것이 현재 유럽 와인의 생산기반이 되었다.

로마제국 멸망 후 중세시대에 이르러 와인 기술은 기독교의 확산으로 인해 수도원을 중심으로 보급되었다. 특히 부르고뉴 지역의 시토 수도원 수사들에 의해 현대적 형태의 포도재배와 와인 양조기술이 전승되었으며, 샴페인과 코르크 마개를 개발한 돔 페리뇽은 샹파뉴 지방의 오트빌에 있는 수도원의 와인 양조 담당 수사였다. 이처럼 기독교의 전파와 함께 종교용 와인을 공급하던 것이 점차 프랑스와 이탈리아, 독일 등으로 널리 퍼져 나갔다.

1152년 프랑스공국의 아키텐 공주가 훗날 헨리 2세가 되는 앙주 지방의 백작 과 결혼하면서 보르도와 서남부 일대의 영토가 영국의 속령이 되었고, 영국과 프랑스 사이 백년전쟁이 일어나게 된 배경이 되었다. 전쟁이 끝나고 보르도를 소유하지 못하게 된 영국은 그 대체시장을 찾아 스페인과 포르투갈로 눈을 돌렸고, 그 때문에 두 나라에서는 와인 산업이 발전하게 되었으며, 스페인산 포트 와인이 탄생한 배경이 되기도 한다. 한편 프랑스에서는 프랑스혁명 이후 수도원과 영주가 소유하고 있던 포도밭이 여러 소유주들에게 나누어지게 되고, 보르도 지역은 신흥금융자본가들에 의해 포도경작지가 대규모로 재통합되면서 보르도 지역의 부의 상징인 부르주아라는 단어가 탄생하는 배경이 되었다.

1) 성경 속의 와인

구약성경에 의하면 노아가 대홍수 후에 아라라트산에 정착하여 첫 농사를 지은 다음 와인을 담가 마시고 대취했다는 구절이 있을 만큼 노아는 와인을 즐겨 마셨다는 것을 알 수 있다. 이것으로 미루어볼 때 이미 그 이전부터 포도 재배와 와인 제조가 보편화되었던 것으로 볼 수 있다. 또한 그리스신화에 의하면 제우스의 아들인 디오니소스가 포도 재배와 와인 제조법을 지중해 연안으로 보급시킨 것으로 설명되어 있다.

신약에서 포도주는 기독교 신앙의 가장 중요한 핵심인 '예수의 피'를 상징

한다. 예수는 최후의 만찬에서 제자들과 더불어 빵과 와인을 나누어 먹으며 다음과 같이 말한다. '이 빵은 나의 살이요, 이 와인은 나의 피니라.' 그 때문에 와인은 성스러운 신의 선물로 간주되어 미사주로 사용되었다. 교회는 여러 의식에 필요한 와인을 생산하려는 의도에서 포도 재배를 적극적으로 지원하였다. 그리하여 중세에는 수도원이 와인의 생산을 담당했으며, 와인의 제조방법 또한 수도원에서 발전되었다. 그 후 기독교의 대중적인 확산과 함께 일반 가정에서의 와인문화도 널리 보급되었다.

2) 고대 이집트 와인

BC 3~4000년 전경 고대 이집트에서는 포도 재배기술과 와인 제조가 학문적으로 발전하였으며, 재배전문가들이 포도나무를 가꾸었고, 노예들에 의해 수확한 포도로 즙을 짰다. 고대 이집트에는 피라미드에서 당시 생활상을 보여주는 포도 재배 및 와인양조와 관련된 벽화가 있다.

이집트인들은 와인에 대한 애정이 각별했으며, 그리스보다 앞선 포도경작은 나일강 삼각주에서 서부 사막의 오아시스까지 전해졌다. 미라를 만들 때에도 와인을 사용했는데, 그 이유는 시신의 부패를 방지하기 위한 것 같다. 그들은 와인으로 시신을 닦고 내장을 꺼낸 후 시체의 내부도 깨끗이 닦았다. 많은 이집트인들의 무덤에서 와인이 시신과 함께 부장품으로 묻혔는데, 이것은 망자가 자신의 집에서 가장 값진 물건을 함께 지니고 사후 세계로 떠난다는 이집트인들의 관습을 보여준다.

이집트의 아름다웠던 네페르티티 왕비는 와인을 기초향수로 사용할 정도로 와인의 향을 좋아했다. 당시 파라오들이 죽으면 피라미드 안에 포도씨를 같이 묻었는데 이것은 내세에 가서도 와인이 부족하지 않도록 하기 위한 것이었다고 한다. 이집트의 테벤에서 발견된 벽화에 써진 글에 의하면 '나에게 18잔의 와인을 주시오. 내가 취해야 되겠소. 나의 속은 짚과 같이 말라 있소.'라고 쓰여 있을 정도로 사후세계에서까지 와인 마시기를 소원했다.

이러한 와인은 카라반(Caravan : 사막지역의 낙타가 끄는 이동식 주택)이나 배를 통하여 그 당시의 주요 도시들로 이동식 교역을 통해 화폐무역 즉 재화로써의 현대경제의 기반이 형성되었다.

3) 그리스, 로마의 와인

고대 문명의 중심지였던 그리스는 BC 3000년 전부터 포도를 재배하였으며 값진 와인을 생산하였다. 알렉산더 대왕의 원정에서 그리스의 포도 재배가 확산 되었으며 이때 중국에도 와인이 전파되었다. 플라톤, 아리스토텔레스, 히포크라테스와 같은 많은 철학자들이 와인을 찬양하였다. 그리스인에 의해 로마에 전파된 포도 재배기술은 로마의 영토 확장을 통해 유럽의 많은 지역에 전해지게 되었다. 로마군은 먼 지역을 원정하면서 물 대신 와인을 가지고 다녔다. 와인을 계속해서 공급받기 위해 군인들은 포도나무를 가지고 가서 야영지 주변에 심기도 했다. 로마인들은 와인을 토할 때까지 마시고, 깃털 같은 것으로 목구멍을 자극해서 토해내고 또 마셨을 정도로 와인을 사랑했다.

4) 중세 이후의 와인

중세 유럽에는 식수로 사용되는 물을 얻기 힘들어 식사 때 와인을 대신 마셨다. 이 때문에 와인이 인생의 중요한 한 부분이 되었고 또한 많은 와인을 가지고 있지 않으면 어떤 계약도 성사시킬 수 없을 정도로 와인은 현금과도 같이 사용되었으며 세금으로 와인을 대신 내기도 했다.

또한 병사들의 전투식량이 되기도 했다. 나폴레옹 시기에는 병사들이 마실 수 있는 충분한 양의 와인이 준비되지 않으면 출정하지 않았으므로 나폴레옹은 와인을 소중한 군량미로 생각했다.

중세의 와인은 수도원 및 교단의 성장과 더불어 발달하였는데, 포도 재배 및 와인 생산에 헌신적인 역할을 한 곳은 베네딕트 교회의 수도사들이었다. 중세 프랑스는 이미 전역에서 포도 재배를 하였으며, 12세기부터는 영국과 게르만국가들을 상대로 수출을 시작하였다.

이 시기부터 와인 양조에 있어서 통제를 받았으며, 필립 드 아르디 왕은 1395년 품질을 유지하기 위한 대책을 세웠다. 이는 와인의 수요와 공급이 늘어나면 품질이나 가격에 여러 가지 복잡한 문제가 발생했음을 알 수 있다. 즉 중세 유럽은 종교적 관점의 와인에서 대중의 사랑을 받는 훌륭한 먹거리로 성장해서 오늘날 전 세계인들의 식탁에서 빼놓을 수 없는 귀중한 음식이 되었다.

Chapter 2

와인의 분류

1절 탄산 유무에 따른 분류

1) 발포성 와인(Sparkling Wine)

자연적으로 발생되는 탄산가스를 제거하지 않고 그대로 두는 방법과 완성된 와인에 탄산가스를 주입시켜 만드는 두가지의 방법이 있다. 이러한 스파클링 와인 중에서도 특히 프랑스 샹파뉴 지방에서 생산되는 것만을 샴페인이라 부르는데, 이 샴페인과 이탈리아의 스푸만테, 스페인의 카바, 독일의 젝트가 대표적인 스파클링 와인이며, 알코올 도수는 대체로 8~14%이다.

2) 비발포성 와인(Still Wine)

흔히 우리가 마시는 일반적인 와인으로 스틸 와인이라고도 한다. 포도당이 분해되어 와인이 되는 과정 중에 자연적으로 발생되는 탄산가스를 완전히 제거한 것으로 20℃에 1기압 미만의 와인을 의미한다. 알코올 도수는 보통 11~12%이며, 프랑스·독일·이탈리아에서는 보통 10~12%이다. 대부분의 와인이 여기에 속한다.

2절 알코올 첨가에 따른 분류

1) 비강화 와인(Unfortified Wine)

일반적인 와인을 뜻하는 것이다. 다른 술과 알코올을 첨가하지 않고 포도만을 발효시켜 만든 와인을 의미한다.

2) 강화 와인(Fortified Wine)

주정강화 와인이라고도 불리는 이 와인은 알코올 도수를 높이고, 단맛을 내기 위해 발효시킨 와인이나 발효 중인 와인에 브랜디(알코올)를 첨가하여 발효를 정지시키는 와인이다. 제조과정은 포도 수확→포도알 으깨기 및 줄기 제거→압착→발효→숙성→브랜디 첨가→저장→거르기→블렌딩→저장→병입으로 요약 된다. 이 과정을 통해 와인의 보존성이 높아지게 된다. 대표적인 강화 와인에는 포트 와인(Port Wine), 셰리 와인(Sherry Wine), 마데이라(Madeira), 마르살라 (Marsala) 등이 있고 식전주나 식후주로 이용된다.

3절 색깔에 따른 분류

1) 레드 와인(Red Wine)

레드 와인의 색깔은 붉은색에서 보라색까지 다양하다. 보라색에 가까울수록 영 와인이며 오렌지색이나 검붉은색에 가까워질수록 와인은 오래 숙성되었음을 나타낸다. 레드 와인을 만드는 포도품종도 붉은 적색에서 시든 제비꽃색까지 다양하다. 따라서 포도품종에 따라 와인의 색상도 약간씩 달라진다. 이는 토양과 기후에 적응하면서 생긴 생존의 흔적이라 할 수 있다. 오래 숙성된 와인일수록 포도향이 갖고 있는 아로마는 적어지면서 숙성하면서 생기는 복합적인 부케가 살아남을 느낄 수 있다.

레드 와인은 포도 껍질과 씨앗, 줄기에서 얻어진 탄닌(Tannin)을 가지고 있다. 이 탄닌은 떫거나 거칠고 껄껄한 맛을 주는데 오크통 숙성과 병 숙성을 통해 부드럽게 변하게 되는 것이다. 레드 와인의 달지 않고 드라이한 맛은 입안에서 마르는 듯한 느낌을 주기도 하는데 이것은 주로 산도에 의한 것이다.

레드 와인은 껍질과 씨를 거르지 않고 제조되어 껍질과 씨에 포함된 탄닌이 레드 와인 특유의 떫은맛을 내고 껍질의 안토시아닌으로 인해 적색을 나타내는 것이며 대부분 단맛이 적고 드라이한 것이 특징이다. 일반적으로 육류, 양념된 요리와 잘 어울린다는 특징을 가지고 있다.

2) 화이트 와인(White Wine)

화이트 와인은 일반적으로 청포도품종으로 제조되나, 적포도품종으로 만들어 지기도 한다.

화이트 와인의 색깔은 초록빛이 감도는 맑은 색부터 노란 황금색까지 다양하다. 가끔씩 연둣빛이나 녹색이 약간 비치기도 하는데 보통은 황금색이다. 대부분의 화이트 와인들은 다양한 열대과일의 향기가 느껴지며 벌꿀이나 바닐라 향이 나기도 한다.

레드 와인에 비해 탄닌(Tannin)이 상대적으로 적어 신선하고, 상큼한 맛이 난다. 색상이 맑을수록 좋은 와인이다. 그리고 과실이 주는 특유의 산미는 상큼하고 기분 좋게 하며, 달콤한 맛은 감질나게 한다. 대표적인 화이트 와인의 품종으로는 샤르도네가 있다.

일반적인 알코올 농도는 10~13%로 레드 와인에 비해 약간 낮고 보편적으로 생선이나 채소류, 담백한 요리, 과일, 향이 부드러운 치즈 등과 잘 어울린다.

3) 로제 와인(Rose Wine)

로제 와인은 화이트 와인과 레드 와인의 중간 정도라고 볼 수 있다. 맛은 가볍고 신선하며 색은 사랑스러운 연분홍빛을 띤다.

제조방법은 레드 와인과 같이 포도의 과육과 껍질을 함께 넣고 색이 반쯤 우러나오면 압착하여 과육과 과피를 분리한 후 핑크색 상태의 과즙만으로 발효시키는 것이 보편적이다. 화이트 와인과 레드 와인을 섞어서 제조하기도 한다. 맛이 부드럽기 때문에 식사 중 어느 때나 편하게 즐길 수 있으며 차게 해서 마시면 더욱 좋은 맛과 향을 즐길 수 있기 때문에 여름에 주로 애용된다.

4) 옐로우 와인(Yellow Wine)

프랑스 쥐라(Jura) 지역에서 경작되는 청포도로 만든 와인으로 보통 6년 정도 숙성시켜 마신다. 진한 노란색을 띠며, 병입 후의 수명도 길어 80년이 지나도 그 향이 약해지지 않는다고 한다.

4절 당분 함유량에 따른 분류

와인의 맛은 드라이한 와인부터 스위트한 와인까지 다양하다.

와인의 단맛은 포도즙의 당분이 완전 발효되지 않고, 남아 있는 당분에 의해 단맛을 느끼게 된다.

레드 와인은 대부분 드라이한 맛을 지니는데, 색깔이 짙을수록 향이 강하며 바디감이 강한 맛을 나타낸다. 화이트 와인은 드라이한 맛에서부터 가벼운 맛에 이르기까지 다양한 맛이 분포한다. 색깔이 옅을수록 드라이한 경향을 띤다. 당분의 양이나 산과 당의 차이에 의해 맛을 표현한다.

1) 단맛의 와인

1리터당 포도당의 함량이 18g 이상으로, 당 함량이 2% 이상이며 마셨을 때 달다고 느껴지는 와인을 일반적으로 스위트 와인이라고 하며, 와인의 단맛을 기준으로 가장 단맛의 와인을 드라이 스위트 와인, 드라이하지만 약간은 스위트한 느낌이 있는 와인을 드라이 미디엄 와인, 단맛이 거의 느껴지지 않는 드라이 화이트 와인까지 단맛의 와인도 3가지로 분류할 수 있다.

2) 미디엄 드라이 와인

1리터당 포도당의 함량이 10~18g이면 미디엄 드라이 와인이라고 한다. 와인 맛에 익숙지 않은 보통 사람도 마시기 편한 와인이며, 드라이 와인과 스위트 와인의 중간 맛이 나는 와인이다.

3) 드라이한 와인

1리터당 포도당의 함량이 10g 미만이면 드라이 와인으로 분류하며 단맛이 없는 와인으로서 발효 시 당분이 완전 발효되어 알코올로 변한 와인을 의미한다.

5절 식사 시 용도에 따른 분류

식사 시 용도에 따라 와인을 분류하면 애피타이저 와인(Appetizer Wine), 테이블 와인(Table Wine), 디저트 와인(Dessert Wine)으로 나눌 수 있다.

1) 식전 와인

식사를 시작하기 전에 식욕을 돋우기 위하여 전채요리와 함께 한두 잔 가볍게 마시는 와인이다. 프랑스어로 아페리티프 와인이라 하고 우리나라말로 식전 와인이라 부르며 셰리 와인이나 스파클링 와인이 대표적이다.

2) 식중 와인

테이블 와인은 식사 중 메인에 제공되는 음식과 함께 곁들이는 와인을 뜻한다. 식사의 종류에 따라 화이트 와인, 로제 와인, 레드 와인을 마시며 식사 분위기를 좋게 해주고 식욕을 증진시키며 소화를 돕고, 맛의 상승작용을 하는 와인을 의미한다.

※ 프랑스 와인 등급 중 VDT라고 하는 지역표시는 없으며 대중적이고, 여러 가지 포도를 혼합하여 일정한 맛을 내며 정부의 어떤 통제도 받지 않고 생산되는 뱅 드 타블(Vin de Table)과는 다른 의미의 와인이다.

3) 식후 와인

식사를 마친 후 디저트와 함께 마시는 당분이 많이 함유된 와인이다. 입안을 달콤하고 개운하게 해주며 소화를 촉진시켜 주기도 한다. 주로 포도열매의 새콤 달콤한 맛과 여러 가지 과일 향이 나고 시원한 느낌이 나는 스위트 와인 계열의 와인을 주로 마시며 알코올 도수가 약간 높은 것이 특징이다. 소테른 지역의 와인, 리슬링, 독일의 아이스 와인 계열이 주로 이용된다.

6절 가향 유무에 따른 분류

가향 와인은 발효 전후에 과일즙, 천연 향을 첨가한 와인으로 베르무트에서 레치나에 이르는 다양한 와인의 종류가 있다.

향을 첨가하기 위해 사용되는 허브, 과일, 꽃, 딸기, 오렌지 껍질, 다북쑥, 송홧가루 그리고 퀴닌(Quinine) 등이 있다. 베르무트, 상그리아가 대표적이며 적게는 한 가지 향에서 많게는 50가지의 향이 첨가된다.

7절 저장연도에 따른 분류

- 영 와인 : 5년 미만의 와인
- 중급 와인 : 5~15년 미만의 와인
- 고급와인 : 15년 이상의 와인

8절 생산국가에 의한 분류

생산국가에 따른 분류는 크게 구대륙 와인(유럽 와인)과 신대륙 와인으로 크게 두 지역으로 구분한다. 즉 유럽와인과 유럽을 제외한 모든 나라의 와인이다.

- 프랑스 와인
- 이탈리아 와인
- 스페인 와인
- 포르투갈 와인
- 독일 와인
- 미국 와인
- 칠레 와인
- 호주 와인
- 기타 국가의 와인(한국, 일본, 중국, 인도, 남아프리카 등)

9절 바디에 따른 분류

와인의 바디(입안에서 무게감이 있는 듯한 느낌의 맛)란 와인을 입에 머금었을 때 느껴지는 무게감이다. 입으로 느껴지는 와인의 무게는 정확히 표현하기 어렵지만 보통 점도가 높은 액체를 입에 머금었을 때의 느낌을 바디가 높다고 표현 한다면 점도가 낮은 액체를 입에 머금었을 때의 느낌을 바디가 낮다고 표현한다. 예를 들어 가벼운 생수와 같은 느낌은 바디가 낮고 우유와 같은 진한 농도의 액 체는 보디가 높다고 표현한다.

1) 라이트 바디 와인(Light-bodied wine)

입안에 머금었을 때 물처럼 가볍고 경쾌한 느낌이 드는 와인을 말한다. 일반적으로 화이트 와인과 가벼운 로제 와인에서 많이 느껴진다. 바디가 가벼우면서 풍부한 향을 지닌 고급와인도 있지만 보통 물과 같이 맑은 느낌이 드는 와인을 라이트 바디 와인이라고 한다.

2) 미디엄 바디 와인(Medium-bodied wine)

라이트 바디(Light-bodied)와 풀 바디(Full-bodied)의 중간 정도의 무게감이 느껴지는 와인이다. 물과 우유의 중간 정도의 느낌이 든다.

3) 풀 바디 와인(Full-bodied wine)

점도가 높은 액체를 입에 머금었을 때의 느낌의 와인을 풀 바디 와인이라고 표현하며 보통 알코올 함량, 당분, 탄닌 성분이 많을수록 무게감이 높게 느껴지는데, 시럽이나 우유를 입안에 머금었을 때 끈적하고 무거운 느낌의 와인이다.

요점정리

❖ 와인의 분류

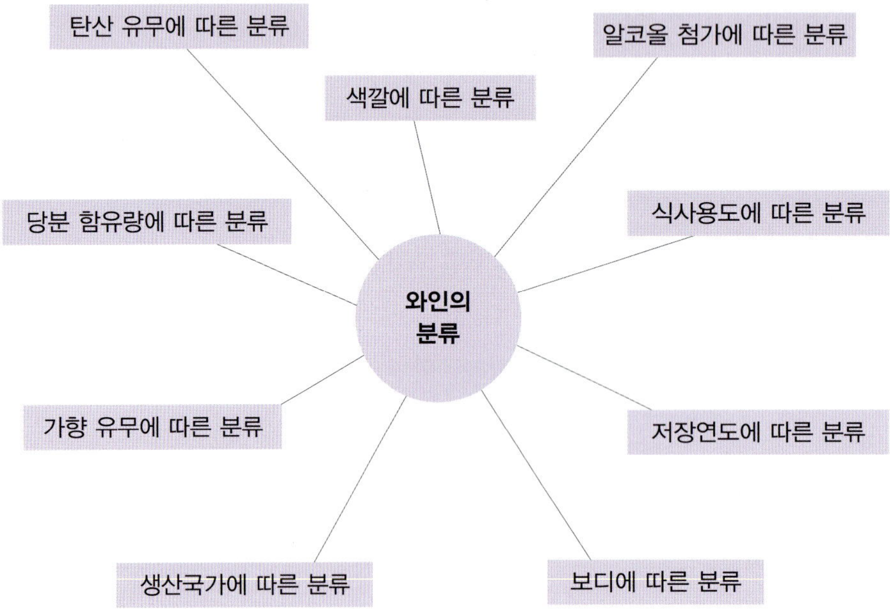
와인의
분류
탄산 유무에 따른 분류
색깔에 따른 분류
알코올 첨가에 따른 분류
당분 함유량에 따른 분류
식사용도에 따른 분류
가향 유무에 따른 분류
저장연도에 따른 분류
생산국가에 따른 분류
보디에 따른 분류

White wine
Red wine
Sweet
Dry

Chapter 3 포도품종

1절 포도나무의 역사

현재 유럽의 포도품종은 중앙아시아 유역인 유크라테스, 티그리스강 유역의 알바니아·크로아티아·터키·우즈베키스탄공화국 등의 중앙아시아 지역이 원산지이고, 재배의 역사가 가장 오래된 지역이며 히브리계의 셈족에 의해 유럽으로 전파되었다.

포도나무는 포도과에 속하는 칡과 계열의 낙엽성 덩굴식물이며 선민 이스라엘을 상징하는 수종이다.

포도나무는 무더위를 잘 견디며 척박한 땅에서도 뿌리를 땅속 깊숙이 내리는 특성을 가지고 있기 때문에 어지간한 광야 지역이나 경사진 산지에서도 열매를 잘 맺어, 팔레스타인과 같이 무덥고 건조한 산악기후와 열악한 환경조건에서도 잘 자라는 식물이다. 그래서 히브리 사회에서 포도나무는 안정된 생활과 평화 및 번영을 상징하였다.

와인의 이름은 대부분 생산된 지명을 사용하기도 하지만 포도품종의 이름을 사용하는 경우도 있으며 주로 신세계 와인에서 포도품종의 이름을 사용하는 경우가 많다. 이럴 경우 주 포도품종의 80% 이상이 사용될 경우에 사용할 수 있다. 지역의 이름으로 사용되는 경우에는 프랑스 와인의 포도품종인 리슬링,

샤르도네가 대표적이다.

Grape Variety는 '포도품종'을 말하며, 프랑스어로 세파주(Cepage), 스페인어로 세파(Cepa), 포르투갈어로 캐스타(Casta)로 표현한다.

2절 레드 와인 포도품종

카베르네 소비뇽(Cabernet-Sauvignon), 피노 누아(Pino Noir), 메를로(Merlot), 가메(Gamay), 시라(Syrah), 카베르네 프랑(Cabernet Franc), 말벡 (Malbec), 카리냥(Carignan), 그르나슈(Grenache), 산조베제(Sangionvese), 네비올로(Nebbiolo), 진판델(Zinfandel), 템프라니요(Tempranillo), 바르베라 (Barbera), 슈패트부르군더(Spatburgunder), 트롤링거(Trollinger)등이 있다.

1) 카베르네 소비뇽(Cabernet-Sauvignon)

- 재배지역 칠레, 캘리포니아, 프랑스, 호주, 프랑스 보르도 지역의 메도크, 그라브 지역, 루아르, 프로 방스
- 향기 과일 향이 좋고 알코올 속에 함축된 복합적인 부케 향이 난다.
- 특징 보르도 지역의 대표적인 와인이며 탄닌(Tannin)이 풍부하고, 색이 진하며, 향도 좋아 장기 숙성하기 용이하다. 처음 양조된 와인은 떫은 맛이 강하며, 녹색 피망 향이 나지만, 숙성되면서 깊이 있고 중후하며 낙엽 덮인 토양의 향이나 삼나무 향 등의 다양한 향이 난다.
- 어울리는 음식 스테이크, 양고기, 치즈

2) 피노 누아(Pino Noir)

- 재배지역 버건디 지역이 대표적인 품종이며 프랑스의 루아르, 샹파뉴, 알자스, 코트 도르, 쥐라 등
- 향기 장미와 제비꽃 향, 송로버섯 향, 딸기와 체리 향 등이 난다. 숙성 전에는 과일향이지만 숙성 후에는 아로마 향 등이 난다. 섬세하고 여린 것이 특징이다.
- 특징 부르고뉴 레드 와인의 명성을 지켜온 포도 품종으로 미숙할 때는 대개 작고 붉은 열매 향이 나지만 수년간의 숙성 후에는 야생 고기 향을 띤다. 신맛이 강하고 탄닌이 약한 특징이 있으며 루비색이 아름답다. 부르고뉴 레드 와인 양조에 주로 사용되나 알자스, 쥐라, 뷔게 등의 다른 지방에서도 재배된다. 화이트 와인으로 양조될 경우에는 샴페인 양조에 사용된다. 일반적으로 다른 품종과 블렌딩하지 않는다.
- 어울리는 음식 구운 가금류, 돼지고기, 생선 등

3) 메를로(Merlot)

- 재배지역 프랑스 보르도 지역, 칠레, 아르헨티나, 스위스, 보르도 지방의 생테밀리옹이 제일 유명하다.
- 향기 부드럽고 순한 맛과 감칠맛이 풍부하고 향긋하다.
- 특징 맛이 순하고 감칠맛이 풍부하기 때문에 초보자들이 접하기 좋으며 카베르네보다 일찍 익고, 탄닌과 산도가 약하며, 빨리 숙성된다.
- 어울리는 음식 닭, 오리, 양고기, 부드러운 치즈

4) 가메(Gamay)

- **재배지역** 앙주, 캘리포니아, 스위스, 프랑스 부르고뉴 보졸레(Beaujolais) 지역 등
- **향기** 탄닌이 적고, 과일 향이 진하다.
- **특징** 보졸레 지방에서는 유일하게 이 품종만을 재배하며 그 밖에 여러 지방에서도 재배한다. 생산 후 금방 마실 수 있는 순한 맛의 가벼운 와인이 특징이나 다른 품종과 혼합하면 육감적인 와인이 된다. 포도송이와 알이 다소 큰 편으로 과일 향이 풍부하다. 조르주 뒤뵈프는 프랑스 보졸레 지역의 가메품종을 세상에 널리 알리며 '보졸레 누보의 아버지'라는 별칭을 얻게 된다.
- **어울리는 음식** 돼지고기, 연어

5) 시라(Syrah)

- **재배지역** 호주의 쉬라즈, 프랑스 론 강의 북부지 역, 프로방스 및 랑그도크루시용 지역
- **향기** 숙성되면 후추 향과 야생 고기 향이 난다.
- **특징** 북부 코트 드론의 유일한 검은 포도품종으로 아주 오랜된 품종 중 하나다. 기원을 살펴보면 페르시아에서 재배된 것으로 보인다. 에르미타주에서 이 포도를 이용하여 풍부한 맛과 향, 탄닌이 있는 와인을 만들어낸다, 색이 진하고 스파이시한 맛이 나 동양의 자극적인 음식에 잘 어울리며 과일 향이 풍부해서 접하기 쉬운 좋은 와인이다.
- **어울리는 음식** 파스타류, 양고기

6) 카베르네 프랑(Cabernet Franc)

- 재배지역 루아르, 시농, 남아메리카, 생테밀리옹
- 향기 라즈베리, 바이올렛, 피망, 사향, 송로, 연기의 향
- 특징 보르도 지방, 남서부 지방, 발 드 루아르 지역 등에서 재배되는 품종이며 검은 딸기나무 향기에 프랑부아즈 향기가 가미된 포도주를 생산한다. 카베르네 프랑 와인은 카베르네 소비뇽 와인보다 색깔이 옅고 탄닌 함량이 적다. 비교적 일찍 익고, 산도가 약하며, 가볍고 부드럽다. 반면 향은 진하여 풀 바디한 와인 제조에 사용된다.
- 어울리는 음식 스테이크

7) 말벡(Malbec)

- 재배지역 아르헨티나, 프랑스 보르도 지역(프랑스 보르도 지역이 원산지이지만 아르헨티나에서 메인품종으로 사용), 스페인, 남아메리카
- 향기 진한 과일 향
- 특징 지방에 따라 명칭이 다른 포도품종이다. 카오르 지방 와인의 주요 구성성분이며 이 지방에서는 오세루아(Auxerrois), 투렌 지방에서는 코트 (Cote), 보르도 지방에서는 말벡(Malbec)이라 불린다. 탄닌 성분이 약하고 맑은 색상을 갖고 있다. 맛이 진하고 오크통에서 숙성을 거치면 우아하고 스파이시한 맛이 나타난다. 그리고 보르도에서는 색상과 탄닌의 조화를 위해 블렌딩용으로 사용되며 아르헨티나에서는 단일 품종의 와인으로 생산되기도 한다.
- 어울리는 음식 진한 소스의 육류, 오래 숙성된 치즈

8) 카리냥(Carignan)

- 재배지역 스페인, 남프랑스, 이탈리아, 이스라엘, 캘리포니아
- 향기 과일 향과 스파이시한 향이 난다.
- 특징 프랑스에서 가장 넓은 재배면적을 가졌으며 지중해 연안의 미디 지방 전역에서 재배된다. 단위면적당 수확량은 적으나 생산되는 와인은 탄닌 함량이 많고 어떤 포도품종보다도 진한 보랏빛을 낸다. 힘찬 느낌이 강하여 주로 섬세한 다른 품종과의 블렌딩에 사용된다.
- 어울리는 음식 바비큐, 오리고기, 파스타

9) 그르나슈(Grenache)

- 재배지역 프랑스 랑그도크루시용 및 론 지역, 스페인, 캘리포니아
- 향기 스위트하고 라즈베리 향이 풍부하다.
- 특징 더운 지역에서 재배하기 좋으며, 알코올 도수가 높고 풀 바디한, 유연한 맛의 진한 와인을 생산한다. 시라, 무르베드르로 제조된 와인과 혼합되어 장기 저장용 와인이 된다. 로제 와인 및 화이트 와인을 만드는 데에도 사용되고 황갈색을 띠며 감미가 많이 느껴진다.
- 어울리는 음식 스테이크, 치즈

10) 산조베제(Sangiovese)

- 재배지역 이탈리아 토스카나와 피에몬테, 미국, 칠레, 호주
- 향기 향이 다양하고 풍부한 과일 향이 특징이다.
- 특징 키안티 와인의 주 포도품종으로 산도의 균형이 잘 맞는다. 석회질이 높은 토양에서 잘 자라고 재배기간이 짧으며 포도열매가 빨리 숙성되고 생명력이 강하다. 맛과 향이 다양하고 숙성되면 검붉은 색깔을 띠며 산도가 높다. 기분 좋고 풍부한 과일 향이 난다.

- **어울리는 음식** 파스타, 피자, 바비큐

11) 네비올로(Nebbiolo)

- **재배지역** 이탈리아의 바롤로와 바르바레스코, 가티나라, 남아메리카, 캘리포니아
- **향기** 블랙체리, 아니스, 감초의 향이 난다.
- **특징** 피에몬테 지역에서 재배되는 이탈리아 최고의 적포도품종으로 진하고 강한 구조와 묵직하고 가득한 느낌을 지닌 와인으로서 당분함량이 많아 장기보관용으로 사용된다. 두꺼운 껍질과 짙은 보라색을 지닌 이 포도는 수확기간이 길다.
- **어울리는 음식** 파스타, 훈제연어, 육류

12) 진판델(Zinfandel)

- **재배지역** 이탈리아, 미국 캘리포니아, 호주
- **향기** 나무딸기와 뽕나무 특유의 향이 강하다.
- **특징** 이탈리아에서 전해진 것으로 추측되나 현재는 캘리포니아에서만 재배되는 독특한 품종이다. 딸기 향을 지녔으며 그 향기와 조직에 생동감이 넘친다. 여러 스타일로 만들어지며 스튜나 토마토소스 등과 잘 어울린다. 당도와 알코올 도수가 높은 편이며 가벼우면서 산뜻하고 레드, 로제, 화이트 와인을 만드는 데 폭넓게 쓰인다. 숙성되면 카베르네 소비뇽과 분간하기 어려울 정도로 흡사하다.
- **어울리는 음식** 스테이크, 칠면조, 햄

13) 템프라니요(Tempranillo)

- **재배지역** 스페인 리오하와 리베라 델 두에로
- **향기** 잘 익은 과일 향이 난다.
- **특징** 포도 껍질이 두껍고 색상이 짙으며 균형 잡힌 와인을 만든다.
- **어울리는 음식** 양고기, 가금류

14) 바르베라(Barbera)

- **재배지역** 이탈리아의 피에몬테, 캘리포니아나 호주에서도 생산된다.
- **향기** 테베리 향, 스파이시한 향
- **특징** 이탈리아에서 널리 재배되는 포도품종 중 하나로 높은 산도를 가지고 있다.
- **어울리는 음식** 바비큐, 고르곤졸라 치즈

15) 슈패트부르군더(Spätburgunder)

- **재배지역** 독일
- **향기** 독특하고 우아한 향
- **특징** 우아하며 독특한 향기를 가졌고 포도송이는 작은 편이지만 빨리 성장한다. 부르고뉴 지방의 피노 누아 품종에서 도입된 품종으로 풍부한 맛, 체질이 강하며 약간의 아몬드 향이 있다. 가볍고 맛좋은 와인을 만들 수 있다.
- **어울리는 음식** 쇠고기, 양고기, 연어

16) 트롤링거(Trollinger)

- **재배지역** 뷔르템베르크, 렘버거
- **향기** 과실 향
- **특징** 트롤링거는 뷔르템베르크 지방에서만 재배되고 있으며 품종명에서 나타나는 것과 같이 북이탈리아의 남티롤 지방이 원산지로 추정된다. 성장 속도가 느리며 향기가 많고 맛이 화려하다.
- **어울리는 음식** 육류

3절 화이트 와인 포도품종

샤르도네(Chardonnay), 소비뇽 블랑(Sauvignon Blanc), 세미용(Semillion), 뮈스카(Muscat), 슈냉 블랑(Chenin Blanc), 뮈스카데(Muscadet), 리슬링 (Riesling), 실바너(Sylvaner), 게뷔르츠트라미너(Gewurztraminer), 뮐러투르가 우(Muller-Thurgau), 트레비아노(Trebbiano), 콜롬바드(Colombard), 피노 그 리(Pinot Gris), 알리고테(Aligote) 등이 있다.

1) 샤르도네(Chardonnay)

- **재배지역** 이탈리아 북부, 스페인, 미국, 칠레, 프랑스
- **향기** 사과 향, 파인애플 향, 바닐라 향과 견과류 향 등이 풍부하고 섬세하다.
- **특징** 대부분의 유명한 부르고뉴 화이트 와인을 만드는 품종이며 샹파뉴 지방, 특히 코트 드 블랑에서도 재배된다. 쥐라 지방과 루아르 계곡에서도 볼 수 있다. 샤르도네 품종으로 만든 와인은 섬세하고 마른 과

일 향을 갖는 양질의 와인으로 알코올 함량이 높고 산도가 낮으며 향이 풍부하다. 적응력이 뛰어나 여러 곳에서 생산된다.

- **어울리는 음식** 생선·굴 등의 해산물, 햄

2) 소비뇽 블랑(Sauvignon Blanc)

- **재배지역** 프랑스 보르도의 소테른과 그라브, 루아르 지방(상세르, 푸이 퓌 레), 캘리포니아, 뉴질랜드
- **향기** 까치밥나무와 꽃내음이 많이 난다.
- **특징** 향기가 강하며 보르도, 쉬두에스트, 발 드 루아르 지방이 주된 재배지이다. 상세르(Sancerre), 푸이 퓌메(Pouilly-Fumé), 퀸시(Quincy) 등의 화이트 와인의 유일한 구성 품종이다. 소테른 지방 등지에서는 세미용 품종과 조합되어 감미로운 리큐어 와인을 생산한다. 산도가 높아서 신맛이 강하고 향이 진하며 짠맛이 있고, 톡 쏘는 맛도 있다.
- **어울리는 음식** 갑각류, 해산물

3) 세미용(Semillion)

- **재배지역** 프랑스 보르도, 소테른 및 그라브 지역, 미국의 캘리포니아와 워싱턴 주, 호주, 뉴질랜드
- **향기** 레몬, 그레이프프루트, 사과, 복숭아, 배, 열대과일, 오렌지, 마멀레이드 향이 난다.
- **특징** 보르도와 쉬두에스트 지방에서만 재배된다. 이 품종이 걸리는 귀부병은 이 지방의 유명한 리큐어 와인을 생산할 수 있도록 해준다. 소비뇽과 혼합되어 섬세하고 산미가 약간 있으며 전체가 조화된 무감미 화이트 와인을 생산한다. 껍질이 얇고, 포도송이가 크고, 조밀하게 달

려서 귀부병에 걸릴 확률이 높다. 감미가 풍부하고, 신맛이 거의 없다.

- 어울리는 음식 새우, 홍합

4) 뮈스카(Muscat)

- 재배지역 프랑스 론, 랑그도크루시용 및 알자스 지역, 미국 캘리포니아, 호주
- 향기 사향 냄새와 독특한 꽃향기가 난다.
- 특징 세계에서 가장 오래된 포도품종으로 식용, 건포도, 와인용 등 여러 방면에서 쓰이며 색상이 다양하다.
- 어울리는 음식 닭고기, 초콜릿

5) 슈냉 블랑(Chenin Blanc)

- 재배지역 프랑스 루아르, 캘리포니아, 호주, 뉴질랜드, 동남아
- 향기 벌꿀 향, 꽃향기, 젖은 지푸라기 향, 스모크 향이 나며, 매운맛이 강함.
- 특징 '루아르의 피노'라고도 불리는 발 드 루아르 지방의 포도품종으로 무감미의 화이트 와인, 거품 와인 등으로 양조된다. 신선하고 매력적인 부드러움이 특징이며 껍질이 얇고 산도가 높으며 당도가 높은 편이다. 장기 보관용으로 좋다.
- 어울리는 음식 어패류, 피자, 토마토소스 파스타, 중국 사천요리와 멕시코 요리 같은 향이 강한 음식과 잘 어울린다.

6) 뮈스카데(Muscadet)

- **재배지역** 프랑스 루아르
- **향기** 사과와 같은 신선한 과실 향이 난다.
- **특징** 발 드 루아르 지방의 향이 뛰어난 무감미 화이트 와인인 뮈스카데는 원산지 통제명칭(AOC) 와인의 생산에 사용되는 유일한 포도품종이다. 포도알 크기가 중간 정도이고 껍질이 얇으며 서리에 강한 품종이다. 침전물이 생기도록 만드는 '쉬르리'라는 드라이한 와인이 유명하다.
- **어울리는 음식** 어패류

7) 리슬링(Riesling)

- **재배지역** 독일, 프랑스 알자스
- **향기** 과일 향이 난다.
- **특징** 알자스 지방의 가장 오래된 포도품종으로 이 지방에서 재배되는 포도품종의 20%를 차지한다. 과일 향의 기품이 있고 상쾌하며 탁월한 무감미 화이트 와인을 생산한다. 추위에 강하고, 껍질이 얇으며, 풍부한 미네랄을 지녔고 알코올 함량이 낮다. 강한 산도와 과일 향으로 드라이한 맛에서 스위트한 맛까지의 와인 제조가 가능하다. 늦게까지 완전히 익게 놔두어야 하는 포도품종이다. 상큼한 맛으로 인해 여성들이 좋아한다.
- **어울리는 음식** 채소, 생선, 닭고기, 거위, 오리

8) 실바너(Sylvaner)

- **재배지역** 오스트리아, 독일 프랑켄, 프랑스 알자스, 캘리포니아, 뉴질랜드, 호주, 남아프리카공화국
- **향기** 신선한 과일 향과 신맛이 난다.

- **특징** 신선하고 과일 향을 띤 가벼운 화이트 와인 품종. 단독으로 사용되기도 하고 알자스 고유의 백포도품종 조합인 에델츠비커를 만들 때 조합용으로도 사용된다.
- **어울리는 음식** 향이 강하지 않은 요리와 잘 어울린다.

9) 게뷔르츠트라미너(Gewurztraminer)

- **재배지역** 독일, 프랑스 알자스, 오스트리아, 캘리포니아
- **향기** 장미꽃과 리치, 자몽 등의 독특한 향기가 난다.
- **특징** 알자스 지방에서 재배되며 이 지방 포도나무의 20%를 차지한다. 향이 강하고 짜임새 있는 힘찬 무감미 화이트 와인을 생산하는데, 포도작황이 좋은 해에는 감미 와인의 생산에도 사용된다. 향이 강하고 다양하며 자극적인 맛이 나는데 따는 시기에 따라 당도의 차이가 있다. 드라이한 맛부터 스위트한 맛까지 다양하게 맛볼 수 있다.
- **어울리는 음식** 소시지, 치즈, 훈제연어

10) 뮐러투르가우(Muller-Thurgau)

- **재배지역** 독일, 프랑스 알자스, 이탈리아 북부, 뉴질랜드
- **향기** 향이 진하고 기분 좋은 향이며 아로마가 느껴진다.
- **특징** 19세기 후반 투루가우(Thurgau) 출신의 뮐러(Muller) 박사가 독일 라인가우의 가이젠하임 연구소에서 리슬링과 실바너를 교배시켜 개발한 품종이다. 독일 경작면적의 약 1/4을 차지할 정도로 널리 재배되고 뉴질랜드에서 가장 많이 생산되는 화이트 와인 품종이다. 리슬링보다 부드러운 산미와 약간의 뮈스카(Muscat)의 풍미가 있고 신선하며 숙성 직후가 최적이다.
- **어울리는 음식** 생선요리, 흰색 육류 요리

11) 트레비아노(Trebbiano)

- **재배지역** 이탈리아
- **향기** 산도가 높고 중간 정도 도수의 알코올을 함유하고 있다.
- **특징** 이탈리아 원산 포도품종이며 재배가 쉽고 생산량이 많아 많은 지역에서 널리 재배하는 품종이다. 그래서 이 품종을 사용한 와인이 아주 많다. 아주 연한 색상을 띠고 있으며 저장하지 않고 바로 소비하는 것이 좋다. 프랑스에서 가장 중요한 와인 품종이기도 하며 산도가 높고, 알코올 함량이 낮다.
- **어울리는 음식** 채소, 치즈, 육류

12) 콜롬바드(Colombard)

- **재배지역** 남아프리카
- **향기** 산도가 높다.
- **특징** 프랑스 보르도의 원산 품종이다. 이 품종은 높은 알코올을 생산하며 산도가 높으므로 신선하고 상쾌한 맛을 느끼게 해 준다. 과거 캘리포니아에서 저가의 저그 와인과 스파클링 와인을 생산하는 데 사용되었다고 한다.
- **어울리는 음식** 흰살 생선

13) 피노 그리(Pinot Gris)

- **재배지역** 알자스
- **향기** 신선한 향, 과일 향, 스파이시한 향, 단맛
- **특징** 예전에 토카이 달자스라 불리던 푸른빛이 도는 회색 포도로 알자스 지방 포도 재배량의 5%가량을 차지한다. 피노 그리로 생산된 화이트 와인은 진한 향을 지녔고 힘차며 때로는 단맛을 지니기도 한다. 사

부아, 발 드 루아 르 및 부르고뉴에서도 재배된다. 상대적으로 일찍 익는 품종이다.

- **어울리는 음식** 새우, 연어, 생선류, 어패류

14) 알리고테(Aligote)

- **재배지역** 코트 도르, 부르고뉴
- **향기** 사과 향, 레몬 향
- **특징** 전 세계적으로 널리 재배되고 있으며 생산 후 곧 소비하는, 신선함과 산미의 조화가 풍부한 산뜻한 맛의 화이트 와인을 생산한다. 블렌딩 시 알리고테는 산미를 더해 주고 구조를 강화해 준다. 비교적 드라이하고 상큼하며 가벼운 내추럴 향을 가지고 있다.
- **어울리는 음식** 담백한 생선류, 갑각류, 닭요리, 카르보나라, 살라미, 차가운 육류요리 등

15) 위니 블랑(Ugni Blang)

- **재배지역** 프랑스 재배면적 2위, 이탈리아의 거의 전면적에서 재배. 주로 프랑스 샤랑트(Charente)와 꼬냑(Cugnac)지방에서 많이 재배
- **향기** 감귤류(Citrus), 풋사과(Green Apples), 견과류(Nuts)
- **특징** 대부분 증류주의 기본와인으로 사용. 이탈리아에서는 트레비아노(Trebbiano), 프랑스에서는 셍-떼밀리옹(Saunt-Emilion)이라 한다. 브랜디용으로 많이 이용한다.
- **어울리는 음식** 다른 품종과 섞거나 하우스 와인을 만드는데 주로 이용한다.

Chapter 4 포도나무의 환경

1절 테루아르(Terroir)

1) 테루아르의 정의

포도가 자라는 데 영향을 주는 모든 자연요소를 포괄하는 단어이다. 테루아르는 프랑스어로 토양을 의미하지만, 와인이 만들어지는 전체 환경으로 자연조건뿐만 아니라 만드는 사람의 정성과 사랑 등이 포함된다. 이러한 이유로 동일한 포도품종이라도 각각의 테루아르가 다르기 때문에 다양한 스타일의 와인이 생산된다.

2) 테루아르의 구성요소

테루아르의 구성요소는 크게 기후적인 요건, 지형적인 요건, 인위적인 요건으로 나뉜다.

❶ 天 기후적인 요건　햇볕, 기온, 지온, 지질, 상대습도, 일조량, 강수량, 바람 등

❷ 地 지형적인 요건　지리적 위치, 고도, 경사도, 경사의 방향, 토양의 성분, 토양의 유효수분, 토양의 미생물 등

❸ 人 인위적인 요건　품종, 재배법, 관개시설, 양조법 등

2절 포도재배 생태

1) 지온 및 적산온도

❶ 지온

지온은 땅의 겉면이나 속의 온도를 뜻한다. 뿌리를 통한 수분과 양분의 흡수는 뿌리의 호흡작용과 관계가 있는데 지온이 12~13℃로 올라가면 뿌리의 호흡량은 급격하게 증가하며 새 뿌리가 생긴다. 열매의 껍질색이나 당 및 산의 함량은 지온의 영향을 많이 받으므로 28℃ 정도의 지온에서 포도가 재배되어야 가장 이상적인 품질을 생산할 수 있다.

❷ 적산온도

적산온도란, 모든 작물이 생육에 필요한 열량을 나타내기 위한 것으로써 기후와 식생 또는 토양의 관계를 나타내는 기후지수의 하나다. 0℃ 이상인 일평균 기온의 평균치를 연간 합산한 값으로 토양지리학에서는 10℃ 이상의 적산치를 이용한다. 기준온도는 작물에 따라 다르지만 가을채소와 같이 저온에서도 자라는 것은 5℃, 일반적인 온대지방의 여름철 작물은 10℃, 고온을 필요로 하는 작물은 15℃라고 한다. 포도재배에 필요한 적산온도는 포도가 자라는 동안 일정 온도의 적산 값을 합한 것을 말하며, 보통 4월에서 10월까지의 기온이 10℃ 이상 되는 것을 말한다. 개화에서 성숙까지의 적산온도가 1,542℃ 이상일 때 포도의 품질이 매우 좋다. 이 적산온도는 양조용 포도의 재배 적정지를 선택하는 기준이 된다. 포도의 발육을 결정하는 것은 기온 뿐만 아니라 기상요인과 토양조건에 따라 다르다.

2) 토양

토양의 사전적 정의는 '암석의 풍화산물과 분해·부유된 유기물이 섞이고 기 후 및 생물 등의 작용을 받아 변화되며, 얕은 층으로 지구표면을 덮고 있으며 식물이 자라는 근본'이다.

포도나무 재배 시 토양은 배수가 잘되고 각종 미네랄 성분이 풍부해야 한다. 식용 포도는 수분과 당분을 많이 함유하기 위해 비옥한 땅이 필요한 반면 양조용 포도는 당분의 함량을 높이기 위해 복사열이 강하고 배수가 잘되는 자갈땅과 같은 척박한 땅에서 생산해야 한다.

❶ 산성토

산성토는 습윤다우 지역인 경우에 많이 생긴다. 알칼리성인 토양이 이산화탄소를 포함된 빗물에 의해 흙이 씻겨 흙이 가지고 있는 염기가 씻겨 산성으로 변화된다.

❷ 알칼리토

알칼리토는 모든 작물의 생육을 저해한다. 많은 치환성나트륨을 가지거나, 높은 알칼리토(pH8.5)이상을 가지고 있거나, 두 가지 모두를 가지고 있는 토양이다.

❸ 점토

점토는 지름이 0.002mm 이하인 미세한 흙입자를 말한다. 암석이 풍화, 분해되어 만들어진 토양이며, 점토는 배수가 잘 되지 않고 수분흡수력과 비료성분의 흡수율이 높아 병충해의 발생이 높다.

❹ 양토

양토는 입자지름이 2mm 이하의 가늘고 고운 흙 중에 점토가 25~37.5% 함유되어 있으며, 유기물 함량이 높은 비옥한 토양으로 식물 경작에 적합한 토양이다.

❺ 모래

모래는 지름 2~0.02mm 사이의 암석편, 광석편의 총칭이다. 점토 함량이 12.5% 이하이며, 배수가 잘되어 가뭄을 타기 쉽고, 비료성분의 흡수력이 낮고, 양분이 적어서 영양분의 손실이 크다.

❻ 자갈

자갈은 지름5mm이상의 것을 자갈이라고 하며, 암석이 마모되어 둥글하게 조립된 석재다. 열의 복사열이 크고 토양의 배수가 좋아 포도재배에 좋은 토양이다.

❼ 석회질

석회암 지질로 이루어져 칼슘이 많이 함유되어 있고, 높은 pH를 유지한다. 통기성이 좋고 배수가 좋은 구조를 가지고 있으며 품질이 좋은 와인을 생산할 수 있는 토양이다.

❽ 백악질

백악질은 옅은 회색토양이며 알칼리성이다. 보온, 보습효과가 뛰어나 우수한 품질의 포도를 재배할 수 있다.

⑨ 충적토

충적토는 자가, 모래, 진흙으로 구성이 되어 있으며 강물에 의해 운반되어 퇴적된 토양으로 배수가 잘되고 열과 수분을 잘 유지할 수 있으며 과일작물을 재배하는데 좋다.

⑩ 사적토

사적토는 바위 등이 풍화된 잔해이며 경사면의 가장 낮은 지역으로 자갈과 풍화된 토양의 잔해가 쌓인 토양이다. 열매작물에 적합하지 않지만 뿌리작물에 적합하다.

⑩ 화강암토

화강암토는 석영이 들어있는 양질사토 또는 사질양토이며, 풍화되어 형성된 토양이고 배수가 좋고 열을 많이 반사하여 포도재배에 좋다.

⑪ 이화토

이화토는 석영이 들어있는 양질사토 또는 사직양토이며, 풍화되어 형성된 토양이고, 배수가 좋고 열을 많이 반사하여 포도재배에 좋다.

⑫ 침적토

침적토는 풍화된 토양입자가 모래보다 잘고, 진흙보다 거친 토양이다. 배수가 잘 되고 영양분 유지가 가능한 토양이다.

⑬ 점판암 토양

점판암 토양은 미세한 조직의 퇴적암인 혈암, 이암 등이 변질된 것으로 매우 척박한 모양을 가지고 있으나 보온유지 효과가 좋고 미네랄 함량이 높다.

⑭ 레드토양

레드토양은 테라로사라고도 불리며 기반암석이 석회암으로 되어있는 지역에서 석회암의 풍화결과 형성된 토양이다. 보수력이 약해서 경지는 주로 밭으로 이용한다.

3) 포도의 재배적 환경

와인 생산에 적합한 포도재배지가 북반구와 남반구, 위도 30~50°에 걸쳐 위치하고 있다는 것은 포도를 재배하는 데 태양의 영향이 크다는 것을 입증한다. 지형도 포도재배에 영향을 미치는데 북반구의 남쪽에 면한 경사면에서 포도를 재배할 경우, 일조량이 높아 와인의 맛이 풍부하고 강이나 바다에 인접한 경우, 일조량과 습도가 높아져 와인에는 긍정적인 영향을 줄 수 있다. 포도를 재배할 때에는 습도와 온도가 적당하고 날씨가 각기 다른 포도의 성장주기와 잘 맞아야 하며 겨울 동안에는 포도나무의 성장을 억제하고 충분한 휴식을 취할 수 있을 정도로 추워야 한다. 또한 비가 충분히 내려 토양에 적당한 수분을 공급해야 한다. 이렇게 여러 가지 조건이 동반 충족될 때 와인을 제조하기 좋은 양질의 포도를 얻을 수 있다.

❶ 기온조건(Air Temperature)

포도는 세계 각국에서 전체적으로 재배되고 있지만 각 나라의 기후특색에 따라 포도를 재배하기에 적합하기도 하고 그 반대일 수도 있다. 양조용 포도나무가 자라기에 적당한 국가나 지역의 연평균기온은 10~20℃ 정도 되는 온난한 지역이다. 일조량이 많은 가을이 있어야 하고, 여름의 날씨는 강우량이 적으며 오랜 기간 더운 날씨가 지속될 수 있는 기후가 필요하다.

❷ 일조조건(Sunshine)

포도가 잘 자라기 위해서는 일정량의 햇볕이 꼭 필요한데 이유는 햇볕이 포도 잎에 의한 광합성작용으로 당분을 만들기 때문이다. 햇볕은 광합성을 통해 포도의 성숙과정에 영향을 끼치는 동시에 포도 껍질에 직접 닿아 포도의 색깔을 변화시키는 작용도 한다. 또한 햇볕은 포도 꽃이 개화하기 약 20일 전부터 포도알이 커지는 과정에 많은 영향을 미친다.

그러므로 질 좋은 포도를 수확하기 위해서는 일조량이 충분해야 하고, 생육기간에 따뜻한 온도가 유지되어야 하며, 포도 수확시기 전의 약 1개월간 맑고 건조한 날씨가 계속되어야 한다.

❸ 강수량, 강우량

- 강수량 : 비나 눈, 안개, 우박 등과 같이 구름으로부터 땅에 떨어져 내린 강수의 양을 말한다. 포도재배에 적합한 강수량은 연 500~800mm 정도가 적합하다. 겨울에 비교적 비가 많이 오고 여름에 비가 적게 오는 것이 양조용 포도 강수량에 적합하다. 포도과실의 높은 부분을 차지하는 수분은 각종 양분의 배달부로서 호흡과 이동 및 분포에 관여하고, 체내의 유기물 합성과 분해 등 전반 적인 생육과정에 필수적인 것으로 포도나무가 이용하는 수분은 대부분 비에 의존한다. 강수량이 너무 많으면 포도나무가 뿌리를 깊게 내려 저항력이 떨어지게 되므로 양질의 열매를 맺기에 무리가 생긴다.
- 강우량 : 순수하게 비만 내린 값을 측정한 것이다.

❹ 토양조건

생명체가 잘 자라기 위해서는 일반적으로 비옥한 토양이 필요하다. 그러나 포도는 비옥한 토양에서 자라면 성장이 왕성해져 양조용 포도로는 적합하지 않게 된다. 좋은 포도를 얻기 위한 토양은 상층부는 자갈이나 모래로 되어 있고, 그 아랫부분은 점토질, 석회질, 규토질로 되어 있는 것이 좋지만, 포도품종에 따라 다소 차이가 있다. 즉 포도나무는 일반적으로 척박한 땅일수록 좋은데 이유는 척박한 땅일수록 생태환경에 적응하기 위해 뿌리를 깊게 내리려고 하는 습성이 있기 때문이다. 뿌리가 깊게 내려가면 각 지층마다 다른 미네랄성분이 과실에 영향을 미쳐 와인의 기본적인 특성과 오묘한 향기를 갖게 한다.

4) 포도나무의 성장

❶ 휴식기(1~2월)

포도 수확이 끝나고 기온이 내려가면 나무는 생장활동을 멈춰 휴식기에 들어가며 겨울 동안 가지치기, 가지정리, 묘목 다듬기, 밭갈이 등을 하여 포도나무가 잘 자랄 수 있도록 환경을 조성한다.

❷ 양수기(3월)

3월이 되면 포도밭에 필요한 각종 영양분을 공급하는데, 질소는 건강한 포도나무잎을 위해서 필요하고 건실한 과육을 위해서 인산성분이 필요하며 과육 또는 병충해 방지를 위해서 칼슘성분이 많은 비료를 주는 시기다.

❸ 발아기(4월)

4월은 발아기로 포도나무에 새순이 나기 시작하며, 대부분의 품종들에서 꽃이 피고 열매를 맺는 시기다. 이 시기에는 토양이 숨을 쉬게 하며 빗물이 스며들도록 하기 위하여 포도밭에 북돋우기를 한다.

❹ 전엽기(5월)

5월은 전엽기로 잎들이 자라는 시기다. 잎들이 무성해지면, 포도나무가 각종 바이러스나 박테리아로부터 병에 걸리기 쉬우므로 잘 보살펴주어야 한다.

❺ 개화기(6월)

6월은 개화기로 꽃이 피기 시작하며 수정하는 시기다. 개화는 10여 일에 걸쳐 진행되며, 수확시기를 결정짓는 조건이 된다. 일찍 영근 포도송이는 색깔이 변하기 시작한다. 이 시기는 영양분이 많이 필요하므로 잡초 제거, 포도넝쿨 솎아주기, 때로는 가지를 말뚝에 고정시키고 그루터기에서 새로 나는 어린 나무에 잔가지나 햇가지들을 철사에 묶는다.

❻ 결실 및 성숙기(7~9월)

7월에는 영양분이 많이 필요하므로 가지치기를 하여 포도가 흡수할 영양분을 가로챌 우려가 있는, 포도 수확에 불필요한 소지 등을 제거한다. 8월에는 포도나무의 잎을 따준다. 포도 껍질의 착색과 포도 알의 숙성을 촉진시키기 위하여 포도송이 주변의 잎들을 어느 정도 제거하여 일조량을 늘려야 한다. 초여름 동안 포도 알이 커진 포도는 초록색을 하고 있지만 중순경이 되면 품종에 따라 짙은 보라색이나 반투명의 노란색이 된다. 9월이 되면 포도의 익은 상태에 따라 수확에 들어가기 시작한다. 수확하기 전 까지 탄닌과 색소, 아로마의 함량이 계속해서 증가한다.

❼ 수확기(10~11월)

10월은 본격적인 수확의 계절이다. 수확이 끝나면 포도나무는 겨울 준비를 하기 위하여 광합성작용이 중단되고 잎이 변색되어 떨어지게 된다. 11

월에는 추위가 오기 전에 흙으로 부토를 만들어 뿌리를 보호한다. 흙을 나무그루터기에 부어줌으로써 겨울의 결빙을 예방해야 한다.

❽ 낙엽 및 휴식기(12월)

12월은 낙엽기이자 휴식기로 포도나무는 잎이 모두 떨어지고 휴식기에 들어가게 된다.

5 와인의 제조과정

Chapter

1절 와인양조의 기본원리

양조는 미생물을 이용하여 음식물, 특히 주류를 만드는 것이다. 여기에서 와인양조는 생각보다 간단한 원리로 진행된다. 포도를 으깨어 즙을 내면 껍질에 있는 천연효모에 의하여 자연 발효되고 이것을 걸러내어 술통에 넣고 약 15℃ 정도의 적당한 습도가 있는 지하창고에서 짧게는 몇 달에서 길게는 몇 년간 숙성·저장하여 완성한다. 포도에는 발효에 필요한 포도당·과당이 함유되어 있으며 포도 껍질에는 천연효모가 있어 스스로 발효되지만 좋지 않은 미생물 번식을 초래할 수 있기 때문에 순수효모를 배양해서 발효시키는 방식을 사용한다. 배양효모는 자연효모보다 맛이 떨어지지만 실패할 위험이 없다. 구세계 중심의 와인 강국들은 전통적으로 와인의 맛을 잘 살려준다는 자연효모를 사용하는 경향이 있다.

2절 일반적인 와인 제조과정

와인의 제조과정은 크게 포도를 수확하여 알맹이를 분리하고 파쇄하여 포도주스를 만든 뒤 발효하여 숙성시켜 병입하는 과정으로 요약된다.

1) 포도의 수확

포도의 수확은 당도와 산도의 밸런스가 균형을 이루었을 때 수확하는 것이 적기다. 보통 사람의 손으로 수확하는 경우도 있지만 대부분 기계로 수확한다. 포도품종마다 약간의 차이가 있지만 수확시기를 놓칠 경우 좋은 와인을 만들 수 없으므로 수확시기 조정이 중요한 와인 만들기의 관건이다. 수확시기의 결정은 기후 및 날씨에 따라 대처해야 하며, 양조용 포도는 발효과정에서 일정수준의 알코올 성분으로 변할 수 있도록 당도가 풍부해야 한다. 또 향기와 감칠맛을 낼 수 있도록 산도가 높고 탄닌·미네랄 등도 풍부하게 함유되어 있어야 한다. 양질의 포도를 수확하기 위해서는 일조량이 충분해야 하고 생육기간에 25~30℃의 낮 온도가 유지되어야 하며 수확하기 1개월 전부터는 맑고 건조한 날씨가 유지되어 야 한다. 수확한 포도송이는 산화되지 않도록 빠르게 양조장으로 옮겨야 한다.

2) 재경

운반된 포도의 나무 잎이나 줄기 등 불순물을 제거하는 과정이다.

3) 파쇄

운반된 포도나무의 잎이나 줄기 등의 불순물을 제거하고 이를 으깨는 과정을 뜻한다. 옛날에는 사람들이 발로 밟으면서 으깨었지만 오늘날에는 기계로 그 과정을 대신한다. 포도 과육, 과피(껍질), 씨앗, 과즙이 뒤엉킨 죽과 같은 상태로 만드는 과정이며 이 상태의 것을 머스트라고 한다.

양조장에 들어온 포도송이에서 우선 줄기와 기타 이물질들을 골라낸다. 그리고 포도즙이 흘러 나와 발효가 빨리 이루어지게 하기 위해 신속히 으깬다. 옛날에는 수확의 기쁨을 나누는 의식으로 어른들과 아이들이 벌거벗고 포도통 속에 들어가 춤을 추며 포도를 함께 으깼다고 한다. 최근에는 대부분 압착기계를 사용하는데, 포도알과 함께 섞인 포도주스를 기계로 분리하고, 남은 포도 건더기도 압착하여 함께 발효탱크로 보낸다. 이때부터 레드 와인을 만들 포도와 화이트 와인을 만들 포도는 다른 곳으로 가게 된다. 화이트 와인을 제조하기 위해서 는 포도를 압착기에 넣고 줄기·껍질·씨를 그대로 함께 으깨어 즙만 빼내 압착한다. 이렇게 압착된 포도즙은 발효 전에 이산화황(SO_2)과 이스트를 첨가한 후 양조 통에 들어가 발효가 시작된다. 반면에 레드 와인을 제조하기 위해서는 포도를 살짝 으깬 후에 곧바로 양조 통에 넣고 포도 껍질과 포도즙, 포도씨까지 모두 섞인 상태로 발효시킨다. 발효가 끝난 후에 압착시키는 것이다.

4) 압착

포도알이나 씨, 껍질, 과육 등을 강하게 압착하는 과정이다. 포도는 환경에 강한데 이런 저항력은 단단한 표피와 미끈미끈한 층이 있기 때문이다. 포도를 압착하는 방법은 여러가지다. 이산화탄소를 이용하여 높은 압력을 이용하는 경우가 있으며, 저온살균법이 있고 유럽에서는 이산화황을 첨가하여 고온에서 가열하는 방법도 있다. 보통 750ml의 와인 한 병을 만드는데 필요한 포도는 보통 1Kg 정도이다. 통계적으로 1Kg의 포도는 이를 으깨 즙으로 만드는 과정에서 20%(200ml)가 껍질과 씨의 찌꺼기로 빠져나가고 발효 및 숙성 여과과정에서 5%(50ml)가 없어져 결국 750ml의 와인이 된다.

- Free run wine : 프레스를 가하지 않고 자연적으로 흘러내리는 와인
- Press wine : 껍질을 압축하여 짜낸 와인으로 탄닌을 많이 함유하고 있음

- Free run wine과 Press wine의 전부 또는 일부를 섞어서 원하는 맛을 만들어 내고 숙성과정으로 들어가게 된다.

5) 발효

포도즙이 와인으로 탄생하는 데에는 발효라는 과정이 필요하다.

* 일반적인 발효공식→ 당 +효모(yeast) = 알코올 +탄산가스 +열

효모는 포도 껍질에서 자연적으로 발생하여 포도가 으깨어지면서 발효되기 시작하는데, 발효온도는 15℃ 정도가 유지되어야 와인의 향이 풍부해지며 이 시점부터 우리가 마시는 와인이 만들어지기 시작하는 것이다. 30~35℃ 이상으로 온도가 올라가면 발효가 중지되므로 통상적으로는 여름에 술을 담그지 않는다. 예전에는 와인 제조기술이 발달하기 전 자연발효했을 때에는 와인의 맛이 매년 일정하지 않아 그 품질이 우수하지 못했지만, 현재는 우수한 효모가 개발되어 특별한 맛과 향을 내고 싶다면 양조자들은 추가적으로 천연 또는 인공 효모를 첨가하기도 한다. 이처럼 효모에 의하여 당분이 알코올로 변하는 과정을 1차 발효 또는 알코올 발효라고 부른다. 통상 포도 속의 당분은 10~25% 정도이며 당분 10%의 과즙으로 와인을 만들면 알코올 도수는 5도이므로 알코올 도수 10~13%인 와인이 만들어진다. 과당이 낮을 경우 보통 당을 첨가하여 와인을 만드는 경우가 있지만, 그 허용범위는 1L당 50g 정도만 첨가하도록 규정되어 있다. 알코올 발효가 끝나면 새롭게 유기산 발효라는 2차 발효가 시작된다. 2차 발효시기에 포도즙은 버터 향이 감도는 부드러운 유기산으로 바뀌어 와인의 풍미를 갖게 된다.

6) 정제

찌꺼기를 짜내기에 앞서 오크통이나 와인통에 들어 있는 불순물을 거르는 과정이며, 와인이 투명하도록 달걀흰자나 젤라틴 및 벤토나이트 같은 것을

넣어 고형물질 등을 침전시킨 후, 윗부분의 맑은 와인만을 따라내어 옮겨 담으며, 와인을 맑게 하는 정제과정은 병에 담기 전까지 여러 차례 반복되는데 꼭 전체적으로 정제하는 것은 아니다. 고급와인을 만드는 와이너리에서는 와인 맛의 개성을 살리기 위해 정제과정을 지양하기도 한다.

*청정제 → 여과(규조토나 펄라이트사용)

7) 숙성

숙성은 포도품종에 따라 각각 다르며, 짧게는 몇 개월부터 길게는 몇 년에 걸쳐 행해진다. 숙성기간 동안 와인은 적은 양의 산소 및 오크통과의 접촉으로 탄닌의 중합반응에 의하여 와인의 맛이 변하게 되며 복합적인 아로마와 부케가 형성되는 시기다. 또 현대식 양조장에서 스테인리스 스틸을 통해 와인을 저장 및 숙성시키는 경우에는 와인의 맛과 향을 위하여 스테인리스 스틸통 안에 오크나무를 인위적으로 넣어 그 맛을 향상시키기도 한다.

이 기간 동안에는 여러 물질들이 물리·화학적 반응을 빚게 되고 포도의 주석산이 칼슘이나 칼륨이온과 결합하여 주석산염이 만들어지면서 계속 침전되어 맑은 와인이 된다.

오크통에서 와인을 숙성할 경우 다양한 아로마의 충돌로 나무 향, 바닐라 향, 구운 토스트 향 같은 여러 향을 내포하게 된다. 또한 오크통에 따라 새로운 특징의 부케가 형성된다.

8) 병입(Bottling)

와인 양조과정이 마무리되면 양조장에서 와인을 병에 넣는 과정을 병입이라 한다. 와인은 병입 후에도 병 속에서 계속 숙성된다. 따라서 와인병을 잘 보관하여 맛이 더욱 좋아지게 하기 위해서는 습도 75%, 온도 15℃ 내외, 진동과 소음이 없는 어둡고 서늘한 곳에 눕혀서 코르크가 젖은 상태로 보관해야 한다.

3절 와인의 제조과정

1) 레드 와인(Red Wine)

레드 와인의 제조과정은 포도수확→파쇄 포도알 으깨기 및 줄기제거→알콜발효(1차 발효)와 침용→압착→젖산발효(2차 발효)→숙성 및 정제→혼합→여과→ 병입→숙성 과정으로 요약된다.

화이트 와인과 달리 껍질과 씨를 거르지 않고 제조되어 껍질과 씨에 포함된 탄닌(Tannin)이 레드 와인 특유의 떫은맛을 내고 껍질의 안토시아닌으로 인해 적색을 나타내는 것이며 대부분 단맛이 적고 드라이한 것이 특징이다. 대표적인 레드 와인의 품종으로는 카베르네 소비뇽(Cabernet Sauvignon), 카베르네 프랑(Cabernet Franc), 피노 누아(Pino Noir), 메를로(Merlot), 시라(Syrah), 진판델(Zinfandel), 가메(Gamay), 말벡(Malbec), 네비올로(Nebbiolo), 그르나슈 (Grenache), 산조베제(Sangiovese) 등이 있다. 일반적으로 육류, 양념이 된 요리와 잘 어울린다. 무겁고 깊은 느낌을 주므로 화이트 와인보다 나중에 마시는 것이 좋으며 레드 와인의 잔은 크고 오목하므로 와인이 혀의 안쪽 부분에 떨어질 수 있도록 한다.

2) 화이트 와인(White Wine)

화이트 와인은 일반적으로 청포도품종으로 제조되나, 적포도품종으로 만들어지기도 한다. 레드 와인과 달리 씨나 껍질의 탄닌과 색소 추출 없이 청포도의 주스만으로 발효·숙성 시키는데, 발효온도와 숙성기간이 레드 와인보다 짧다. 화이트 와인의 제조과정은 포도 수확→파쇄 포도알 으깨기 및 줄기 제거→압착→발효정제(껍질, 씨 제거)→분리→숙성→혼합→여과→병입 과정으로 요약된다. 레드 와인에 비해 탄닌(Tannin)이 상대적으로 적어 색은 맑은 황금색을 띠며 신선하고 상큼한 맛이 난다. 색상이 맑을수록 좋은 와인이다. 대표적인 화이트 와인의 품종으로는 샤르도네(Chardonnay), 슈냉 블랑(Chenin Blanc), 피노 블랑(Pino Blanc), 소비뇽 블랑(Sauvignon Blanc), 리슬링(Riesling), 세미용(Semillon), 게뷔르츠트라미너(Gewurztraminer), 뮈스카(Muscat), 뮈스카데 (Muscadet), 뮐러투르가우(Muller-Thurgau) 등이 있다. 일반적인 알코올 농도는 10~13%로 레드 와인에 비해 약간 낮고 보편적으로 생선이나 채소류, 담백한 요리, 과일 향이 부드러운 치즈 등과 잘 어울린다. 화이트 와인의 잔은 레드 와인에 비해 덜 오목한데, 그 이유는 화이트 와인의 맛을 잘 볼 수 있도록 와인이 혀 앞부분에 떨어지도록 하기 위함이다. 레드 와인보다 차게 마시므로 여름에 애용된다.

3) 로제 와인(Rose Wine)

로제 와인은 화이트 와인과 레드 와인의 중간 정도라고 볼 수 있다. 맛은 가볍고 신선하며 색은 사랑스러운 분홍빛을 띤다.

제조방법은 레드 와인과 같이 포도의 과육과 껍질을 같이 넣고 색이 반쯤 우러 나오면 압착하여 과육과 껍질을 분리한 후 핑크색 상태의 과즙만으로 발효시키는 것이 보편적이다. 경우에 따라 독일의 바덴뷔르텐베르크주의 실러 와인처럼 적포도와 청포도를 같이 사용하기도 한다. 와인의 색은 과피의 제거시기와 색소 함유량이 어느 정도인가에 따라 조금씩 다르다. 화이트 와인과 레드 와인을 섞어 제조하기도 한다. 완전히 발효하지 않아 맛이 부드럽기 때문에 식사 중 어느 때 나 편하게 즐길 수 있으며 차게 하여 서브하면 더욱 좋은 맛과 향을 즐길 수 있기 때문에 여름에 많이 음용한다.

* 제조과정은 수확→파쇄→발효→압착→숙성→여과→병입

4) 스파클링 와인(Sparkling Wine)

* 제조과정은 수확→파쇄→압착→전 발효→혼합→가 병입 (당분첨가) 후 발효→숙성 →병돌리기→앙금제거→와인보충→병입

5) 강화 와인(Fortified Wine)

* 제조과정은 수확→파쇄→압착→발효→알코올 첨가→숙성→여과→브렌딩→병입

❶ 귀부 와인(Noble Rot Wine)

가을철 곰팡이인 보트리스균에 의해 귀부병 현상이 일어난다. 밤은 서늘하고 습기가 차며 아침은 안개와 온난한 일조량으로 곰팡이가 생긴다. 이런 날씨에 의해 포도가 곪아 수분이 증발되며 당분만 남게 되는데 이렇게 귀부병이 걸린 포도알만을 손으로 수확하여 양조한 것이 귀부 와인이다. 병에 걸린 포도가 가진 곰팡이는 사람의 몸에 이로운 영향을 준다. 포도과즙의 약 90%가 없어지면서 건포도처럼 주름이 생긴다. 당도가 농축된 포도즙은 특별한 방법의 처리과정을 거쳐 노블 보트리티스 시네레아로 탄생한다. 꿀과 같은 달콤함과 강한 향기를 가진 이 와인은 믿어지지 않을 정도로 복합적인 맛을 낸다. 귀할 귀(貴)자에 썩을 부(腐)자를 써서 귀부 와인이라 부르기도 하며, 영어로는 Noble Rot라고 한다. 프랑스 소테른 지역의 샤토 디켐(Chateau d'Yquem)이 유명하다.

❷ 아이스 와인(Ice Wine)

아이스 와인은 한겨울까지 포도를 수확하지 않고 내버려두었다가 12월이나 1 월경 포도가 얼었을 때 이를 수확하여 부드럽게 압착시켜 양조한 것이다. 아이스 와인은 독일의 추운 지방에서 만들어졌는데 너무 추워 포도 수확률이 좋지 않은 독일에서 수확시기를 늦춰 당도를 확보했었다. 그러

나 서리를 맞거나 시기를 놓친 경우가 더 많았는데 우연히 언 포도로 와인을 만드는 방법을 발견한 것이다. 온도는 -7℃ 이하가 되어야 하고 포도를 눌러서 얼음을 제거한 뒤 포도즙을 짠다. 추운 날 새벽 녹기 전에 손으로 따서 착즙하기 때문에 가격이 굉장히 높은 편이다. 스위트 와인은 대체로 향이 적고 너무 달아서 기분이 좋지 않은 맛인 경우가 많은 반면에 아이스 와인은 향까지 농축되기 때문에 달면서도 산뜻한 맛을 느낄 수 있다.

* 와인 양조과정

와인의 종류	과정
레드 와인	수확→포도알 으깨기 및 줄기 제거→1차 발효→압착 →2차 발효→숙성 및 정 제→혼합→여과→병입
화이트 와인	수확→포도알 으깨기 및 줄기 제거→압착→발효정제 →분리→숙성→혼합→여 과→병입
로제 와인	수확→파쇄→발효→압착→숙성→앙금 제거→여과→병입
스파클링 와인	수확→파쇄→압착→1차 발효→2차 발효→숙성 →병 돌리기→앙금 제거→와인 보충→병입
강화 와인	수확→파쇄→압착→발효→알코올 첨가→숙성 →여방→병입

요점정리

레드 와인: 수확 → 파쇄 → 발효 → 압착 → 숙성 → 앙금 제거 → 여과 → 병입

화이트 와인: 수확 → 파쇄/압착 → 발효/앙금 제거 → 숙성 → 여과 → 병입

로제 와인: 수확 → 파쇄 → 발효 중 껍질 제거 → 압착 → 숙성 → 앙금 제거 → 여과 → 병입

발포성 와인: 수확 → 파쇄 → 압착(1차 발효) → 숙성 → 병입(효모당분) → 2차 발효 → 저장 → 숙성

강화 와인: 수확 → 파쇄 → 압착 → 발효 → 통숙성(블렌드) → 저장 → 여과 → 병입

테루아르의 정의	포도가 자라는 데 영향을 주는 모든 자연요소
테루아르의 구성요소	• 기후적인 요건 : 햇빛, 기온, 지온, 지질, 상대습도, 일조량, 강수량, 바람 등 • 지형적인 요건 : 지리적 위치, 고도, 경사도, 경사의 방향, 토양의 성분, 토양의 유효수분, 토양의 미생물 등 • 인위적인 요건 : 품종, 재배법, 관개시설, 양조법 등
포도재배의 환경	• 기온조건 : 연평균기온 10~20℃ 정도 되는 온난한 지역 • 일조조건 : 일조량이 충분, 생육기간에 따뜻한 온도, 포도 수확시기 전 약 1개월간 맑고 건조한 날씨 • 강수량 : 연 500~800mm 정도 • 토양조건 : 메마른 토양에서 재배된 포도나무는 와인의 기본적인 특성과 오묘한 향기를 갖게 한다.

레드 와인 포도품종

- 카베르네 소비뇽(Cabernet Sauvignon)
- 피노 누아(Pinot Noir)
- 메를로(Merlot)
- 가메(Gamay)
- 시라(Syrah)
- 카베르네 프랑(Cabernet Franc)
- 말벡(Malbec)
- 카리냥(Carignan)
- 그르나슈(Grenache)
- 산조베제(Sangiovese)
- 네비올로(Nebbiolo)
- 진판델(Zinfandel)
- 템프라니요(Tempranillo)
- 메를로(Merlot)
- 바르베라(Barbera)
- 슈패트부르군더(Spatburgunder)
- 트롤링거(Trollinger)

화이트 와인 포도품종

- 샤르도네(Chardonnay)
- 소비뇽 블랑(Sauvignon Blanc)
- 세미용(Semillion)
- 뮈스카(Muscat)
- 슈냉 블랑(Chenin Blanc)
- 뮈스카데(Muscadet)
- 리슬링(Riesling)
- 실바너(Sylvaner)
- 게뷔르츠트라미너(Gewurztraminer)
- 뮐러투르가우(Muller–Thurgau)
- 트레비아노(Trebbiano)
- 콜롬바드(Colombard)
- 피노 그리(Pinot Gris)
- 알리고테(Aligote)

Chapter 6 국가별 와인 소개

1절 구세계 와인

1) 프랑스

(1) 프랑스 와인의 역사

고대의 프랑스 와인은 로마군에 의해 전해졌다. 로마의 영토 확장으로 제국에서 수송되는 인력 및 비용이 많이 들기 때문에 현지에서 재배하게 되었다. 천혜의 자연조건을 갖춘 프랑스 중서부의 보르도 지역을 비롯한 프랑스 전역에서 와인을 재배하였고, 처음에는 군사목적으로 시작했지만 종교의 확산으로 미사용으로 쓰이다가 귀족 및 일반가정으로 점차 확산되어 로마의 와인 산업을 능가할 수준에 이르자 로마황제는 프랑스의 포도재배가 로마의 와인산업을 위협한다는 명목하에 프랑스 지방의 포도나무를 모두 없애라는 명령을 내릴 정도로 프랑스에서의 와인 산업은 급성장하였다.

오늘날 프랑스 와인 산업의 위상은 프랑스를 빼놓고는 말할 수 없을 정도로 세계적으로 그 명성이 높다. 프랑스의 포도품종, 재배법, 양조법, 품질관리법 등은 많은 나라에서 기술을 도입해 배울 정도로 가히 와인왕국을 건설했다. 많은 나라에서 포도나무를 재배하고 와인을 생산하지만, 그 와인들이 모두 완벽하다고 말할 수는 없다. 우수한 와인은 아무 데서나 생산되는 것이 아니라 이미 운명적으로 그 자연환경에 의해 선택된 것이다. 포도 재배조건에 알맞은 토양, 적정량의 햇볕과 강우량 등이 그 지역에 맞는 포도품종과 어우러져야만, 다른 지역의 와인이 따라올 수 없는 맛과 향미를 가지게 되고, 차별화된 훌륭한 와인을 생산하게 되는 것이다. 똑같은 토양에서 같은 포도품종을 같은 일꾼이 재배하고 경작·수확한다고 해도 포도주 맛이 각기 다른 이유는 수확하는 해마다 자연조건이 다르기 때문이며 일조량, 강수량에 따라 포도의 성분 함량이 달라지므로 즉 다른 빈티지가 형성된다. 이러한 이유에서 와인은 각각 자기들만의 개성있는 색깔을 지니게 되고 품질의 차이를 갖게 되는 것이다. 비교적 크지 않은 규모이지만 다양한 와인이 생산되는 덕분에 '와인'이라 하면 프랑스를 떠올릴 정도로 프랑스 와인은 세계 최고의 품질을 자랑하며 여러 대륙으로 퍼져 나갈 수 있었다.

① 샹파뉴(Champagne)
② 보르도(Bordeaux)
③ 부르고뉴(Bourgogne)
④ 론(Rhone)
⑤ 루아르(Loire)
⑥ 알자스(Alsac)

프랑스 와인이 이토록 사랑받는 이유는 무엇일까? 그 이유는 여러 가지가 있지만 프랑스인들의 와인에 대한 무한한 사랑이 첫 번째인 것 같다. 프랑스인들의 연간 와인 소비량은 국민 1인당 약 80병으로 놀라울 정도의 와인 애주가다. 와인은 일상생활에서 그들과 떼어놓을 수 없는 필수품이다. 오랜 세월 동안 프랑스 사람들은 포도를 재배하면서 그들 특유의 예술적인 섬세함과 열정, 근면성, 과학 적인 기법의 포도 재배법을 바탕으로 오늘날의 명성을 쌓아올렸다. 또한 프랑스에서는 와인생산자, 정부, 소비자 모두가 서로 믿고 협력하는 관계다. 그러나 프랑스 와인의 명성이 있기까지 그 과정이 결코 순탄했던 것만은 아니다.

포도 수확에 악영향을 주는 기후와 포도밭을 망치는 각종 질병 및 해충인 필록세라(Phylloxera : 포도나무 혹부리병)라는 병충해와 전쟁을 치러야 했다. 필록세라의 피해는 프러시아와의 전쟁(1870~1871, 독일과 프랑스)에서 비스마르크의 군대가 입힌 피해보다 더 심했다고 할 정도로 그 피해는 이루 말할 수 없을 정도였지만, 필록세라균에 내성이 강한 미국의 토착종 비티스 라브루스카(Vitis Labrusca) 포도나무 뿌리를 가져와 프랑스 품종을 접목시켜 극복하였다. 그런 연유로 '포도의 1/3은 질병, 1/3은 해충, 나머지 1/3은 와인을 위한 것'이라는 옛 말이 있을 정도다.

오늘날 포도를 재배하는 사람들은 그 이전 세대보다 포도 재배에 대한 기술과 지식 면에서 더 발달되었으며, 와인을 제조하는 기술은 과거 30년 동안 놀라우리 만큼 성장해 왔다.

이로 인해 와인 생산량과 수요량이 동시에 늘어남에 따라 전통적인 오크통 숙성법에서 스테인리스 스틸 숙성법으로 대체되고 있으며, 와인의 생산량도 향상되었다. 프랑스의 미생물 과학자들은 와인의 품질 향상을 위해 생화학과 미생물학을 실험하기 시작했고 좋은 와인을 만드는 모든 과정이 과학적인 방법에 의해 현대적인 와인 산업으로 탈바꿈하게 되었다. 스테인리스 스틸 숙성의 단점인 부케 향을 높이기 위해 양질의 오크조각을 통에 넣어 숙성 과정에서 풍미를 높이기도 하고 미량의 아황산을 넣어 품질을 균일하게 만들기도 한다. 이러한 과학적인 발전은 낮은 품질의 와인을 훌륭한 와인으로 재탄생시킬 수는 없지만 일반적인 와인의 결점을 최소화하고 훌륭한 와인의 장점을 좀 더 부각시켜 줄 수는 있다. 현대의 프랑스 와인산업은 그들의 와인에 대한 깊은 애착으로 인하여 끊임없이 발전하리라 생각한다.

(2) 프랑스의 지역별 와인

❶ 보르도(Bordeaux)

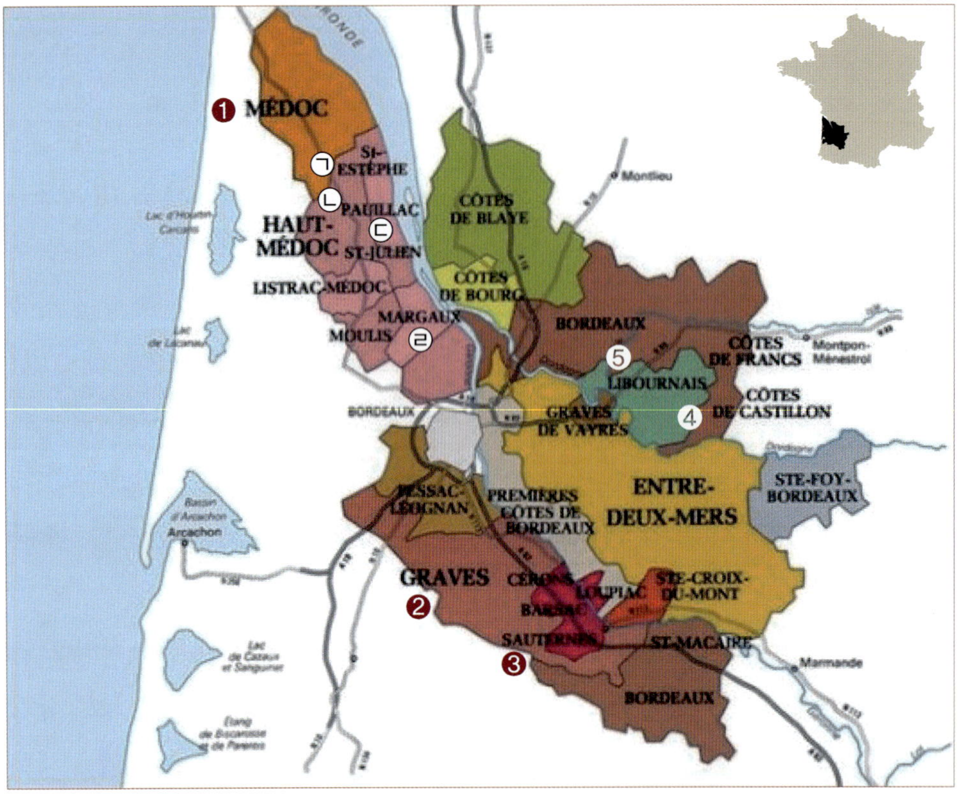

① 메도크(Medoc)
- ㉠ 생테스테프(Saint-Estephe)
- ㉡ 포이약(Pauillac)
- ㉢ 생 쥘리앵(Saint-Julien)
- ㉣ 마고(Margaux)

② 그라브(Graves)
③ 소테른(Sauternes)
④ 생테밀리옹(Saint-Emilion)
⑤ 포므롤(Pomerol)

보르도(Bordeaux)의 지리적 위치는 프랑스의 남서쪽 대서양에 면해 있으며, 북극과 적도의 정중앙에 놓인 보르도는 본류인 지롱드(Gironde)강이 전반에 걸쳐 있다. 그리고 지류인 가론(Garonne)강과 도르도뉴(Dordogne)강 그리고 수 없이 많은 실개천으로 이루어져 있다.

가론강과 도르도뉴강 사이의 토양은 주로 진흙-석회질 성분이다.

도르도뉴강의 우안(Riht bank)은 진흙, 석회질, 모래, 약간의 자갈 등 다양한 토양으로 구성되어 있다.

이런 토양의 장점은 빗물을 저장했다가 규칙적으로 포도나무에 수분을 공급해 주기도 하고 열기를 품고 있어 포도알이 익는 데 좋다.

보르도(Bordeaux)란 지명은 물의 가장자리(au bord de l'eau)란 말에서 유래 되었듯이 강을 중심으로 와인 지역은 크게 메도크(Medoc), 그라브(Graves), 소테른(Sauternes)의 3곳으로 나눠진다.

보르도는 프랑스에서 가장 큰 AOC 포도원으로 AOC 와인 생산량 중 약 30%를 차지할 정도로 많은 양의 우수한 와인을 생산하는 지역이며, 와인 애호가들의 절대적인 사랑과 지지를 받는 곳이기도 하다.

포도품종은 레드 와인종으로 메를로, 카베르네 소비뇽, 카베르네 프랑이 있으며, 보르도를 대표하는 3대 포도품종이다. 그 외의 레드 와인 품종은 말벡 혹은 코트, 프티 베르도, 카르메네르가 있고, 화이트 와인 품종은 주로 세미용 (Semillon), 소비뇽 블랑(Sauvignon Blanc), 뮈스카델(Muscadelle)이 있으며, 그 외에 콜롬바드, 메를로 블랑, 위니 블랑 등이 있다.

보르도 지역의 5대 샤토

- Premier cru classé 1등급 와인
- Pessac-lé-ognan의 Châ-teau Haut-Brion
- Pauillac의 Châ-teau Lafite Rothschild
- Pauillac의 Châ-teau Latour
- Margaux의 Châ-teau Margaux
- Pauillac Châeau Mouton Rothschild

가) 역사

중세 로마가 프랑스를 지배하던 시대부터 보르도는 뷔르디갈라라는 지명을 가진 중요한 국제도시였다. 시저가 로마를 통치하던 때에 보르도는 로마군의 전략적 요충지로 수송과 보급지의 역할을 하는 중요한 지역이었다. 다양한 문화가 가득하고 많은 포도원이 있었으며 와인에 대한 명성이 당시에도 매우 높았다. 영국과 프랑스 100년전쟁의 원인이 된 곳이기도 하다. 전쟁의 원인은 아키텐 (Aquitaine)의 엘레오노르 공주가 영국 왕 헨리 2세에게 시집갈 때 지참금으로 가져간 보르도 동·북부의 중요한 와인 생산지역인 아키텐 때문이었다. 18세기는 보르도 와인 무역이 번창하여, 보르도 항구를 통한 세계 각국과의 와인 교역이 이루어졌다.

이 중 최대 거래국은 영국이었는데, 영국은 자연환경 조건이 열악한 관계로 질 좋은 양조용 포도가 생산되지 않아 프랑스로부터 와인을 공급받았다.

프랑스혁명과 나폴레옹 전쟁시기에는 영국시장이 폐쇄되고 해외무역마저 중단되어 매우 힘든 시기가 있었다.

19세기 후반은 와인산업의 성숙기로 스칸디나비아, 러시아, 아르헨티나까지 해외무역이 확대됐다. 이 시대에는 포도 해충의 피해로 큰 시련을 겪게 된다. 이 위기는 미국산 포도품종인 비티스 라브루스카 포도나무 뿌리에 접목시킴으로써 극복할 수 있었다. 그 후 몇 해 동안의 우수한 포도 수확으로 19세기는 끝이 났다.

1920년대 후반의 빛나는 빈티지들이 새로운 장을 열었으나 제1차 세계대전의 영향으로 침체기가 도래하였다.

1950년대 전반에는 와인산업이 순조로웠지만 후반에는 유럽지역의 이상기온으로 포도나무를 고사시켜 다시 묘목을 심는 데 막대한 비용이 들게 되었고 이는 판매 손실로 이어졌다.

1970년 이후 10년간 보르도 와인은 순조로운 것처럼 보였으나, 뜻하지 않은 와인 투기바람이 몰아쳐 와인 품귀현상이 빚어져 시장질서가 무너졌다. 같은 시기 오일파동이 서방세계에 닥쳐 경제가 급속히 둔화되면서 와인 소비가 급속히 감소되고 다수의 와인 회사들이 도산하였다. 수요와 공급의 법칙이 조화롭지 못하면 도산할 수 있다는 교훈을 얻었다.
보르도 포도주생산자연합회(CIVB)는 이러한 모든 자연환경과 시장환경을 극복하고 가격을 안정시켜 오늘날 보르도 와인의 명성을 얻었다.

나) 샤토의 개념

샤토(Chateau)는 성(城)이란 뜻으로 영주의 대저택을 의미한다. 특히 보르도 지방의 포도주 양조장을 칭하기도 하는데 보르도에 있는 모든 포도원이 샤토라는 명칭을 가질 수 있는 것은 아니다. 샤토라는 명칭이 붙는 것은 일단 일정 수준 이상임을 나타낸다. 시간이 지나면서 샤토의 크기는 달라질 수 있다. 또 이름은 특정 포도원을 칭하기보다는 브랜드로서의 의미가 강하다. 보르도에는 현재 샤토 이름을 지닌 개인 포도원이 약 3,000여 개 있다.

ㄱ) 메도크(Medoc)

- 메도크 지역의 위치 : 보르도 북서쪽에 위치하며 연간 와인 생산량은 400~700만 상자이다.
- 보르도 지역의 와인 주생산지
- 크게 바메독(Bar-Medoc)지역과 오메독(Haut-Medoc)지역으로 나눈다. 메독은 물과 물 사이라는 뜻을 갖고 있다.

ㄴ) 마고(Margaux)

- 마고 지역의 위치 : 보르도 북서쪽에 위치하며 연간 와인 생산량은

400~700만 상자이다.

- 보르도 지역의 와인 주생산지
- 마고 지역의 주 포도품종 : 카베르네 소비뇽(75%), 메를로(20%), 카베르네
- 프랑(5%), 프티 베르도(5%)
- 마고의 연간 생산량 : 3만 상자(1등급 와인의 생산지)

ㄷ) 생 쥘리앵(St. Julien)

- 생 쥘리앵의 위치 : 오메도크의 중앙에 위치한 작은 지역이다.
- 생 쥘리앵의 토양 : 자갈이 많은 언덕에 모여 있다.
- 생 쥘리앵 와인의 특성 : 유연함과 감미로움, 풍부하고 개성있는 향을 내포 하고 있다.

ㄹ) 포이약(Pauillac)

- 포이약의 위치 : 메도크 정중앙 지롱드 강 좌측 기슭
- 포이약의 토양 : 자갈 토양
- 포이약 지역의 주 포도품종 : 카베르네 소비뇽, 카베르네 프랑, 프티 베르도
- 포이약 와인의 특성 : 포이약을 흔히 메도크의 왕이라고 명명할 정도로 우수한 와인 생산지
- 보르도 지역의 1등급 와인이 생산되는 곳
- 첫 번째 : 샤토 라투르(Chateau Latour)
- 두 번째 : 샤토 라피트 로칠드(Chateau Lafite- Rothschild)
- 세 번째 : 샤토 무통 로칠드(Chateau Mouton- Rothschild)

ㅁ) 생테스테프(St. Estephe)

- 생테스테프의 위치 : 4개의 코뮌 중 가장 북쪽에 위치하고 있으며 18km에 걸쳐 포도원들이 즐비하다.
- 생테스테프의 토양 : 이 지역은 오메도크의 다른 지역보다 자갈은 많지만 기름진 땅이기 때문에 기교보다는 강건한 맛으로 승부한다.
- 생테스테프 지역의 주 포도품종 : 카베르네 소비뇽(60%), 메를로(38%), 카베르네 프랑(2%)
- 생테스테프 와인의 특성 : 오메도크 중에서 생테스테프는 섬세함은 부족하지만 향기가 강하고 뚜렷한 개성을 지닌 우아한 와인이다.
- 생테스테프 지역의 대표적인 와인 : 이곳의 가장 유명한 와인은 샤토 코스 데스투르넬(2등급 와인), 샤토 몽로즈, 샤토 캉롱 세귀르이다.

ㅂ) 그라브(Graves) : 자갈이라는 의미도 있다.

- 그라브의 위치 : 보르도의 서남쪽
- 그라브의 토양 : 이곳 토양에는 이름에서도 볼 수 있듯이 자갈이 많이 포함되어 있는데 자갈은 포도나무에 자양분을 공급하는 훌륭한 통로 구실을 한다.
- 그라브의 주 포도품종 : 카베르네 소비뇽, 메를로, 카베르네 프랑, 말벡, 프 티 베르도
- 그라브 와인의 생산량 : 연간 1만 2천 상자
- 그라브 와인의 특성 : 메도크의 다른 지역과 달리 레드와 화이트 와인이 같이 생산된다. 그라브 지역의 부드러운 레드 와인은 중세시대부터 유명했으며 그라브 이외 지역의 포도와 섞어서 만들지 않도록 법으로 정함으로써 그라브 레드 와인의 품격을 유지해 왔다. (1등급 와인인, 샤토 오브리옹 (Chateau Haut-Brion)이 생산된다.)

- 그라브 와인의 주 포도품종 : 화이트 와인 품종인 소비뇽 블랑과 세미용 품종이 매우 잘 자라서 이 두 품종으로 그라브 와인을 주로 만든다. 또 다른 포도품종으로는, 샤토 오브리옹이 유명한데 이 와인은 강하면서도 입안에 서 부드러운 향기를 풍기는 매력적인 와인이다.

ㅅ) 소테른(Sauternes) & 바르삭(Barsac)

- 소테른 & 바르삭의 위치 : 가론 강의 서남쪽
- 소테른 & 바르삭의 토양 : 자갈과 모래가 많고 강 우안의 가파른 언덕에 자리 잡고 있다.
- 소테른 & 바르삭 와인의 주 포도품종 : 이곳의 와인들은 세미용, 소비뇽 블랑, 뮈스카델 품종을 혼합하여 만든다.
- 소테른 & 바르삭 와인의 특성 : 이 지역은 시롱이라는 작은 강줄기에 의해 특이한 기후가 생성되어 있고 이로 인해 세계적으로 유명한 귀부 와인으로 세계에서 가장 품질이 뛰어난 스위트 화이트 와인을 생산하는 곳이다.(소테른 와인의 제왕이라 불리는 샤토 디켐(Chateau d'Yquem)이란 와인이 생산되는 곳이기도 하다. 덧붙여 말하자면, 이 와인은 복숭아, 파인애플, 코코넛, 시나몬 등의 아로마를 가진, 오묘한 맛을 지니고 있다. 그리고 부케 향은 크림, 바닐라의 향을 가지고 있다.)

ㅇ) 생테밀리옹(Saint-Emilion)

- 생테밀리옹의 위치 : 프랑스 보르도 근방
- 생테밀리옹의 토양 : 생테밀리옹의 포도재배지는 프랑스 보르도를 가로지르는 지롱드강, 우측에 도르도뉴강을 내려다보는 언덕에 넓게 자리 잡고 있다. 일조시간이 길고 배수가 잘되는 점토질의 백악

토로 이루어져 포도재 배에 적합하다.

- 생테밀리옹 와인의 주 포도품종 : 메를로, 카베르네 프랑, 카베르네 소비뇽
- 생테밀리옹 와인의 특성 : 알코올이 풍부하고 힘이 있으면서도 섬세하며 떫은 맛이 적은 레드 와인이 생산된다. 짙은 자줏빛의 생테밀리옹 와인은 야생 딸기와 레드 커런트 향을 띠고 있으며, 숙성되면서 옅은 향신료 향과 바닐라, 가죽, 훈연 향이 난다. 특급 와인으로는 백마라는 뜻을 가진 샤토 슈발 블랑(Chateau Cheval Blanc), 샤토 오존(Chateau Ausone), 프리미에 그랑 크뤼 클라세(Premiers Grand Crus Classe) 등이 있다.

ㅈ) 포므롤(Pomerol)

- 포므롤의 위치 : 프랑스 보르도 지역의 도르도뉴강 우측
- 포므롤의 토양 : 자갈이 많은 점질토양으로 산화철 성분이 섞여 있다.
- 포므롤 와인의 특성 : 와인의 맛은 우아하고 부드러우며 섬세한 특징이 있다. 오래 보관할수록 복합적인 부케를 내는데, 붉은 과일 향인 산딸기, 체리, 자두 향이 진하며 제비꽃, 송로버섯, 코코아, 야생동물 향이 어우러져 있다. 생테밀리옹 와인보다 부드럽고 숙성이 빠른 특징이 있다.(샤토 페트뤼스(Chateau Petrus)는 최상급의 포므롤 와인임과 동시에 버건디의 로마네 콩티와 더불어 세계 최고가 레드 와인 중 하나다)
- 포므롤 와인의 대표 포도품종 : 카베르네 소비뇽(Carbernet Sauvignon)보다는 메를로(Merlot)가 주로 재배되며 카베르네 프랑(Cabernet Franc)이 블렌딩되기도 한다.

❷ 부르고뉴(Bourgogne)

부르고뉴의 중심 도시는 디종이며, 부르고뉴는 프랑스의 최고급 레드 와인 생산지 중 가장 북쪽에 위치하고 있다. 이곳은 준대륙성 기후로 인하여 섬세함과 개성이 풍부한 아로마로 유명한 고급와인 생산지다. 흔히 보르도 와인은 와인의 왕이라고 하며, 부르고뉴 와인은 와인의 여왕이라 부른다. 와인의 여왕이라 불리는 이유는 로마네 콩티라는 걸출한 와인이 있기 때문이다.

가) 역사

5세기 초 게르만인이 이곳 론강 계곡에 세운 왕국을 가리키는 이름이었으며 그 영토가 스위스 서부지역에까지 이르렀다. 지형적으로 강과 산맥 사이에 있어 포도재배지로 적합하며 와인 산지로 명성이 높았다. 부르고뉴 와인은 생산량으로 보면 프랑스 와인의 5%밖에 되지 않지만 보르도와 더불어 양대산맥을 이루고 있다.

공식적인 포도재배에 대한 첫 기록은 기원전 312년이다. 기원후 500년경부터는 수도사들이 포도밭을 경작하고 와인을 만들기 시작했으며, 14, 15세기경 부르고뉴 지방은 공작이 지배하는 부르고뉴공국이 되었다. 공작들은 이 지역 와인의 지속적인 발전을 장려하고, 18세기에는 프랑스를 넘어 전 유럽으로 부르고뉴 와인의 명성이 퍼져 나갈 수 있도록 와인의 상업화를 적극적으로 지원하였다.

부르고뉴 지역은 보르도 지역에 비해 포도밭의 면적이 적다. 이는 프랑스 대혁명으로 수도원과 귀족들이 소유하고 있던 큰 포도원들이 국가의 재산으로 압류되어 일반 시민에게 매각되었기 때문이다. 이때 보르도 지역에서는 포도밭을 다시 그대로 사들인 반면, 부르고뉴에서는 큰 밭의 지분이 여러 사람에 의하여 나누어졌다. 그 결과 하나의 밭에 여러 생산자가 있을 수 있으며, 한 생산자가 여러 밭의 와인을 만드는 부르고뉴 특유의 복잡한 생산구조가 나타나게 되었다.

또 다른 재미있는 사건은 1395년 부르고뉴의 공작 필립 르 하디가 가메 품종이 '불경스럽다'며 가메 품종을 뽑아버리고 그 자리에 보다 고급품종인 피노 누아를 심으라고 명하여 부르고뉴 지역은 피노 누아가 주품종이 되었다. 그 후 1870~1880년 사이에 발생한 필록세라(포도나무를 죽이는 진딧물)로 인하여 부르고뉴를 포함한 유럽의 모든 포도원이 황폐화되었다. 이 어려운 상황을 미국의 토착 품종과 교잡하여 시련을 딛고 일어서면서 부르고뉴 사람들은 가장 훌륭한 토양에 포도나무를 다시 심었으며, 양질의 포도재배를 이루고자 하는 가일층의 노력을 기울인 결과 훌륭한 와인 생산지가 되었으며, 다음 세기에 들어 AOC의 개념이 형성되었다.

프랑스는 와인의 품질을 강화하기 위하여 AOC라는 제도를 정립함으로써 세계에서 가장 훌륭한 와인 생산국으로 인정받는 계기가 되었다.

부르고뉴 와인은 북쪽에서부터 샤블리, 코트 드 뉘, 코트 드 본, 코트 샬로네 즈, 마코네 등의 5개 지역으로 나뉘어 있다.

※ 부르고뉴의 와인 등급

- 지역단위 아펠라시옹(아펠라시옹 레지오날) : 생산량의 53%
- 코뮌(마을) 단위 아펠라시옹(아펠라시옹 코뮈날) : 생산량의 35%
- 프리미에 크뤼(마을 내의 한정된 생산면적에서만 생산된다) : 생산량의 10%
- 그랑 크뤼 아펠라시옹(마을 내의 한정된 생산면적에서만 생산된다) : 생산량의2%

나) 기후 및 특징

부르고뉴 지방은 북대륙성 기후로, 춥고 긴 겨울이 형성되며 혹독하게 추운 겨울과 봄의 잦은 서리가 특징이다. 대륙성 기후에도 불구하고 포도재배 조건에 적합한 남동향 쪽으로 완곡하고 부드러운 경사지로 형성되었기 때문에 바람의 피해가 비교적 적고, 평균 200~400m에 이르는 언덕에 위치한 덕분에 일조량이 많고, 서리로부터 보호되며, 서쪽에서 불어오는 바람으로부터 포도나무를 보호해 준다. 부르고뉴 와인은 포도를 수확한 해의 기후와 연도에 따라 품질이 상당히 달라질 수 있다. 이는 부르고뉴 지역 와인생산 방식의 특징으로 타품종과 블렌딩을 하지 않고 단일포도품종으로 와인을 생산하기 때문이다. 따라서 부르고뉴 와인만의 특성인 독특한 빈티지가 생성된다. 부르고뉴 와인은 피노 누아로 생산하는 레드 와인과 샤르도네 품종으로 생산하는 화이트 와인이 유명하다. 이곳의 포도품종들은 강건하고 부드러움을 갖추고 있어 대부분이 장기 숙성할 수 있다. 세계적으로 최고급와인으로 꼽히는 로마네 콩티(Romanee-Conti)는 보르도 지역의 샤토 페트뤼스(Chateau Petrus)와 양대산맥을 이루며, 이외에도 클로 드 부조(Clos de Vougeot), 포마르(Pommard), 볼네(Volnay) 등의 우수한 레드 와인이 있으며, 샤블리(Chablis), 뫼르소(Meursault), 샤샤뉴 몽라셰(Chassagne-Montrachet), 마콩(Macon), 푸이 퓌세(Pouilly-Fuisse) 등의 화이트 와인이 유명하다.

다) 토양

부르고뉴의 토양은 매우 다양하여 101개의 포도원마다 차이가 있다. 쥐라기 시대에 퇴적된 점토, 이회암, 석회질, 화강암, 화산암, 편마암 등으로 구성된 침적성의 토지라는 것이다. 해양 퇴적암의 풍화가 바로 점토-석회질 토양의 기원이며 이 토양에서 바로 부르고뉴 포도품종이 제 역량을 발휘할 수 있다.

동일한 포도원, 동일한 마을, 같은 장소에서도 다양성을 띠는 이유는 퇴적된 침식토양의 영향인 것 같다. 깊게 내린 뿌리에서 뽑아내는 수액의 힘이 열매에 전달되어 부르고뉴 와인만의 독특한 아로마가 탄생하는 것이다.

ㄱ) 샤블리(Chablis)

- 샤블리의 위치 : 파리 분지의 가장자리인 스랭(Serein) 계곡을 따라 언덕에 위치
- 샤블리의 토양 : 자갈이 많은 진흙–석회질의 토양은 지질학적으로 쥐라기 연대에 속하는 것이며, 상부 쥐라기층이 가장 대표적인 지질층이다.
- 샤블리 와인의 대표적인 포도품종 : 화이트 와인의 대명사 샤르도네의 본고장이다.
- 샤블리 와인의 특성 : 샤블리에는 4개의 아펠라시옹 등급이 있다.
  - ▶ 샤블리 그랑 크뤼(Chablis Grand Cru)
  - ▶ 샤블리 프리미에 크뤼(Chablis Premiers Cru)
  - ▶ 샤블리(Chablis)
  - ▶ 프티 샤블리(Petit Chablis)

ㄴ) 코트 드 뉘(Cote de Nuits)

- 코트 드 뉘의 위치 : 버건디의 북쪽, 디종의 남쪽 12km 지점
- 코트 드 뉘의 토양 : 광물질이 풍부한 백악질의 석회질, 적토로 구성
- 코트 드 뉘의 대표적인 포도품종 : 피노 누아
- 코트 드 뉘 와인의 특성 : 풍부하고 힘 있는 최상급의 레드 와인이 생산된다.
- 레드 와인 93%, 화이트 와인 7%의 비율로 생산되고 있다. 코트 드 뉘에는 4개의 아펠라시옹 등급이 있다.

〈코트 드 뉘의 아펠라시옹 등급〉

- 아펠라시옹 그랑 크뤼(Appellation Grand Cru)
- 아펠라시옹 프리미에 크뤼(Appellation Premiers Cru)

- 아펠라시옹 코뮈날(Appellation Communale) : 코뮌 혹은 마을 단위 아 펠라시옹
- 아펠라시옹 레지오날(Appellation Regionale) : 지방 단위 아펠라시옹

〈코트 드 뉘의 대표 아펠라시옹〉

- 주브레 샹베르탱(Gevrey-Chambertin)
- 모레 생드니(Morey Saint-Denis)
- 샹볼 뮈지니(Chambolle-Musigny)
- 클로 드 부조(Clos de Vougeot)
- 본 로마네(Vosne-Romanee)
- 뉘 생 조르주(Nuits-Saint-Georges)

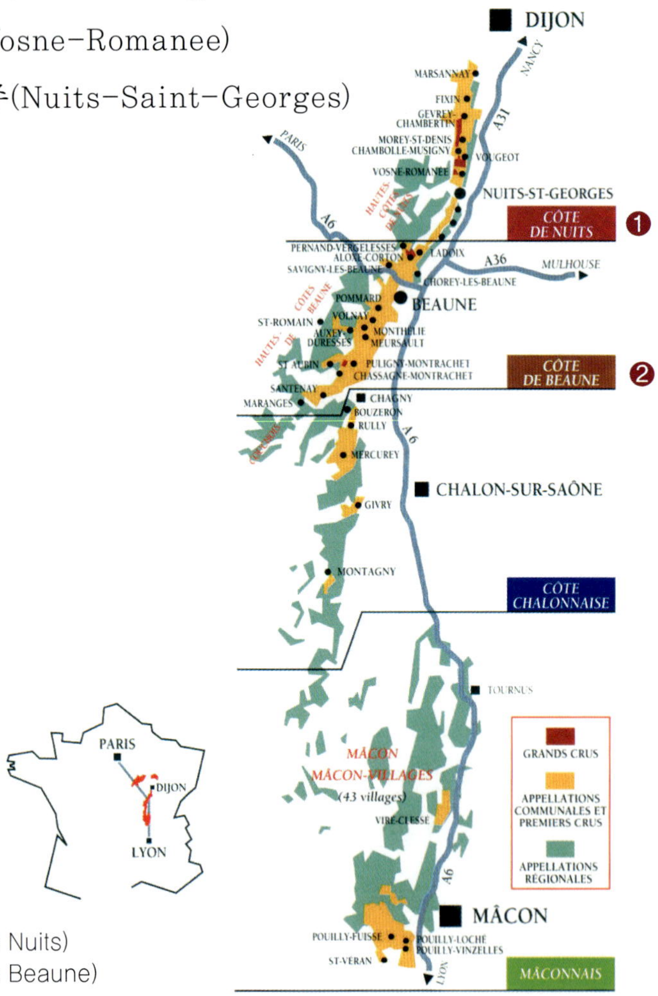

① 코트 드 뉘(Cote de Nuits)
② 코트 드 본(Cote de Beaune)

ㄷ) 코트 드 본(Cote de Beaune)

라두아 세리니(Ladoix-Serrigny)와 마랑주(Maranges) 언덕 사이, 햇빛에 바로 노출되어 있는 언덕에 자리 잡고 있다. 코트 드 본의 구릉과 원만한 언덕들은 이회암-석회질 층으로 코트 드 뉘와 비슷하지만, 코트 드 본이 더 젊은 토양에 위치하고 있다. 동쪽에 위치함으로서 더운 여름과 건조한 가을이라는 대륙성 기후의 영향을 받게 되는데, 이는 포도 숙성에 좋은 영향을 끼치는 요인이다. 레드 와인이 60%, 화이트 와인이 40% 생산되고 있다. 모든 코뮌 단위 아펠라시옹은 레드와 화이트 와인 모두를 생산하는데, 예외적으로 포마르와 볼네에서는 레드 와인만 생산한다. 코트 드 본에는 4개의 아펠라시옹 등급이 있다.

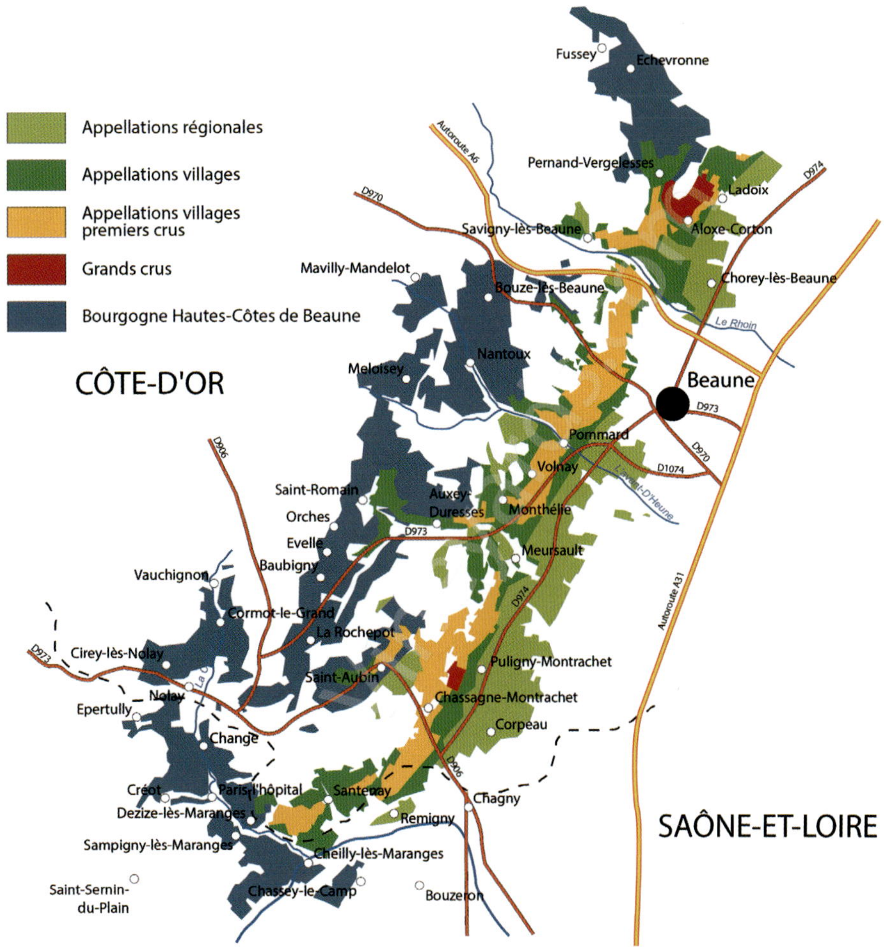

〈코트 드 본의 대표 아펠라시옹〉

- 라두아(Ladoix)
- 알록스 코르통(Aloxe-Corton)
- 페르낭 베르줄레스(Pernand-Vergelesses)
- 쇼레 레 본(Chorey-les-Beaune) 또는 쇼레

ㄹ) 코트 샬로네즈(Cote Chalonnaise)

- 코트 샬로네즈의 위치 : 루아르의 북쪽 지역에 위치하며 북쪽으로는 코트 드 본과 남쪽으로는 마코네 산맥의 사이 길이 25km, 가로 7km의 면적에 펼쳐져 있다.
- 코트 샬로네즈의 토양 : 주로 쥐라기 시기에 형성되어 퇴적된 석회질토양이다.
- 코트 샬로네즈의 대표적인 포도품종 : 피노 누아, 가메, 샤르도네, 알리고테
- 코트 샬로네즈의 특징 : 레드 와인 62%, 화이트 와인 38%로 생산된다.
- 코트 샬로네즈에는 3개의 아펠라시옹 등급이 있다.

〈코트 샬로네즈의 아펠라시옹 등급 3종〉

- 아펠라시옹 프리미에 크뤼(Appellation Premiers Cru)
  - ▶ 아펠라시옹 코뮈날(Appellation Communale) : 코뮌 혹은 마을 단위 아 펠라시옹
  - ▶ 아펠라시옹 레지오날(Appellation Regionale) : 지방 단위 아펠라시옹
- 코트 샬로네즈의 대표 아펠라시옹 륄리(Rully)
  - ▶ 부즈롱(Bouzeron)

▶ 메르퀴레(Mercurey)

▶ 지브리(Givry)

▶ 몽타니(Montagny)

ㅁ) 마코네(Maconnais)

- 마코네의 토양 : 석회질 또는 이회암, 석회질은 샤르도네 품종에 가장 적합하다.
  - ▶ 진흙, 규토질은 마콩 화이트나 가메 품종에 적합하다.
  - ▶ 화강암, 화산 심토 위의 규토질은 가메 품종에 가장 적합하다.
- 마코네 대표 포도품종 : 샤르도네, 가메
- 마코네의 특징 : 주로 화이트 와인을 생산한다.
- 화이트 와인이 87%, 레드 와인이 13% 생산된다.
- 부르고뉴 화이트 와인의 진수 푸이 퓌세의 고장이다.
- 마코네 포도원에는 2개의 아펠라시옹 등급이 있다.
- 아펠라시옹 코뮈날(Appellation Communale) : 코뮌 혹은 마을 단위 아펠 라시옹
- 아펠라시옹 레지오날(Appellation Regionale) : 지방 단위 아펠라시옹

〈마코네의 대표 아펠라시옹〉

- 마콩(Macon)
- 마콩 빌라주(Macon-Villages)
- 마콩 쉬페리외르(Macon Superieur)
- 푸이 퓌세(Pouilly-Fuisse)
- 푸이 뱅젤르(Pouilly-Vinzelles)

- 푸이 로슈(Pouilly-Loche)
- 생베랑(Saint-Veran)
- 비레 클레세(Vire-Clesse)

❸ 알자스(Alsace)

가) 역사 및 자연적 특징

- 알자스 지방의 역사 : 로마시대에 남하하는 게르만족들의 방어를 위해 라인강 유역에 방어선을 구축한 시기부터이며, 로렌 지방과 더불어 프랑스와 독일이 번갈아 가면서 통치한 슬픈 역사의 흔적이 있다.
- 알자스의 위치 : 동북부에 위치. 로렌 지방과 더불어 프랑스와 독일 두 나라의 완충지역
- 알자스의 토양 : 이회암, 석회암, 화강암, 점토질, 편암, 사암, 모래, 황토에 이르기까지 다양

나) 와인품종 및 특징

- 알자스 와인의 대표 포도품종 : 피노 누아, 실바너, 피노 블랑, 게뷔르츠트 라미너, 리슬링, 뮈스카, 피노 그리 등이 있다.
- 알자스 와인의 특성 : 알자스 지역은 독일과 라인강을 두고 국경을 접하고 있기 때문에 여름에는 서늘한 기후로 인하여 대부분 화이트 와인을 생산한다. 프랑스 와인 생산지역 중에서 AOC 와인의 화이트 와인을 약 20% 생산 한다. 포도 수확시기에는 건조한 기후가 계속되어 풍부한 일조량이 형성된다. 즉 알자스는 고온 건조한 기후에 일조량이 풍부한 반대륙성 기후에 속해 있어, 매우 섬세한 아로마를 깃들게 한다. 알자스 와인명은 포도품종의 이름에 따라 명명되며, 생산지역에서 플

뤼트 달자스(Flutes d'Alsace : 플루트 모양의 목이 길고 가는 녹색 병)에 병입하도록 의무화되어 있다. 알자스 지 방의 또 다른 특징은, 화이트 와인과 레드 와인의 접경지이며, 방당주 타르 디브는 '늦은 수확'이라는 뜻으로 알자스 지역의 리슬링 품종이며 그랑 크뤼 와인 품종으로 만들어진다.

- 즉 귀부화된 포도(포도로 수확시기가 지난 포도알은 가지에 그대로 붙은 채로 과육이 말라버리면서 과즙이 농축된 현상) 때문에 농도가 짙고 감미가 뛰어난 와인이 생산된다.
- 알자스의 AOC는 3가지이다.

다) 알자스(Alsace)의 3가지 AOC

ㄱ) 알자스 AOC(AOC Alsace)

뱅 달자스(Vin d'Alsace)로도 불리며, 알자스 와인 전체 생산량의 74%에 해당한다. 알자스 AOC 와인은 100% 단일품종으로 양조된 경우 품종명이 라벨에 기재된다. 여러 품종을 조합한 경우에는 에델즈비커(Edelzwiker)나 장티(Gentil)로 표기한다. 더불어 지역명이나 읍명 같은 지리적 명칭을 보충적으로 기재할 수도 있다. 알자스 AOC 와인의 92%가 화이트 와인이다.

ㄴ) 알자스 그랑 크뤼 AOC(AOC Alsace Grand Cru)

알자스 그랑 크뤼 AOC 와인은 연간 평균 45,000헥타르에서 생산되며, 이는 알자스 와인 전체 생산량의 4%에 해당한다. 다양한 품질 기준(테루아르 및 생산량의 엄격한 제한, 포도재배에 대한 규정, 시음 인가 등)을 통과한 와인에 부여되는 명칭이다. 다양한 아로마와 맛, 독특한 개성을 지닌 와인을 생산하는 선별된 테루아르에만 헌정

되는 아펠라시옹이다. 라벨에는 그랑 크뤼로 분류된 51개의 리외 디(lieux dits) 중 하나의 이름이 반드시 기재되도록 의무화되어 있다. 알자스 그랑 크뤼 AOC는 리슬링, 게뷔르츠트라미너, 피노 그리, 뮈스카 4품종으로만 만들 수 있다.

ㄷ) 크레망 달자스 AOC(AOC Crement d'Alsace)

전체 생산량의 13%에 해당한다. 전통적인 방식(병 안에서의 2차 발효)으로 만들어지는 상큼하고 섬세한 무감미 발포성 와인이다. 주로 피노 블랑으로 빚지만 피노 그리, 피노 누아, 리슬링 그리고 이 명칭에만 사용되는 샤르도네로도 만들어진다.

크레망 로제는 피노 누아 단일품종에서 얻어진다.

❹ 루아르(Loire)

가) 루아르의(Loire)의 일반 특징

- 루아르의 위치 : 프랑스의 북서쪽 대서양에 면해 있다.
- 루아르의 토양 : 지형적 특성으로 인해 다양한 토양이 구성된다.
- 주로 화이트 품종이 좋아하는 것으로 형성되었다.
- 편암, 사암, 화강암, 침적 토양, 용암 등 바위로 구성되어 있다.
- 루아르의 포도품종 : 그롤로, 가메, 카베르네 프랑, 피노 누아, 소비뇽 블랑, 슈냉 블랑, 샤르도네, 뮈스카데 등이 있다.
- 루아르 와인의 특성 : 프랑스에서 가장 길고 아름다운 강으로 정평이 났으며, 온화한 기후와 아름다운 성들로 유명한 루아르 계곡의 동쪽은 다양하고 풍부한 와인으로 유명하다. 루아르 와인은 대체적으로 과일향이 향기로우나 맛이 강하지 않아 와인을 좋아하지 않는 초보자도 쉽

게 접할 수 있는 와인이다. 루아르 지역의 포도원은 4곳으로 나눈다.

나) 루아르의(Loire)의 대표 포도원

ㄱ) 낭트(Nantes)

아르모리캥 산맥 위로 펼쳐져 있으며 햇빛이 잘 들고 전형적인 대서양 기후의 영향을 받는 언덕에 포도밭들이 형성되어 있다. 주로 뮈스카데 85% 이상 사용하는 화이트 와인이 생산된다.

ㄴ) 앙주 & 소뮈르(Anjou & Saumur)

이곳은 루아르의 심장부이며, 대서양 기후로 습도가 높다. 화이트와 로제 와인이 주로 생산된다. 화이트 와인은 슈냉블랑을 주로 사용하며 샤르도네, 소비뇽 블랑이 있다.

ㄷ) 투렌(Touraine)

'프랑스의 정원'이라 불리는 곳으로, 부브레 지역에서는 슈냉블랑을 사용한 화이트 와인이 많이 생산된다. 폭넓은 맛을 지녔다. 그러나 투렌 지역의 시농에서 는 카베르네 프랑으로 만든 레드 와인이 유명하다. 주로 단일품종으로 양조된 와 인들이다.

ㄹ) 상트르(Centre)

루이 16세의 왕비 마리 앙투아네트가 즐겨 마셨다는 소비뇽 블랑의 진수 푸이 퓌메의 생산지이다. 포도원들은 루아르 강과 그 지류의 평원 및 좋은 언덕들 위 에 펼쳐져 있다.

❺ 보졸레(Beaujolais)

가) 보졸레(Beaujolais)의 일반 특징

- 보졸레의 위치 : 프랑스의 중동부에 위치하고 있으며, 동남동 방향으로 놓인 높은 언덕들의 꼭대기까지 포도원이 자리 잡고 있다.
- 보졸레의 토양 : 석회-점토질 토양. 가장 넓은 지역
- 보졸레의 대표 품종 : 가메, 전 세계 재배면적의 약 70%가 보졸레에서 생산된다. 이 종은 모든 레드 와인의 시조라 할 수 있으며, 독특한 제조법으로 포도알 전체로 양조하며 감미로운 과일 향이 풍부한 와인을 생산한다.
- 보졸레 와인의 특성 : 보졸레 지역은 햇포도주를 마시는 것으로 유명하다. 매년 11월 셋째 주 목요일 전 세계에 출시되는 '보졸레 누보 축제'는 세계적으로 유명하다. 보졸레 와인은 전반적으로 마시기 쉽고 과일 향이 풍부한 와인이며, 화이트 와인처럼 차게 먹기도 한다.

나) 보졸레(Beaujolais)의 와인분류방식

보졸레 지역은 3가지 분류방식으로 분류하며 2곳의 AOC 와인과 10대 크뤼로 분류된다.

ㄱ) 보졸레 AOC(AOC Beaujolais)

보졸레 전체 생산량의 50%를 차지한다. 신선하고 경쾌한 맛을 지닌 와인으로, 연중 어느 때 마셔도 좋으며 바이올렛 향과 과일 향을 음미할 수 있다. 어떤 요리와도 잘 어울리며 차게(11℃) 서빙한다.

ㄴ) 보졸레 빌라주 AOC(AOC Beaujolais Villages)

보졸레 지방에서 생산되는 와인의 25%를 차지한다. 흔히 보졸레 지역의 와인은 가볍다고 생각하지만 이곳 와인은 미디엄 바디의 와인으로 탄닌이 강하고 차분하다. 한가로운 시골마을의 찬란한 햇빛처럼

꾸밈없고 과일맛이 풍부한 와인이다. 병입 후 2년 정도 보관이 가능하며, 가벼운 메인요리와 잘 어울린다.

ㄷ) 10개의 보졸레 크뤼(Les Dix Crus du Beaujolais)

보졸레 전체 생산량의 25%를 차지한다. 이곳의 주 포도품종은 가메다.

- 생타무르 AOC(Saint-Amour) : 짐승의 내장요리와 가금류, 육류요리 등과 잘 어울리며 13℃로 서빙한다.
- 아무르(Amour)는 프랑스어로 '사랑'을 의미한다.
- 쥘리에나스 AOC(Julienas) : 가금류와 잘 어울리며 13℃로 서빙한다.
- 쉐나 AOC(Chenas) : 물랭아방과 함께 보졸레의 보물로 꼽힌다. 어린 양고기, 소스를 곁들인 육류, 향이 강한 치즈와 잘 어울리며 14℃로 서빙한다.

  물랭아방 AOC(Moulin-a-Vent) : 붉은살 육류, 야생 육류, 맛이 강한 치즈와 잘 어울리며 4~5년은 충분히 보관이 가능하며 14℃로 서빙한다.
- 물랭아방은 풍차라는 뜻이 있으며 '보졸레의 귀족'이라 일컬어지는 와인이다.
- 플뢰리 AOC(Fleurie) : 양고기요리, 가금류, 흰살 육류 등과 잘 어울리며 13℃로 서빙한다.
- 쉬루블 AOC(Chiroubles) : 소시지, 가금류, 흰살 육류, 전채요리와 잘 어울 리며 12℃로 서빙한다.
- 모르공 AOC(Morgon) : 알코올 함량이 풍부한 와인으로 4~5년 보관하면 최상의 상태에 이른다. 소스가 있는 육류, 사냥용 육류, 치즈와 잘 어울리며 13℃로 서빙한다.

- 레니에 AOC(Regnie) : 흰살 육류, 크림 소스를 곁들인 따뜻한 전채요리와 잘 어울리며 12℃로 서빙한다.
- 브루이 AOC(Brouilly) : 야생 육류 및 붉은살 육류와 잘 어울리며 12℃로 서빙한다.
- 코트 드 브루이 AOC(Cotes de Brouilly) : 소시지류, 양파와 와인으로 요리한 야생 육류와 잘 어울리며 13℃로 서빙한다.

❻ 론(Rhone)

가) 론(Rhone)의 일반적 특징

론의 수도는 리옹(Lyon)이며, 프랑스에서는 보르도 다음으로 넓은 포도 산지다. 교황들이 선호하던 코트 뒤 론 와인은 성대한 만찬을 장식해 왔으며 오늘날 세계적인 명성을 누리고 있다. 론 지역에서 생산되는 와인의 90% 이상이 레드 와인이다. 그 외에 화이트 와인, 로제 와인, 스파클링 와인을 생산한다. 론 레드 와인은 소스가 강한 고기요리와 무난하게 마실 수 있으며 갈비찜이나 양념이 강한 우리나라 음식과도 잘 어울린다.

* 샤토뇌프 뒤 파프=교황의 안식처

- 론의 위치 : 프랑스 남부에 위치
- 론의 토양 : 화강암, 자갈
- 론의 포도품종 : 시라, 무르베드르, 그르나슈, 비오니에, 루산, 부르불랭, 생소
- 론 와인의 특성 : 일조량은 많으나 남쪽보다 선선하고 아침 안개로 인해 온화한 기후를 형성한다. 북부 코트 뒤 론의 포도나무들은 매우 가파른 언덕 위나 매우 좁은 화강암 테라스 위와 같이 주로 작은 면적에서 재배된다. 보르도나 버건디의 섬세한 와인과는 다르며 원

숙하고 강렬한 알코올 함량이 높고, 색이 진한 것이 특징이다. 와인은 주로 레드 와인이 생산되지만 화이트 와인도 생산된다. 샤토뇌프 뒤 파프와 타벨로 유명하다. 이곳은 보졸레 지역과 비슷한 축제가 열리는 곳으로 1995년부터 교황의 도시에서 9월 첫 번째 토요일에 포도 수확 개시를 축하하는 행사를 한다.

나) 론(Rhone)의 와인등급

론 지역의 두 개의 등급은 아펠라시옹 레지오날 코트 뒤 론(Appellation Regionale Cotes du Rhone)과 아펠라시옹 코트 뒤 론 빌라주(Appellation Cotes du Rhone-Villages)이다.

ㄱ) 북부 코트 뒤 론의 대표 아펠라시옹

이 지역에서 많이 생산되는 로제와인은 모든 요리와 잘 어울린다.

- 샤토 그리예(Chateau Grillet)
- 생페레(Saint Peray)
- 생조셉(Saint Joseph)
- 코르나스(Cornas)
- 코트 로티(Cote-Rotie)
- 콩드리외(Condrieu)
- 크로즈 에르미타주(Crozes-Hermitage)
- 에르미타주(Hermitage)

ㄴ) 남부 코트 뒤 론의 대표 아펠라시옹

주로 로제와인의 생산지이며 대표적인 품종은 그르나슈이다. 가죽향, 후추 향, 시나몬 향, 체리 향 등이 난다.

- 샤토뇌프 뒤 파프(Chateauneuf du Pape)

- 타벨(Tavel)
- 리락(Lirac)
- 바케라스(Vacqueyras)
- 지공다스(Gigondas)
- 뱅소브르(Vinsobres)
- 봄 드 브니즈(Beaumes de Venise)

❼ 랑그도크루시용(Languedoc-Roussillon)

- 랑그도크루시용의 위치 : 프랑스 남서부에 위치. 스페인·안도라와 국경을 마주하고 있으며, 앙시앵레짐의 프로방스 랑그도크와 루시용을 합쳐 만들어졌다.
- 랑그도크루시용의 포도품종 : 시라, 생소, 무르베드르, 카리냥, 뮈스카데, 카베르네 소비뇽
- 랑그도크루시용의 특징 : 이 두 지역은 함께 부르지만 역사와 지형이 다른 특성을 가지고 있다. 이 지역은 스페인과 접해 있기 때문에 스페인의 포도 품종과 비슷한 아로마의 특징을 가지고 있다. 비교적 화이트 와인도 많이 재배되고 있다.

❽ 샹파뉴(Champagne)

가) 샹파뉴(Champagne)의 일반 특징

- 샹파뉴의 위치 : 프랑스 포도재배 지역으로는 최북단에 위치해 있다. 포도 재배 한계기후인 북위 49°에 위치해 있다.
- 샹파뉴의 품종 : 샤르도네, 피노 뫼니에, 피노 누아
- 샹파뉴의 토양 : 지질연대의 제2기에 형성된 두꺼운 백악질층 위에 위치한다. 이 백악질 토양은 수분을 빨아들여 모으고 낮 동안 받은 태양

열을 포도원에 복사하여 필요한 광물질을 공급해 준다.

- 샹파뉴의 특징 : 샹파뉴 지역 와인의 역사는 로마시대의 줄리어스 시저가 이곳을 정복했던 시기부터다. 이곳의 와인 유형은 가볍고 드라이하며 알코올 함유량이 낮고 높은 산도를 지닌 것이 특징이다. 발포성 와인의 본고장이기도 하다. 특히 오늘날의 발포성 와인의 시조라 할 수 있는 베네딕트 수도원의 셀러(cellar) 마스터였던 돔 페리뇽에 의해 샴페인의 새로운 기원을 만들었다.

  이곳의 연평균기온은 약 10.5℃이다. 특히 봄철 서리의 피해로 어린 꽃봉오리와 포도송이를 보호하기 위해 밑동에 따듯하게 하는 장치를 한다.

  샹파뉴는 일일이 손으로 수확된 포도알을 압착기계로 운반하여 곧바로 압착해서 만든다. 주로 적포도품종을 사용하여 만들기 때문에 강하게 압착하면 안된다. 이러한 과정을 통해서 1차 발효 후 발효가 멈추고 와인 맛이 날 때 특별한 방법으로 블렌딩을 하고 2차 발효 때에는 와인, 설탕, 이스트를 혼합하여 발효시켜 임시마개로 봉인하여 셀러에 보관한다. 이러한 기법을 샹파뉴 방법(Methode Champenoise)이라 한다. 2차 발효 때에는 강한 기압이 발생하므로 주의해야 하며 병입 후 숙성시킨다. 샴페인이라는 명칭은 '샹파뉴' 지역에서 자란 포도를 수확하여 만든 와인에만 그 이름을 붙일 수 있다.

나) 샹파뉴(Champagne)의 포도원과 AOC

포도원은 크게 5개의 지역으로 나뉘어 있으며, 각 지역은 지리적 특성이 분명 하다.

- 몽타뉴 드 랭스(Montagne de Reims : Marne)
- 발레 드 라 마른(Vallee de la Marne : Marne, Aisne, Seine et

Marne)

- 코트 데 블랑(Cote des Blancs : Marne)
- 코트 드 세잔(Cote de Sezanne)
- 코트 데 바르(Cote des Bar : Aube & Haute Marne)로 나뉘어 있으며, 샹파뉴는 아래의 5개 도(departement)에서 생산된다.
  - ▶ 마른(Marne)
  - ▶ 오트 마른(Haute Marne)
  - ▶ 센 에 마른(Seine et Marne)
  - ▶ 앤(Aisne)
  - ▶ 오브(Aube)

다음 2개의 AOC에서는 스틸 와인이 생산된다.

- AOC 코토 샹프누아(AOC Coteaux Champenois) : 화이트, 레드, 로제
- AOC 로제 데 리세(AOC Rose des Riceys) : 로제

다) 샹파뉴(Champagne) 와인의 분류

샹파뉴 와인은 당분 함량에 따라 다음과 같이 나누어진다.

- 엑스트라 브뤼(Extra-Brut) : 1L당 0.6g 이하
- 브뤼(Brut) : 1L당 0.6~1.5g 이하
- 엑스트라 드라이(Extra-Dry) : 1L당 1.2~2g 이하
- 섹(Sec) : 1L당 1.7~3.5g 사이
- 드미 섹(Demi-sec) : 1L당 3.3~5g 이하
- 두(Doux) : 1L당 5g 이하

라) 샹파뉴(Champagne) 와인의 종류

ㄱ) 샹파뉴 로제(Champagne Rose)

샹파뉴 로제는 적포도품종을 로제 와인 양조법으로 주조하여 만든다. 붉은 열매와 향신료의 아로마를 풍기며 알코올 도수가 비교적 높다.

ㄴ) 샹파뉴 블랑 드 블랑(Champagne Blanc de Blancs)

샤르도네 한 품종으로만 만들어졌을 때 붙일 수 있으며 섬세한 아로마와 가볍고 미세한 거품이 특징이다. 프루티하고 신선한 과일 맛을 지니고 있다.

ㄷ) 제조연도가 명기되는 빈티지 샹파뉴

샹파뉴는 여러 해의 와인을 블렌딩해서 만들기 때문에 빈티지의 개념이 별로 없다. 이례적으로 작황이 뛰어나게 좋은 해의 경우 샹파뉴 제조업자들의 결정을 통 해 연도를 표기하기도 한다. 빈티지 와인은 샹파뉴 전체 생산량의 10% 정도에 불과하다.

ㄹ) 샹파뉴 블랑 드 누아

피노 누아와 피노 뫼니에 두 가지 적포도품종으로 블렌딩한 것이다. 탄닌이 풍부하고 바이올렛, 견과류, 오크 향 또는 마른 건초 향 등의 아로마가 조화롭다.

ㅁ) 로제 데 리세

리세에서 생산되는 소량의 AOC 비발포성 로제와인이다.

❾ 프로방스(Provence)

- 프로방스의 위치 : 프랑스 남동부 지중해 연안 마르세유와 해안도시

니스가 있는 지역이다.

- 프로방스의 토양 : 석회질의 토양, 사암, 편암 등의 토양 위에 오래된 화강암 또는 반암류가 잘게 부서져 있으며, 평지의 점토, 자갈토, 그리고 내륙의 구릉지역은 화강암과 편암토로 되어 있고, 토질은 다양하게 분포되어 있다.
- 프로방스의 대표 포도품종 : 카리냥, 생소, 그르나슈, 위니블랑, 무르베드 르, 세미용, 시라, 카베르네 소비뇽 등이 있다.
- 프로방스 와인의 특성 : 지중해성 기후로 일조량이 3,000시간이 넘을 정도이며, 강우량은 700mm 정도이고, 여름은 수은주가 40℃까지 오를 정도로 무덥다. 다른 모든 지중해 지역처럼 불규칙하게 비가 내리고, 봄과 가을에 는 강한 폭풍우가 동반된다.
- 로제 와인으로 유명하며, 화이트와 레드 모두 강렬한 맛을 낸다.

이 지역 포도재배의 역사는 골(Gaule)시대, 로마의 영향하에 시작된다. 프로방스는 사라센, 카롤링거 왕조, 신성로마제국, 툴루즈, 카탈루냐 등에 의해 번갈아 지배를 받아왔다. 19세기에는 이탈리아의 왕국인 샤르데냐의 지배를 받았다. 1860년대부터 유럽에 불어닥친 필록세라에 의해 이곳 또한 폐허가 되었으나 북유럽과 연결되는 철도가 이 지역에 개설됨으로써 다시금 활기를 되찾게 되었다.

이러한 다양한 역사로 프로방스는 여러 영향을 받게 되고 다양한 문화를 갖게 되었다.

요점정리

❖ 프랑스의 주요 와인산지 및 음식과의 조화

지역	포도품종		맛	서비스 온도	어울리는 음식
보르도 (Bordeaux)	R	카베르네 소비뇽	과일 향이 좋고 알코올 속에 함축된 복합적인 향인 부케 향	18	스테이크, 양고기, 치즈
	R	메를로	순한 맛과 감칠맛이 풍부하고 향긋함	16	닭, 오리, 양고기, 부드러운 치즈
	R	카베르네 프랑	라즈베리, 바이올렛, 피망, 사향, 송로, 연기의 향	17	스테이크
부르고뉴 (Bourgogne)	R	피노 누아	숙성 전에는 과일 향이지만 숙성 후에는 아로마 향	15	구운 가금류, 돼지고기, 생선
	W	샤르도네	사과 향과 파인애플 향이 풍부하고 섬세	10	생선, 굴 등 해산물
알자스 (Alsace)	R	피노 블랑	드라이하며, 입안에서의 느낌이 꽉 차고 풍부하며, 감귤류, 풋사과의 신맛이 가득	14	치즈
	W	실바너	신선한 과일 향과 신맛	10	향이 강하지 않은 요리
		게뷔르츠 트라미너	장미꽃과 같은 향기	10	소시지, 치즈, 훈제연어
		피노 그리	신선한 향, 과일 향, 스파이시한 향, 단맛	12	새우, 연어, 생선류, 어패류
루아르 (Loire)	R	카베르네 프랑	라즈베리, 바이올렛, 피망, 사향, 송로, 연기의 향	16	스테이크
	W	소비뇽 블랑	까치밥나무와 꽃내음	10	갑각류, 해산물
보졸레 (Beaujolais)	R	가메	탄닌이 적고, 과일 향이 진함	14	돼지고기, 연어

지역	포도품종		맛	서비스 온도	어울리는 음식
론 (Rhone)	R	시라	숙성되면 후추 향과 야생 고기 향이 남	15	파스타류, 양고기
		그르나슈	스위트하고 라즈베리 향이 풍부	14	스테이크, 치즈
랑그도크루시용 (Languedoc-Roussillon)	R	카리냥	과일 향과 스파이시한 향	16	바비큐, 오리고기, 파스타
	W	뮈스카데	사과와 같은 신선한 과실 향	9	어패류
샹파뉴 (Champagne)	R	샤르도네	사과 향과 파인애플 향이 풍부하고 섬세함	10	생선, 굴 등 해산물, 햄
프로방스 (Province)	R	생소	높은 산도와 적은 탄닌 보유	16	스테이크, 치즈
	W	세미용	레몬, 그레이프프루트, 사과, 복숭아, 배, 열대과일, 오렌지, 마멀레이드 향	10	새우, 홍합

* 프랑스 와인등급

1. AOC(Appellation d'Orgine Controlee = A.O.P)

AOC는 가장 높은 품질의 등급으로 프랑스 와인의 최상위 등급을 의미하며 엄격한 품질관리로 고품질을 보장하는 라벨이다. 1930년대에 그 형태를 갖추기 시작하여 현재는 전 세계적으로 사용되고 있는 표시체계이기도 하다. 와인에 사용된 포도가 그 지역에서 재배된 것이어야 하고 포도의 품종, 숙성도, 알코올 도수, 포도농장의 생산 량 등 모든 규정에서 벗어남이 없어야 이 등급을 얻을 수 있다.

2. VDQS(Vin Delimites de Qualite Superieure=I.G.P or AOP)

'우수품질 제한 와인'을 뜻하며, 1949년에 제정된 특별등급이고 AOC 못지않은 품질관리를 하며, 프랑스 와인 전 생산량의 2% 정도를 차지한다. 원산지 통제명칭 와인(AOC)보다는 아래 등급이지만 고급품질을 인정받은 와인으로 추후에 성적을 감안해서 원산지 통제명칭 와인(AOC)으로 승격될 수 있는 가능성이 있다.

3. 뱅 드 페이(Vin de Pays=IGP)

'지방 와인'을 뜻하며 프랑스 전체 포도주 생산량의 4분의 1 정도를 차지한다. 특정 지방에서 재배된 포도만으로 생산되고, 관능검사 등의 여러 제한조건에 따라 만들어지며 공식 승인과정을 통과해야 한다.

4. 뱅 드 타블(Vin de Table = Vin de France)

가격이 비교적 저렴하여 식사에 곁들이기 좋은 와인을 의미하기도 한다. 프랑스 와인등급 중에서 최하위 등급이며 이 등급은 사용된 포도품종이나 생산지를 레이블에 표기할 수 없다. 이 등급의 와인들은 대부분 다양한 지역의 포도품종을 블렌딩하여 생산된다.

2) 이탈리아

1. 발레 다오스타(Valle d'Aosta)
   · 주도 : Aosta
2. 피에몬테(Piemonte)
   · 주도 : Torino
3. 롬바르디아(Lombardia)
   · 주도 : Milano
4. 트렌티노 알토 아디제 (Trentino-Alto Adige)
   · 주도 : Trento
5. 베네토(Veneto)
   · 주도 : Venezia
6. 프리울리 베네치아 줄리아 (Friuli-Venezia Giulia)
   · 주도 : Trieste
7. 리구리아(Liguria)
   · 주도 : Genova
8. 에밀리아 로마냐(Emilia-Romagna)
   · 주도 : Bologna
9. 토스카나(Toscana)
   · 주도 : Firenze
10. 움브리아(Umbria)
    · 주도 : Perugia
11. 마르케(Marche)
    · 주도 : Ancona
12. 라치오(Lazio)
    · 주도 : Roma
13. 아부르치(Abruzzi)
    · 주도 : L'aquila
14. 몰리세(Molise)
    · 주도 : Campobasso
15. 캄파니아(Campania)
    · 주도 : Napoli
16. 바실리카타(Basilicata)
    · 주도 : Potenza
17. 풀리아(Puglia)
    · 주도 : Bari
18. 칼라브리아(Calabria)
    · 주도 : Catanzaro
19. 시칠리아(Sicilia)
    · 주도 : Palermo
20. 사르데냐(Sardegna)
    · 주도 : Cagliari

이탈리아는 프랑스보다 훨씬 앞선 기원전 800년경에 그리스에서 넘어온 정착민들에 의해 포도재배가 시작되었다. 현재의 토스카나 지방을 중심으로 살았던 에트루리아인들은 자신들이 와인을 직접 마시고 주변국과 무역을 하기 위해 와인 생산을 시작했다.

와인 발전에 가장 위대한 공헌을 한 로마인들은 매우 유능한 와인 양조자들이었다. 그들은 그리스에서 전수된 와인의 저장·숙성 방법 등을 발전시키고 나라에서 정복한 땅에 재배지역을 넓혀 나갔다.

로마제국 멸망 후 다른 유럽국가와 마찬가지로 교회가 와인 생산을 이어받게 되었고 이러한 이유로 14, 15세기 르네상스시대의 문학에는 포도와 와인에 대한 글이 다수 포함되어 있다. 이처럼 이탈리아에서는 오래전부터 와인에 대한 관심이 많았음을 알 수 있고, 와인은 자연스레 이탈리아인들이 사랑하고 즐기는 문화가 되었다. 그래서 이탈리아의 와인소비량은 매우 높은 편이다. 미국에선 일년에 한 사람 당 약 7.7L를 소비하는 반면, 이탈리아 사람들은 일년에 한 사람당 평균 약 59L의 와인을 소비한다.

오늘날 이탈리아에서는 알프스 산맥과 경계를 이루고 있는 북쪽지역에서부터 화산지대가 있는 남쪽지역까지 전 지역에서 포도가 널리 재배되고 있다.

와인을 생산하는 국가 중 이탈리아는 최대의 와인 생산국이자 수출국이다. 하지만 프랑스의 와인과 견주어보면 품질 면에서의 격차를 부인할 수 없다. 그러나 질적인 면에서 향상을 보이고 있으며 와인 연구수준은 수준급이 되었고 양조기술 또한 매우 정교하다. 이탈리아 사람들의 타고난 창의력과 개성에 의해 다양한 종류의 특이한 와인들이 개발 생산되고 있는데 레드 와인 생산량이 80% 정도의 비중을 차지한다. 와인을 사랑하는 이탈리아 시실리쪽에는 이런 속담이 있다. '왼쪽 눈은 사랑과 이성에 있고, 오른쪽 눈은 음식과 와인에 의해 있다.'

(1) 이탈리아의 기후

북쪽의 알프스 산맥과 돌로미티 산맥 덕에 겨울에 찬 북풍을 막아주고, 여름에는 건조하고 서늘한 날씨가 이어진다. 이곳에 있는 코모(Como), 가르다(Garda), 마조레(Maggiore) 호수도 이러한 기후를 형성하는 데 한몫을 하고 있다. 이렇게 이탈리아는 북쪽의 대륙성 산악기후에서부터 겨울엔 포근하고 여름은 매우 더운 데다 건조한 남쪽의 지중해성 기후까지 매우 다양한 기후를 가지고 있다. 날씨의 차이는 지역마다 다르지만, 한 지역에서의 기후 편차는 매년 크지 않고 지속적이므로 빈티지에 따른 와인의 품질격차는 거의 없다.

(2) 토양

남쪽의 에트나(Etna) 화산지대부터 북쪽 알프스의 빙하에 의한 퇴적토 등 다양 한 형태의 토양을 가지고 있으며 여기에서 다양한 품종의 포도가 생산되고 있다.

(3) 지역별 와인

❶ 시칠리(Sicily/시칠리아 Sicilia)

지중해의 섬 중 면적이 가장 넓은 시칠리는 이탈리아의 어느 지역보다 많은 수의 포도밭을 자랑한다. 시칠리 트라파니의 한 지역에서 생산하는 와인이 헝가리나 오스트레일리아, 칠레보다 많다. 자연히 시칠리는 이탈리아에서 열 손가락 안에 드는 산지로 꼽히고 있으며 10개의 D.O.C 산지가 있다. 물론 D.O.C 와인은 원산지가 엄격히 통제되는 'Particular reputation and worth(특별한 명성과 가치를 지닌 와인)'로 분류됨이 당연하며 시칠리 하면 즉각적으로 마르살라 와인을 떠올릴 수 있다.

가) 알카모 또는 비앙코 달카모(Alcamo or Bianco D'Alcamo)

트라파니의 알카모 주변 지역에서 생산되는 즐겁고 가벼운 향기의 신선한 화이트 와인은 생선요리와 잘 어울린다.

나) 체라수올로 디 비토리아(Cerasuolo di Vittoria)

상쾌한 느낌의 이 와인은 남부 해안의 조그만 지역에서 생산되며 체리 같은 검붉은 빛깔의 이 와인는 우아한 향내와 따사로운 느낌까지 포함한 부드러운 와인이다.

다) 콘테사 엔텔리나(Contessa Entellina)

섬의 중심부에 위치한 이 지역에서는 네 가지 유형의 화이트 와인이 생산된다. 콘테사 엔텔리나에는 50% 이상의 안소니카 포도가 함유되어 있고 이 지방 특산의 크레차니코 품종으로 만든 와인은 무감미의 신선함이 장점이며 소비뇽은 매우 우아한 느낌의 와인을, 그리고 샤르도네는 농도가 진한 생선과 해산물에 어울 리는 와인을 만들어낸다.

라) 에트나(Etna)

과거에는 질 좋은 와인을 생산하던 이곳의 토양은 활화산인 에트나 산의 영향으로 재가 많이 섞이게 되었고 지금은 세 종류의 와인을 생산하고 있다. 여러 가지 복합적인 맛을 내는 무감미의 레드 와인과 신선하고 깨끗한 맛의 무감미 화이트 와인, 그리고 모든 음식에 잘 어울리는 로제 와인이다.

마) 파로(Faro)

섬의 북동쪽 끝에 위치한 이 지역에서는 매우 보기 드문 무감미의 레드와인을 생산하고 있으며 이 와인은 강렬한 루비색이 벽돌색으로 변화할 때까지 약 1년간의 숙성기간을 필요로 한다.

바) 말바지아 델레 리파리(Malvasia delle Lipari)

황금색 혹은 짙은 호박색을 띤 심신을 상쾌하게 만드는 향기를 지닌 이 디저트용 와인은 시칠리 섬의 북쪽에 있는 에올리안 군도와 포도밭에서 생산되며 파시토 돌체 나투랄레(Passito Dolce Naturale)와 리쿠로소(Liquoroso)라 불리는 두 가지 유형의 주정강화 와인을 만든다.

사) 마르살라(Marsala)

섬의 최서단에서 생산되는 시칠리의 모든 와인 중 가장 유명한 마르살라 와인은 숙성된 햇수에 따라 분류된다. 1년간 숙성되면 피네(Fine), 2년은 수페리 오레(Superiore), 4년은 수페리오레 리세르바(Superiore Riserva), 5년이면 베르 지네(Vergine), 또는 솔레라스(Soleras), 10년이면 스트라베키오(Stravecchio)라 불린다.

그리고 색깔로도 분류된다. 오로(Oro), 암브라트라베키오(Ambratrabecchio), 그리고 루비노(Rubino)이다. 베르지네(Vergine)와 스트라베키오(Stravecchio) 는 식전주로도 응용되며 이 종류의 주정강화 와인은 대부분 디저트용으로 마시게 된다.

❷ 롬바르디(Lombardy/롬바르디아 Lombardia)

이탈리아 북쪽 국경 중심부에 위치한 지역은 이탈리아에서 네 번째로 큰 와인 산지다. 지금은 비록 와인 산업이 사양길이긴 하지만 아직도 주목할 만한 좋은 와인을 많이 생산하고 있으며 다행히도 이웃 유럽 국가들의 이곳 와인 소비도 증가하고 있다. 그리고 이 지역 와인 생산량의 1/4 이상이 원산지를 엄격히 통제 받는 'Particular reputation and worth(특별한 명성과 가치)'로 분류된 D.O.C 와인이며 유럽의 소비자들에게 호평받고 있다.

가) 프란차코르타(Franciacorta)

사실 이들의 명성은 세계적이지만 특히 이세오 호수 남쪽 브레시아의 와인 생산자들에 의해 만들어지는 소량이지만 질 좋은 병 속에서 발효시킨 발포성 와인이 최고다. 피노 그라지오, 피노 네로, 피노 비앙코, 그리고 샤르도네 품종의 조합도 허용되지만 마지막 두 가지 품종으로는 무감미의 화이트 와인을 만들고 있다. 또한 프란차코르타에서는 분홍과 무감미의 레드 와인을 생산하기도 하며 전통적으로는 카베르네, 메를로, 네비올로와 바르베라를 조합하여 아름다운 레드 와인을 만들기도 한다. 이 와인은 세계적으로 그 품질을 인정받고 있으며 오븐에서 구워낸 파스타요리에 적격이다.

나) 루가나(Lugana)

아몬드를 곁들인 송어요리 및 해물리소토와 가장 어울리는 향기롭고 부드러운 맛으로 롬바르디에서 가장 유명하고 사업적으로도 성공한 이 와인은 가르다 호수의 남쪽 해변에서 트레비아노 계통의 특산품종으로 빚어낸다. 발포성 와인 또한 마셔볼 만하다.

다) 올트레포 파베세(Oltrepo Pavese)

이 지역 와인 절반 이상이 파비아와 아페니네로부터 피에몬테의 경계, 그리고 에밀리아 로마냐 사이의 삼각형 지형에서 생산된다. 거기에는 포도품종의 이름을 함께 병기하는 15개의 D.O.C 와인인 있다. 화이트 와인으로는 아주 신선한 향과 맛을 지닌 리슬링과 모스카토, 레드 와인으로는 보나르다와 바르베라를 주목 할 필요가 있으며 기교를 부리지 않은 솔직 담백한 맛이 일품이다.

라) 리비에라 델 가르다 브레차노(Riviera del Garda Bresciano)

롬바르디에서 가장 넓은 지역인 이곳에서는 카르파초와 잘 어울리는 무감미의 레드 와인과 진한 체리색의 상큼한 치아레토 와인이 생산된다. 이것은 그로펠로, 산조베제, 바르베라, 네비올로, 카베르네 프랑 등 지역 특산품종으로 만든 참 신한 느낌의 와인과 무감미 화이트와인 그리고 발포성 와인의 제조도 허용되고 있다.

마) 발칼레피오(Valcalepio)

이 지역의 레드 와인은 프랑스 포도품종인 카베르네 소비뇽과 메를로로 만든다. 이것은 비록 지방 특산 포도품종의 손실을 가져오기는 하지만 12세기와 같이 베르가모의 와인 산업을 되살리는 데 큰 도움이 되었다. 현재는 피노 그라지오와 피노 비앙코를 이용하여 무감미의 우아하고 상쾌한 화이트 와인을 만든다.

바) 발텔리나(Valtellina)

피에몬테의 네비올로에서 나온 치아베나샤 계통의 품종을 재배하는 이 지역에 서는 그루멜로, 인페르노, 사셀라, 발겔라 등의 4개의 수페리오레(Superiore) 지역이 있으며 앞서 언급한 포도품종에 30%가량의 지방 특산품종을 섞어서 와인을 만든다. 손드리오 지방의 경사가 급한 계단식 포도밭에서는 네비올로 품종으로 가볍지만 우아한 향기를 가진 고상한 와인을 만든다. 스위스에서 약 600만 병이 소모되지만 영국에서는 인기가 있다. 가장 좋은 와인은 수페리오레 지역의 리세르바이다. 와인마다 12%의 알코올 함량과 최소 4년의 숙성을 거친 이 와인은 로스트한 육류요리와 함께 마시는 것이 좋으며 이곳 발텔리나에서는 포도를 건조시켜 만든 디저트용 와인이 생산된다.

❸ 아브루치(Abruzzi/아브루초 Abruzzo)

아브루치의 중심도시인 라퀼라는 아드리아 해에서 그랑 사소 디 이탈리아의 산자락까지 40마일에 걸쳐 있다. 아펜니노 산맥의 가장 고도가 높은 단층 중의 하나인 이곳의 완만한 경사면은 포도재배에 완벽한 조건을 갖추고 있다. 그래서 이곳 아브루치의 평균 수확량은 이탈리아 전체에서 가장 많다. 바로 이 지방에서 원산지를 엄격히 통제하는 ‘Particular reputation and worth(특별히 명성과 가 치가 있는 와인)’이라는 등급으로 와인을 분류하는 D.O.C 와인 분류법이 만들어졌다.

이 지방에는 두 개의 D.O.C 와인이 생산되는데 하나는 이 지방 고유의 몬테 풀차노 포도로 만든 레드 와인이고 또 하나는 토스카나 원산의 다수확 품종인 트레비아노로 만든 화이트 와인이다. 그리고 훌륭한 일부 와인 생산자들은 진정한 아브루치 특산 품종을 사용해 좋은 결과를 얻고 있다.

가) 몬테풀차노 다브루초(Montepulciano d'Abruzzo)

이름에서 알 수 있듯 이탈리아에서 다섯 번째로 많이 재배되는 이 품종은 이곳 아브루치가 원산지이다. 이것은 산조베제 품종을 이용해 만들어진 토스카나의 몬테풀차노에서 생산된 와인과 혼동하면 안 된다. 이 포도품종을 재배하는 가 장 좋은 포도밭은 물론 키에티와 라퀼라에서도 재배되지만 페사라와 테라모 지방의 500m 아래쪽에 위치해 있다.

보통 15% 정도의 다른 포도품종을 섞어서 와인을 만들고 있으며 무감미의 진한 색상인 이 와인은 낮은 산도와 강건한 그리고 신선한 과일의 맛이 인기 비결이다. 최소 12%의 알코올 함량과 2년 이상의 숙성기간이 필요한 리세르바 (Riserva) 와인을 만들기 위해 포도를 미리 정해 둔다. 이렇게 좀 더 많은 탄닌 함량을 가진 와인은 오랜 기간의 저장이 가능하며 시간이 지남에 따라 부드러운 맛을 더해준다. 그리고 라퀼라 부근 고지대의 포도밭에서는 체리 색조의 분홍빛을 띤 억세고 거친 체라수올로(Cerasuolo) 스타일의 희귀한 와인도 생산한다. 이 와인은 아드리아 해변지역에서 주로 먹는 풍미가 강한 생선 수프나 톡 쏘는 맛의 파스타 종류에 잘 어울린다.

나) 트레비아노 다브루초(Trebbiano d'Abruzzo)

이 화이트 와인은 아브루치의 모든 지역에서 생산되며 그 특징과 질이 아주 다양하다. 토스카나 원산의 트레비아노 포도로 만든 대부분은 단순하고 신선하며 적당한 신맛이 특히 아드리아 해안에서 맛볼 수 있는 모든 해산물과 잘 어울린다. 라퀼라의 봄비도 비앙코 포도와 연관이 있는 귀한 종류의 아브루치 원산의 포도 품종으로는 극단적으로 숙성된 농축와인을 만들 수 있다. 아주 복잡하고 진한 향기와 버터와 같은 질감을 느낄 수 있는 이 와인은 진한 풍미의 흰살 생선요리 및 백색 육류요리와 잘 어울린다.

❹ 베네토(Veneto)

베네토는 알프스 산맥에서 아드리아 해까지 뻗어 있는 베니스가 소재한 지역이며 이탈리아에서 생산량이 가장 많은 원산지가 엄격히 통제되는 'Particular reputation and worth(특별한 명성과 가치)'로 분류된 13개의 D.O.C 와인 산지가 위치한 곳이다.

베네토에서 생산된 유명 와인은 항상 와인 애호가에게 발견되어 가치를 인정받기를 기다리고 있으며 모든 사람들이 베네토 와인의 질과 독특한 개성을 칭찬할 것이다.

가) 바르돌리노(Bardolino)

모든 음식과 조화를 이룰 수 있는 무감미의 아름다운 향기를 지닌 균형 잡힌 이 와인은 숙성되기 전에는 아주 맑고 빛나는 루비색에서 숙성이 진행됨에 따라 검붉은색으로 변화된다.

나) 비앙코 디 쿠스토차(Bianco di Custoza)

가르다 호수 남쪽에서 생산되는 무감미의 화이트 와인으로 독특한 우아함과 엷은 황색을 띠고 있으며 발포성 와인도 일부 생산된다.

다) 브레간체(Breganze)

비첸차 주위의 브레간체 지역에서 재배되는 포도는 대개 상쾌한 떫은 맛을 가진다.

라) 콜리 베리치(Colli Berici)

서기 100년 이래 이곳 비첸차 지방에서 만들어진 세련된 와인은 카베르네 품종으로 만든 부드러운 레드 와인과 무감미의 가르가네 화이트 와인을 위시하여 D.O.C로 분류된 콜리 베리치의 와인에는 7가지 유형의 와인이 있다.

마) 콜리 에우가네이(Colli Euganei)

파두아 근처의 경사가 심한 이 지역에서는 질 좋은 D.O.C 와인이 생산되고 있다. Rosso(레드 와인)와 Bianco(화이트 와인) 모두 단맛이 없는 것과 단맛이 있는 두 가지 유형의 와인을 만들며 그 각각의 와인에는 독특한 개성이 있다.

바) 감벨라라(Gambellara)

비첸차 지방에서 생산되는 양질의 화이트 와인으로 단맛이 있는 것과 없는 것의 두 가지 유형이 있으며 레초토라 불리는 진한 황금색의 와인은 디저트용으로 매우 유명하다.

사) 레시니 두렐로(Lessini Durello)

발포성 와인도 생산되지만 식전주로 적합한 무감미의 화이트 와인이 잘 알려진 지역이다.

아) 리종 - 프라마조레(Lison-Pramaggiore)

이 지역에서는 리종-프라마조레라는 이름으로 12가지가 넘는 유형의 와인을 생산하고 있다. 매우 부드럽고 맑은 루비색의 무감미 메를로로 만든 레드 와인과 생선요리와 잘 어울리는 독특한 향기를 가진 토카이 이탈리코 품종으로 만든 무감미의 화이트 와인이 특히 눈길을 끈다.

자) 몬텔로 콜리 아솔라니(Montello e Colli Asolani)

트레비소에 있는 그라파 산기슭의 이 지역에서는 다음과 같은 종류의 와인이 생산된다. 카베르네와 메를로로 만든 무감미의 레드 와인과 무감미의 진한 농도의 화이트 와인인 포로세코가 있다.

차) 피아베(Piave)

베니스의 최북단 평야지대인 피아베에서는 8가지의 D.O.C 와인이 생산되며 라보소(Raboso)라는 무감미 레드 와인과 베르두초(Verduzzo)라는 화이트 와인이 가장 유명하다.

카) 프로세코 디 코넬리아노 발돕비아데네(Prosecco di Conegliano Valdobbiadene)

날로 인기를 더해가는 화이트 와인 산지로 무감미의 화이트 와인과 달콤한 발포성 와인이 생산되며 후자는 후식용으로 적합하다.

타) 소아베(Soave)

베로나 지방의 소아베 와인은 훌륭한 무감미의 화이트 와인으로서 유수의 와인과 이름을 견주고 있으며 디저트용 와인으로는 그 신선함과 과일 향이 오랫동안 와인안에 스며 있는 레초토 디 소아베가 있다.

파) 발폴리첼라(Valpolicella)

오랜 기간 숙성시키지 않고 영 와인으로 소비되는 과일향 물씬 풍기는 이 와인은 너무 잘 알려져 있어 따로 소개가 필요 없을 정도다. 수많은 와인 애호가들이 농도 짙은 무감미의 아마로네 델라 발폴리첼라(Amarone della Valpolicella) 와인을 알고 있으며, 간혹 발포성 와인으로도 생산되는 검붉은빛 의 달콤한 레드 와인인 레초토 델라 발폴리첼라(Reccioto della Valpolicella) 또한 잘 알려져 있다.

❺ 칼라브리아(Calabria)

이탈리아 반도의 최남단에 있는 칼라브리아는 장화에 비유되는 발가락 부분에 위치하고 있다. 이곳은 따뜻한 티라니아와 이오니아 해가 맞닿은 따뜻한 해안지역과 쌀쌀한 기후의 숲이 울창한 단층지대의 두 지역으로 이루어져 있다. 테이블 와인(Vini da Tabola)등급 와인의 대부분이 수려한 산세가 보존된 이 지역과 아름다운 해안지역에서 생산되며 90% 이상이 레드 와인인 아주 적은 양의 원산지 통제를 받은 'Particular reputation and worth(특별한 명성과 가치를 지닌 와인)'로 분류된 D.O.C 와인이 생산되고 있다.

가) 치로(Ciro)

이 와인은 초기 올림픽대회에서 우승한 칼라브리아의 선수가 승리를 축하하기 위해 축배할 때 사용했었다는 전설을 가진 와인을 현대화시킨 것이다. 현재 시바라와 크로토네 사이의 이오니아 해를 따라 발달된 포도밭에서 널리 재배되는 갈리오포 포도로 레드 와인으로는 눈에 띄는 향기와 풍미를 지닌 과실 향의 와인이며 10년 이상의 장기 숙성이 가능한 최소 알코올 함량 13.5%와 3년의 의무 숙성기간이 필요한 리세르바(Riserva) 스타일의 와인은 로스트한 육류에 어울린다. 또 갈리오포 포도로 만든 로제 와인는 빨리 마시기 좋게 만들어지며 고대 그리스인들에 의해 헬라스로부터 들어온 그레코 포도의 씨로 만든 화이트 와인도 있다.

나) 그레코 디 비앙코(Greco di Bianco)

그레코 포도의 아류인 이 포도품종은 이오니아 해안 비앙코 시의 주변에서 재배되며 이탈리아의 아주 좋은 디저트 와인 중 하나다. 주스를 짜기 전에 포도를 일부 건조시켜 단맛과 꿀과 같은 색깔, 그리고 레몬 향과 향료와 같은 향기가 나도록 한다. 그러나 이 와인은 쉽게 구할 수 없어 맛보기가 어렵다.

다) 라메치아(Lamezia)

무감미의 레드 와인인 라메치아라는 이름은 도시의 이름에서 따온 것이며 산유 페미아의 퇴적층 위에 형성된 실라 단층의 기슭에 위치하고 있다. 그리고 네렐로 마스칼레제와 네렐로 카푸치오 포도의 조합 및 티라니아 해안의 시원한 해양선 조합과 티라니아 해안의 시원한 해양성 기후는 단순한 음식과 잘 어울리는 12% 알코올 함량의 가벼운 와인을 만들어낸다.

라) 사부토(Savuto)

고대에는 사부룸으로 알려졌던 이 레드 와인은 갈리오포 포도로 만들어지며 수려한 경치의 사부토 강을 내려볼 수 있는 언덕에 계단식으로 형성된 포도밭보다도 높은 고도에 자리 잡고 있다. 고산지대의 꽃향기가 스며 있는 엷은 적색의 가벼운 사부토 포도주는 칼라브리아의 가장 훌륭한 산지(山地) 와인이다. 숙성되기 전에는 묽은 소스의 파스타요리와 수페리오레(Superiore)라 불리는 12.5%의 알코올 함량을 지녀 2년간 숙성된 후에는 좀 더 무게감 있는 음식과 어울린다.

❻ 캄파니아(Campania)

오늘날 베수비우스 화산을 얘기하지 않더라도 로마 유적과 그리스의 사원들이 산재해 있고 풍광이 수려한 만과 섬들이 있는 그래서 인구가 밀집하는 이 아름다운 곳은 와인 생산을 경시해 온 수십 년간의 시간에서 서서히 와인 산업이 회복되어 가고 있다. 다시 말해 다른 유럽에서도 캄파니아의 좋은 와인을 볼 수 있게 되기 시작했다는 것이다. 전체 생산량의 2/3가 원산지를 엄격히 통제받는 'Particular reputation and worth(특별한 명성과 가치를 지닌 와인)'로 분류된 D.O.C 화이트 와인이며 타우라시(Taurasi)라는 가장 좋은 레드 와인만이 D.O.C.G 로서 그 질을 보장받고 있다.

가) 타우라시(Taurasi)

이 와인은 나폴리 동쪽 언덕의 포도밭에서 수확된 아글리아니코 포도로 만든 것으로 고난을 극복하여 얻은 상징적 의미가 내포되었다. 젊었을 때는 비록 거친 맛이 나지만 리세르바(Riserva) 와인처럼 커다란 오크통에서 4년간의 의무 숙성기간을 거치면 질감과 농도가 진해지므로 '남부 이탈리아의 바롤로'라는 명예를 얻게 된다.

나) 팔레르노 델 마시코(Falerno del Massico)

나폴리의 북쪽 지역에서 생산되는 이 와인은 그 옛날 호라체와 베르질리우스에 의해 칭송되던 팔레르눔 와인을 현대적인 기법으로 만들어 좋은 평판을 얻고 있다. 여기에는 아글리아니코 포도로 마든 무감미의 레드 와인과 팔란귀아 포도로 만든 무감미의 신비한 화이트 와인 그리고 아폴리아의 프리미티보 포도로 만든 약간 단맛이 나는 레드 와인의 세 가지가 생산된다. 비록 적은 양이지만 이 와인들은 세계적인 명성을 얻고 있다.

다) 피아노 디 아벨리노 또는 아피아눔(Fiano di Avellino or Apianum)

나폴리 동쪽 아벨리노 주위의 포도는 지대가 높고 비교적 차가운 기후의 포도밭에서 생산되는 무감미의 가장 특색 있는 캄파니아의 화이트 와인이다. 한때는 재배가 중단되었던 피아노 포도품종으로 만든 와인에서는 자극적이면서 배와 같은 향기가 나며 볶은 헤이즐넛과 같은 맛이 살짝 느껴진다. 이 신비한 와인은 6년간 숙성이 가능하며 크림을 많이 넣은 파스타에 어울린다.

라) 그레코 디 투포(Greco di Tufo)

그레코 포도의 아류인 이 포도품종은 고대 그리스인들에 의해 재배되기 시작했으며 투포 주변의 화산토양에서 잘 자란다. 이 와인은 이 지역에서 가장 많은 양을 생산하고 있으며 캄파니아만의 아주 독특한 와인이다. 가끔 발포성 와인도 만들지만 보통은 가스가 들어 있지 않은 무감미의 바삭이는 신선한 과일 맛을 가진 와인을 생산한다.

마) 이스키아(Ischia)

나폴리 바로 아래에 위치한 섬 지역으로 비교적 따뜻한 기후의 화산토양에서 지방 특산의 포도품종을 재배하여 질 좋은 레드 와인, 화이트 와인과 발포성 와인을 만든다. 화이트 와인은 뒷맛이 조금 날카로운 편이며 12%의 알코올 함량을 가진 수페리오레 (Superiore) 와인은 생선과 함께 마시는 와인으로 유명하다. 그리고 무감미의 신선한 레드 와인은 비교적 부드러운 맛이 난다.

바) 솔로파카(Solopaca)

이 와인은 베네토 지방의 비옥한 땅인 칼로레 계곡에서 생산된다. 주위의 D.O.C 산지에서는 고유의 포도품종으로 와인을 만들지만 이곳에서는 토스카 나의 트레비아노와 칸디아의 말바지아로 화이트 와인을 만들고, 산조베제로 레드 와인을 만들고 있다.

사) 베수비오 또는 라크리마 크리스티 델 베수비오(Vesuvio or Lacrima Cristi del Vesuvio)

서기 79년 베수비오 화산이 폭발하여 용암이 폼페이를 덮어버리기 전에도 그 산기슭의 화산재가 함유된 토양의 경사면에서는 훌륭한 와인이 생산되었지만 그 후 수많은 좋은 라크리마 크리스티 와인이 사라져 버렸고 현재는 겨우 몇몇의 와인 생산자들만이 옛날의 명성을 회복하고자 애쓰고 있다. 베수비오라는 이름으로 생산되는 와인은 매우 직선적인 맛의 레드 와인과 화이트 와인, 로제 와인이 있으며 라크리마 크리스티 델 베수비오 이름으로는 4가지 유형의 와인과 세 가지의 발포성 와인도 생산된다.

❼ 아풀리아(Apulia/풀리아 Puglia)

장화모양의 이탈리아 반도 뒤꿈치의 굽에 해당하는 부분에 위치한 해안지역이며 면적으로는 7번째, 포도밭의 수로는 시칠리의 뒤를 이어 두 번째로 많은 양의 와인을 생산하는 지역이다. 양만으로 보면 독일 전체의 생산량보다 오히려 많다.

그러나 전체 생산량의 1.6%의 적은 양만이 원산지를 엄격히 통제받는'Particular reputation and worth(특별한 명성과 가치를 지닌 와인)'로 분류된 D.O.C 와인일 뿐이며 그중 중요한 것 몇 가지를 아래에 소개한다.

가) 알레아티코 디 풀리아(Aleatico di Puglia)

고상하고 위엄이 있는 와인을 만드는 알레아티코 포도는 이 지방의 수도인 바리 주변에서 재배되며 대부분이 레드 와인을 생산한다. 이 중 아주 드물게 진한 풍미를 지닌 디저트용 와인을 생산한다. 그중 최고는 자연적인 알코올 함량이 매우 높다고 잘못 알려진 것이며, 알코올 함량이 18.5%에 달하는 혀를 감싸는 듯한 부드러움이 뛰어난 리쿠오로소(Liquoroso) 스타일의 와인도 생산한다. 이것은 독한 맛과 향기를 지닌 치즈나 건포도, 곶감 같은 말린 과일과 잘 어울린다.

나) 브린디시(Brindisi)

네그로아마로라고 불리는 포도로 분홍과 무감미의 레드 와인을 생산하는 아주 조그만 D.O.C 지역으로, 특히 수명이 길고 알코올 함량이 높은 리세르바(Riserva) 와인은 첨단 마케팅 기법을 사용하는 몇 안 되는 능력 있는 생산자들에 의해 유럽시장에 잘 알려져 있다.

다) 카스텔 델 몬테(Castel del Monte)

아주 경치 좋은 장소에 자리 잡고 있는 십자군이 활동하던 시대의 양식으로 지어진 중세풍 성(城)의 이름을 빌린 아풀리아 북쪽 지역에서는 가장 좋은 와인을 생산하는 D.O.C 지역이며 신선하고 단맛이 없는 균형 잡힌 와인을 만들어 낸다. 우바 디 트로이아(트로이아 포도)는 진한 색깔의 풍성한 맛을 가진 와인을 만들며 이 와인도 완전하게 숙성되기 전에는 보통 파스타나 피자를 곁들여 마신다. 그리고 리세르바(Riserva)라 불리기 위해서는 3년의 숙성기간이 필요하며 이때부터는 육류요리와 곁들이게 된다.

D.O.C 화이트 와인은 지방 특산의 팜파누투 포도를 만들고 최근에 재배되기 시작한 국제적인 품종인 샤르도네(Chardonnay), 소비뇽 블랑(Sauvignon Blanc), 피노 비앙코(Pino Bianco), 피노 네로(Pinot Nero)를 이용해 생산하기도 한다.

라) 코페르티노(Copertino)

아폴리아의 플로렌스로 알려진 레체(Lecce)에서 생산되는 로제 와인과 레드 와인은 그곳에 있는 바로크시대의 교회 이름과 똑같이 불린다. 보통 네그로아마로라는 포도를 이용해 와인을 만들지만 말바지아 네라와 몬테풀차노 포도도 사용하며 산조베제를 사용하기도 한다. 이 지역 와인의 진수를 보여주는 리세르바 (Riserva)는 2년의 숙성기간이 필요하다.

마) 로코로톤도(Locorotondo)

이트리아 계곡에서 이 지방 특산의 베르데카와 비앙코 디 알레사노 품종으로 만드는 와인은 이 지방의 핵심 화이트 와인이 상큼한 신선함을 자랑하는 여러 가지 과일의 맛과 아몬드의 맛이 함유되어 있다. 그리고 발포성 와인도 인기를 얻고 있다.

바) 모스카토 디 트라니(Moscato di Trani)

현재는 자유분방한 모습을 보이지만 아주 깊은 역사를 가진 트라니(Trani) 지역에서 생산되는 황금색의 부드러운 디저트용 와인의 명성은 모든 사람에게 인정받고 있으며 발포성 와인도 일부 생산된다고 알려져 있다.

사) 프리미티보 디 만두리아(Primitivo di Manduria)

아메리카 대륙과 멀리 떨어져 있지만 캘리포니아 진판델 품종의 기원으로 알려진 프리미티보 품종을 재배하고 이 지역에서 생산되는 와인은 진하고 깊은 색깔을 가지고 있다. 요즘은 자연적으로 알코올 함량이 높은 검은 딸기 향의 농도가 진한 와인을 만들고 있으며 단맛이 없는 것부터 단맛이 많이 나는 것까지 만들기도 한다.

아) 살리체 살렌티노(Salice Salentino)

살렌토 반도지역에서 이 이름으로 생산하는 와인은 레드 와인인 노벨로(Novello-NEW)로 수확한 지 1년 만에 마셔 버리는 신선한 와인으로부터 발포성 와인과 주정강화 와인에 이르기까지 거의 모든 유형을 망라하고 있다. 네그로아마로 포도를 만든 향기로운 로제 와인과 강건한 레드 와인은 맛의 깊이를 더하기 위해 2년간의 숙성기간이 필요하며 이때가 지나면 리세르바(Riserva)라 불린다. 동양의 자극성이 강한 음식과 아주 이상적으로 어울린다.

❽ 트렌티노와 알토 아디제(Trentino & Alto Adige)

알프스 산으로 둘러싸인 이탈리아 최북단의 이 지역은 사실상 이탈리아식 삶을 사는 트렌토시 주변의 트렌티노 지역과 유전적으로 오스트리아 계통의 사람들이 사는 볼라노시 주변의 알토 아디제 지역으로 언어와 문화적으로 양분되어 있다. 그리고 공식적으로 독일어를 할 줄 아는 두 개 언어를 말하는 사람들은 남부 티롤 사람이라 불린다. 전체 면적의 15%만이 포도재배가 가능하며, 때문에 와인의 질에 비중을 두어 생산에 임하는 지역이다. 전체 생산량의 60%가 원산지 통제를 엄격하게 받는 'Particular reputation and worth(특별한 명성과 가 치를 지닌 와인)'로 분류된 D.O.C 와인이며 2/3 이상이 레드 와인이지만 상당량의 화이트 와인은 다음과 같은 지역에서 생산된다.

가) 알토 아디제 또는 쥐드티롤러(Alto Adige or Sudtiroler)

볼차노 주변의 돌이 많고 경사진 지역에는 아주 다양한 포도들이 재배되고 있다. 오늘날 이 지역에서는 37가지의 레드 와인과 화이트 와인, 로제 와인이 생산되고 있으며 또한 그들 자신의 분류법에 의한 많은 D.O.C 와인도 존재하고 있다. 이들의 특징은 매우 다양한 재배 품종에 있다. 본래 그들이 재배하던 알토 아디제 라그레인 로사, 알토 아디제 콜리 디 볼차노, 알토 아디제 메라네스 디 콜리나 등이 있으며 매우 지역적인 품종인 알토 아디제 발레 이사크로, 피노 그라지오, 알토 아디제 텔레노 실바너 등도 재배되며 국제적 포도품종인 카베르네, 메를로, 피노 누아, 소비뇽 블랑, 샤르도네도 재배된다. 이탈리아 고유 품종인 말바지아, 모스카토, 리슬링 이탈리코, 쉬아바, 트라미너 아로마티코와 라그레인까지 재배하고 있다. 이렇게 얻어진 다양한 종류의 와인들은 각각의 특성에 맞는 음식들과 이상적인 조화를 만들어낸다.

나) 라고 디 칼다로 또는 칼테러제(Lago di Caldaro or Kalterersee)

이 지역에서는 베르나치(Vernatsch)라 불리는 쉬아바 포도의 숲이 칼다로 호수 주변에 펼쳐져 있고 이탈리아의 중요한 D.O.C 와인 중 하나인 무감미의 이곳 레드 와인이 연간 2,000만 리터가 넘게 생산된다. 대부분 이 지역에서 소비되지만 일부가 오스트리아와 스위스에 수출된다. 그리고 로스트한 돼지다리와 독일식 백김치에 어울리는 수페리오레(Superiore) 와인도 마셔봄직하다.

다) 트렌티노(Trentino)

20가지 유형의 와인 제조가 허용된 남부 트렌티노의 아주 넓은 D.O.C 산지다. 중요한 와인들은 최상급의 국제적 포도 순종인 소비뇽 블랑과 샤르도네로 얻어지며 신선하고 생동감 있으며 마시기 편한 와인인 마르제미노는 게뷔 르츠트라미너, 모스카토, 뮐러투르가우와 같은 향기가 진한 포도품종으로부터 만들어진다.

라) 트렌토(Trento)

메토도 클라시코 스푸만테로 알려진 병 속에서 발효시킨 발포성 와인으로 지역적인 와인이지만 아주 엄격한 품질관리 기준에 부합되며 품질의 우수성을 인정받고 있다. 이 발포성 와인은 음식 없이도 언제 어디서나 마실 수 있는 와인이다.

마) 테롤데고 로탈리아노(Teroldego Rotaliano)

굵은 모래가 포함된 지층을 가진 땅에서 자란 트렌티노의 캄포 로탈리노만이 최고의 품질을 가질 수 있다. 오늘날에는 좀 더 가볍고 향기롭고 신선한 맛을 가진 로제 와인이나 레드 와인을 마시는 경향이 있다. 그렇지만 전통적으로는 깊은 색조의 농축된 과일 맛이 있는 귀족적인 와인이 고급스럽게 여겨져 왔다. 그래서 이름 있는 와인 생산자들은 가장 좋은 해에 법률에 따라 알코올 함량 12%에서 2년 간 숙성 시켜야만 하는 수페리오레(Superiore) 와인을 생산해 낸다.

⑨ 프리울리 베네치아 줄리아(Friuli-Venezia Giulia)

프리울리 베네치아 줄리아 지방은 오스트리아·슬로베니아와 국경을 접하고 있는 이탈리아의 북동쪽 제일 끝에 감추어진 아주 작은 지역이다. 그러나 그 크기만으로 이 지역을 평가하면 곤란하다. 이 지역에는 이탈리아에서 열 손가락 안에 꼽히는 위대한 와인 생산자들이 모여 있으며 7개의 'Particular reputation and worth(특별한 명성과 가치를 지닌 와인)'로 분류되기 때문이다. 콜리 고리 지아노와 콜리 오리엔탈이라 불리는 2개의 D.O.C 지역은 비록 다른 많은 훌륭한 와인을 생산하는 지역이 있다 하더라도 그보다 더 뛰어난 질과 독특한 개성에 곧 감탄하게 될 것이다.

가) 아퀼레이아 또는 아퀼레이아 델 프리울리(Aquileia or Aquileia del Friuli)

로마 사람들이 아담한 시골에 도시를 만들어 아퀼레이아라 이름 붙인 이후 이곳은 14개 이상의 D.O.C 와인을 생산하는 것을 뽐내고 있다. 그라도 라군으로부터 북쪽으로 펼쳐져 있는 넓은 평야지역에 점점이 흩어져 있는 포도밭으로부터 훌륭한 레드 와인과 살아 있는 듯 싱싱한 향기와 특이한 과일 맛을 가진 화이트 와인이 생산된다.

나) 카르소(Carso)

카르소 지역은 이 지방의 수도인 트리에스테의 남쪽으로 펼쳐진 평야지대이며 3개의 D.O.C 와인을 생산하고 있다. Ruby-red Carso(루비색의 카르소)는 단 맛이 없고 농도가 짙은, 향기가 풍성한 와인이며 테라노 델 카르소는 또 다른 강한 개성을 지닌 루비색의 와인이다. 또한 단맛이 없는 진한 농도의 독특한 산딸기 향기가 나는 이 와인은 모든 음식과 잘 어울린다. 카르소 말바지아는 아주 신선하고 마시기 쉬운 이 지역 특산의 화이트 와인이며 특히 밀짚과 같은 짙은 색조와 풍성한 과일 향 그리고 무감미의 신선함은 생선요리와 완벽한 조화를 이룬다.

다) 콜리오 고리지아노 or 콜리오(Collio Goriziano or Collio)

쥬드리오 강의 동쪽 경사면에 형성되어 있는 이 콜리오 지역은 19개의 D.O.C 와인을 생산하는 유서깊은 지역이다. 이 지역에서 생산되는 와인은 그 뛰어난 향기(향수와 같은)와 아주 정교한 조화로움을 지닌 화이트 와인이 잘 알려져 있다. 이 지역에서는 특히 토카이, 피노 비앙코, 그리지오, 샤르도네, 소비뇽을 주로 재배하고 있다. 그리고 레드 와인으로 3년 이상 숙성되어 '리세르바'라고 명명한 메를로 카베르네 소비뇽으로 만든 부드럽고 향기로운 와인도 생산되고 있다.

라) 콜리 오리엔탈 델 프리울리(Colli Oriental del Friuli)

계단식으로 형성된 이 지역의 포도밭에서는 20가지가 넘는 D.O.C 와인이 만들어지고 있다. 이 지역은 고전 베르두조 프리울라노의 본고장이며 이 지역에 서는 단맛이 없는 것으로부터 아주 달콤한 와인까지를 생산하고 있다. 이 과일향이 많이 나는 짙은 농도의 화이트 와인은 단맛이 없는 것은 육류요리로, 단맛이 많은 것은 디저트용으로 마시며 콜리 오리엔탈의 레드 와인, 특히 카베르네 포도와 메를로 포도로 만든 레드 와인은 이웃에 위치한 콜리오 와인보다도 더 짙은 농도와 진한 색깔을 가지고 있다.

마) 그라베 델 프리울리(Grave del Friuli)

프리울리 베네치아 줄리아 지역에서 가장 넓은 면적을 차지하는 이 지역은 15가 지의 많은 D.O.C 와인을 생산하고 있다. 요즘은 발포성 와인을 포함한 화이트 와인의 생산량이 증가하고 있지만 중간 농도에서부터 농도가 진한 레드 와인이 생산량의 대부분을 차지하고 있다. 레드 와인 중에는 메를로 포도로 만든 와인이 가장 많으며 그 다음이 카베르네 포도로 만든 것이다. 그리고 로제와인 또한 마셔볼 만하다. 체리와 같은 짙붉은 빛깔의 균형잡힌 무감미 레드 와인은 일반적으로 모든 음식과 잘 어울린다.

바) 이손초(Isonzo)

이손초강의 양안에 발달되어 있는 이 지역에서는 이손초라는 이름으로 19가지 이상의 와인을 생산하고 있다. 이 향기롭고 부드러운 맛의 레드 와인과 화이트 와인은 콜리오 와인보다 더 뛰어난 맛을 보여줄 때도 있다. 아주 연한 풀향기를 지닌 메를로 포도와 카베르네 포도로 만든 루비 빛깔이 나는 이손초의 레드 와인은 대단한 명성을 얻고 있으며 모든 음식과 잘 조화를 이룬다. 진한 소비뇽과 샤르로 레로 만든 무감미의 화이트 와인도 높은 명성을 쌓아가고 있다.

사) 라티사나(Ratisana)

우디네 지방에 위치한 이 지역에서는 13가지의 D.O.C 와인을 포함해 가장 잘 알려진 프리울리 와인이 생산된다. 이 지역에서는 메를로와 카베르네의 레드 와인과 지방 특산의 리포스코스를 비롯한 다른 백포도품종으로 아주 가벼우면서도 마시기 쉬운 와인을 만든다. 그리고 토카이 포도로는 여름에 시원하게 한 모금씩 마시기 좋은 와인을 만들며 입안을 개운하게 해주는 발포성 와인은 단맛이 없는 것부터 달콤한 것까지 생산되고 있다.

⑩ 피에몬트(Piemont/피에몬테 Piemonte)

피에몬트 지방은 이탈리아의 북서쪽에 위치하고 있으며 알프스와 아펜니노 산맥과 가깝다. 프랑스, 스위스와 국경을 맞대고 있으며 동쪽으로는 포(Po) 계곡을 향해 열려 있다. 피에몬트의 가장 잘 알려진 와인도 달콤하고 기분을 즐겁게 만드는 아스티 스푸만테(Asti Spumante)라 불리는 발포성 화이트 와인과 이미 유수한 와인 전문가들에 의해 높은 가치를 인정받고 있는 레드 와인들이다. 그리고 이 고장에서 생산되는 와인 중 이탈리아 와인 분류법에 의해 'Particular reputation and worth(특별한 명성과 가치를 지닌 와인)'로 분류된 D.O.C 와인과 그 질과 신빙성까지 보장되는 D.O.C.G 와인은 모든 이탈리아 와인 중에서도 최고 중 하나로 인정되고 있으며 마치 왕관을 장식하는 보석과도 같은 존재이다.

가) 바르바레스코(Barbaresco)

네비울로 포도로 만들어지는 고전적인 타입의 이 와인은 농도가 진하고 깊은 맛과 향을 가진 최상급의 무감미 레드 와인 중 하나로 여겨지고 있으며 로스트한 육류요리에 이상적으로 어울린다.

나) 바롤로(Barolo)

바르바레스코와 마찬가지로 네비올로 포도로 만들어진 이 와인은 쿠네오 지방의 랑게 지역에서 생산된다. 코끝에 우아한 향기를 남기는 너무나 아름다운 이 와인은 최소한 5년 동안의 숙성기간을 거쳐야만 리세르바(Riserva)라 불릴 수 있다.

다) 가티나라(Gattinara)

바롤로 나바르바레스코와 마찬가지로 네비올로 포도로 만들어지는 무감미의 레드 와인 가티나라는 위대한 역사를 가진 훌륭한 와인으로서 정제된 향기를 지닌 함축된 맛의 아주 진한 검붉은색의 와인이다.

라) 모스카토 다스티(Moscato d'Asti/아스티 스푸만테 Asti Spumante)

디저트용 와인을 만드는데 가장 많이 사용되는 모스카토 포도로 만들어지는 와인이다. 또한 아스티 스푸만테(Asti Spumante)는 발포성 와인이다.

마) 아르네이스(Arneis)

생선요리와 잘 어울리는 이 무감미의 화이트 와인은 로에로 지역에서 온 아르네 이스 포도로 만들어진다.

바) 브라케토 다퀴(Brachetto d'Acqui)

입맛을 자극하는 풍미를 지닌 달콤한 발포성의 디저트용 레드 와인인 이것은 브라케토 포도로 만들며 다양한 후식들과 함께 마실 수 있다.

사) 돌체토(Dolcetto)

피에몬테의 7군데의 D.O.C 지역에서 생산되는 무감미 레드 와인으로 가볍고 마시기 편하며 입안을 즐겁게 한다.

아) 가비(Gavi)

코르테세 포도로 만드는 연한 황색의 무감미 화이트 와인으로 과자와 같이 바삭바삭한 느낌을 갖게 한다. 갑각류와 잘 어울리는 빼어난 와인이다.

자) 그리뇰리노(Grignolino)

아스티와 몬페라로 카잘레스 D.O.C 지역에서 생산하는 향긋하고 가벼운 느낌의 무감미 레드 와인으로 숙성할 필요 없이 빨리 생산하는 와인이다.

차) 네비올로 달바(Nebbiolo d'Alba)

네비올로 포도로 만드는 또 하나의 무감미 레드 와인으로 신선한 제비꽃 향기가 나는 우아한 와인이다.

카) 로에로(Roero)

알바 주변의 언덕에서 생산되는 이 와인은 부드러운 무감미 레드 와인으로 기품 있는 향기를 맡을 수 있다.

⑪ 토스카나(Toscana)

유럽 사람들에게 이곳 토스카나는 아주 신비롭고 즐거운 장소로 오랫동안 각광받아 왔다. 그러나 이 지역의 진정한 매력은 사람들의 마음을 잡아당기는 눈으로는 볼 수 없는 심미적 아름다움이다. 구릉지역인 이곳 토스카나 지역은 와인을 만들기에 완벽한 기후조건을 갖추고 있으며 그 때문에 이 지역은 세계에서 가장 훌륭한 와인이 생산되는 것 또한 우연일 수 없다. 이곳 D.O.C 와인은 'Particular reputation and worth(특별한 명성과 가치를 지닌 와인)' 등급으로 분류되어 원산지가 엄격히 통제된다. D.O.C.G 와인은 그 질과 신빙성을 더욱 보장받는다. 토스카나의 와인들이 이렇게 높은 등급으로 분류되는 결정적인 이유는 이탈리아의 가장 유명한 와인 산지 13군데 중 5군데가 이곳에 집중되어 있는 것만 보아도 알 수 있다. 세계 어느 나라에서든 거의 모든 토스카나의 D.O.C 와인과 상당한 수의 D.O.C 와인이 와인리스트에 포함되어 있으며 이 모든 와인은 한 번쯤 마셔볼 만한 가치가 있다.

가) 브루넬로 디 몬탈치노(Brunello di Montalcino)

세상에서 가장 훌륭한 와인으로 칭송되는 와인 중 하나인 이 와인은 단맛이 없고 강렬한 힘과 오랫동안 입안에 남는 뒷맛이 일품이다. 최소한 4년 이상 숙성되어야만 하기 때문에 소량만 생산되고 있다. 아주 짙은 색감을 가진 이 와인은 그 따뜻함과 입안에 느껴지는 무게 그리고 목을 타고 넘기는 부드러움으로 인해 오븐에서 조리된 육류 또는 야생 동물의 요리에는 일품이다.

나) 카르미냐노(Carmignano)

아주 희귀하고 독특한 개성 때문에 물 와인 애호가들에게 사랑받는 이 와인은 단맛이 없으면서 강렬한 제비꽃 향이 특징이며 온 입안을 촉촉이 적시는 우단과 같은 부드러운 맛을 가지고 있다. 해가 갈수록 그 맛의 깊이가 더해진다.

다) 키안티(Chianti)

이 와인은 이탈리아에서 가장 유명하고 세계에 잘 알려진 와인임에 틀림없다. 키안티라는 이름으로 6가지의 와인이 나오는데 그중 산조베제 포도로 만들어진 것이 가장 잘 알려져 있다. 숙성되기 전에는 아주 가벼우면서 맑고 깨끗한 루비색의 마시기 쉬운 상태를 유지하나 시간이 흐르고 숙성이 진행됨에 따라 검붉은 상태로 변화한다. 이 키안티 중심지역은 '클라시코(Classico)'라 불리며 이곳에서 생산된 최소 3년 이상 숙성된 와인은 '리세르바(Riserva)'라고 이름 붙여진다.

라) 베르나차 디 산지미냐노(Vernaccia di Sangimignano)

13세기부터 명성을 이어온 이탈리아 최고의 화이트 와인을 지향하는 이 와인은 무감미의 빼어난 향기를 자랑한다. 적절히 조화된 그 맛은 모든 음식과 잘 어울린다.

마) 비노 노빌레 디 몬테풀차노(Vino Nobile di Montepulciano)

그 기원을 14세기에 두고 있는 이 레드 와인은 시에니 지방의 프루놀로 젠틸리 지역에서 생산된다. 깊고 진한 색상과 우아하고 신선한 향기, 그리고 와인에서 느껴지는 질감은 이 와인을 세계 최고의 와인 중 하나로 자리매김하게 했다.

바) 비앙코 피사노 디 산토르페(Bianco Pisano di Santorpe)

피사 지방에서 생산되는 무감미의 이 와인은 가벼우면서도 진한 황색 색조를 띤 생선요리와는 절묘한 조화를 이루어내는 와인이다.

사) 모렐리노 디 스칸사노(Morellino di Scansano)

온몸을 감싸는 따뜻한 느낌을 주는, 뒷맛이 오래 가는 열정적 향기를 포함한 진한 색조의 이 와인은 토스카나 지방의 남쪽 해안 경사면에 형성된 포도밭에서 생산된다.

아) 모스카델로 디 몬탈치노(Moscadello di Montalcino)

이 와인은 브루넬로와 같은 지역에서 생산되는 코끝에 남아 있는 향기가 오랜 시간 지속되는 꿈과 같이 진한 색을 가진 디저트용 와인으로 모스카토 포도로 만들어진다.

자) 포미노(Pomino)

플로렌스 주변 지역에서 생산되는 이 와인에는 세 가지 종류가 있다. 로소(Rosso) - 숙성되면 우단과 같이 부드럽고 촉촉한 맛을 내는 산조베제로 만든 무감미 레드 와인, 비앙코(Bianco) – 무감미 화이트 와인, 비노 산토(Vino Santo) – 감미가 있는 화이트 와인

차) 로소 디 몬탈치노(Rosso di Montalcino)

지나치게 텁텁하지 않으면서 눈을 자극하는 아주 인상적인 색깔을 가진 레드 와인으로서 브루넬로와 같은 포도품종에서 만들어진다.

카) 로소 디 몬테풀차노(Rosso di Montepulciano)

무감미의 광택이 있는 반짝이는 듯한 루비색의 이 와인은 신선한 꽃향기가 난다.

⑫ 움브리아(Umbria)

전통적으로 이곳에서는 가장 유명한 오르비에토 와인을 포함하여 화이트 와인의 산지로 명성을 떨쳐왔지만 지난 30년간 이곳 움브리아는 와인 산업의 새로운 전기를 마련했으며, 현재는 훌륭한 레드 와인도 다수 생산되고 있다. 전체 D.O.C 와인 생산량의 80%가 화이트 와인이고, D.O.C.G 와인은 모두 레드 와인이다. D.O.C 와인은 원산지가 엄격히 통제되는 'Particular reputation and worth(특별한 명성과 가치를 지닌 와인)'로 분류되어 있고 D.O.C.G 와인은 그 질을 보장받는다. 누구든지 움브리아의 와인을 접해보면 결코 실망하지 않을 것이다.

가) 사그란티노 디 몬테팔코(Sagrantino di Montefalco)

사그란티노 포도가 페루자에 전파되게 된 경로에 대한 전설은 수도 없이 많지만 지금은 이곳에서만 번성하고 있으며 가장 좋은 와인은 몬테팔코 마을이 있는 산꼭대기의 포도밭에서 생산되고 짙은 루비색의 농도가 진하고 기분 좋을 정도의 쓴 맛과 떫은 맛이 조화된 것이다. 보통 12% 알코올 농도의 부드러운 레드 와인을 생산하지만 전통적으로 발포 전 포도를 건조시켜 와인을 만든 다음 3년간 숙성시켜 14%의

알코올 농도를 가진 파지토 타입의 디저트용 와인을 만든다. 이런 와인은 매우 귀하여 땅콩과 같은 견과류나 완전 숙성된 치즈와 함께 마신다.

나) 토르자노 로소 리세르바(Torgiano Rosso Riserva)

세계적인 명성을 쌓아올린 리세르바 와인은 페루자 부근의 토르자노 마을에 세워진 중세의 탑인 토레 디 자노(Torre di Giano)를 내려다볼 수 있는 곳에도 포도밭이 있다. 이 와인은 산조베제 포도품종을 주로 하여 카나이올로 등의 품종을 일부 첨가하여 만든다. 그리고 법적으로 시장에 판매하기 전 최소 3년간 숙성되어야 하며 병 속에 오랜 기간 숙성이 가능하다.

다) 콜리 델 트라시메노(Colli del Trasimeno)

이 넓은 지역에는 신선한 과일 향기가 듬뿍 들어 있어 알코올 함량이 그리 높지 않아 마시기 쉬운 와인이 많이 생산되며 중부 이탈리아에서 가장 넓은 호수인 트라시메노에서부터 페루자까지 넓은 지역에 걸쳐 포도밭이 형성되어 있다. 화이트 와인은 트레비아노와 말바지아로 만들며 레드 와인은 산조베제를 기본으로 지방 특산 품종을 40%까지 섞어서 만들며 혀끝에 느껴지는 과일의 신선함과 독특한 기호를 충족시켜 준다.

라) 오르비에토(Orvieto)

오르비에토는 그 부드러움과 황금색 빛깔로 중세 로마시대의 교황과 여러 귀족들이 디저트용 와인으로 애음한 데서 비롯되었다. 현재는 무감미의 화이트 와인으로 많이 생산되고 있으며 이 와인은 이탈리아에서 가장 많이 판매되는 와인 중 하나가 되었고, 본래의 달콤한 유형의 오르비에토 와인으로 다시금 인기를 얻고 있다. 현재 움브리아 지방의 등급에 포함된 와인의 일부가 오르비에토 와인이며 두 가지 유형,

즉 단맛이 없는 것과 달콤한 맛의 두 가지 와인은 쌍벽을 이루고 있다. 가장 좋은 포도밭은 이 지방 중심 지역인 '클라시코(Classico)' 지역에 집중되어 있으며 포도품종은 프로카니코(트레비아노) 그레체토, 말바지아를 기본으로 지방 특산 품종을 섞어 쓰고 있다. 단맛이 없는 오르비에토 와인은 모든 음식에 쉽게 어울리며 특히 이탈리아 사람들은 호박꽃튀김과 자극성 있는 음식 또한 리소토와 잘 어울린다고 한다. 가볍고 달콤한(Abboccato) 오르비에토 와인은 크림소스를 곁들인 음식이나 파테와 잘 어울린다.

마) 토르자노(Torgiano)

이 지역에서는 레드 와인과 화이트 와인, 로제 와인의 세 가지 와인을 생산하는데 D.O.C.G 와인인 리세르바가 생산되는 곳과 같은 페루자 남동쪽의 토르자노 마을에서 생산된다. 이 지역은 전통적으로 지방 특산의 포도품종을 이용하여 양질의 마시기 편한 와인을 생산하는데 최근에는 발포성 와인을 비롯하여 수입 포도품종인 카베르네 소비뇽, 샤르도네, 피노 그리지오, 피노 네로, 리슬링 등으로 만든 와인도 등급 분류에 포함시키고 있기 때문에 이 지역 와인의 흥미로운 일면을 기대할 수 있다.

⑬ 사르디니아(Sardinia/사르데냐Sardegna)

800마일이 넘는 긴 해안선을 가진 사르디니아는 이탈리아 대륙으로부터 동떨어진 섬이며 그로 인한 와인의 특이성에 그리 놀랄 필요가 없다. 육지와 동떨어져 있기에 생기는 와인의 다양성을 이곳에서 발견할 수 있기 때문이다. 사르디니아에는 이탈리아에서 열한 번째로 거대한 와인 생산지가 있으며 18개의 와인이 원산지를 엄격히 통제받은 'Particular reputation and worth(특별한 명성과 가치를 지닌 와인)'로 분류되는

D.O.C 와인 등이 포함되어 있다.

가) 카노나우 디 사르데냐(Cannonau di Sardegna)

스페인 원산의 그르나슈 포도에서 유래된 카노나우 포도는 이 섬의 기본적인 포도품종의 이름인 동시에 가장 널리 보급된 포도품종의 이름이다. 이곳에서는 단맛이 없는 로제 와인 및 포트 와인과 비슷한 중감미의 와인을 생산하고 있다. 이 지역의 가장 좋은 와인은 올리에나, 제르쥬, 도르갈리, 그리고 카포페라토의 해안에서 생산되고 있다. 이 와인들은 달콤한 과일맛이 나는 힘이 있는 강건한 것들이다. 그리고 리세르바(Riserva)라고 불리는 와인이 되기 위해서는 13.5%의 알코올 함량과 법적으로 최소한 3년간의 의무 숙성기간이 필요하여 이 와인은 강하고 자극적인 맛의 치즈와 어울린다.

나) 카리냐노 델 술치스(Carignano del Sulcis)

이 지역에서는 프랑스 원산의 카리냐노 포도로 레드 와인과 로제 와인을 생산하고 있으며 이 포도는 사르디니아의 남서쪽 두 개의 조그만 섬이 있다. 스페인과 가까운 지역에서 재배된다. 레드 와인은 적당한 질감이 있으며 잘 숙성되고 로제 와인은 이보다는 조금 가벼운 느낌을 준다.

다) 모니카 디 사르데냐(Monica di Sardegna)

이 포도품종은 스페인 원산으로 사르디니아에서는 가장 널리 재배되는 적포도 품종이며 어느 때고 마실 수 있는 무감미의 와인과 원산지의 자유분방함을 느낄 수 있는 달콤한 스타일의 와인으로 만들어진다. 가벼운 질감의 과일 향이 나며 광택이 나는 루비색의 이 와인은 오븐에서 요리한 채소요리에 적격이다.

라) 나스코 디 칼리아리(Nasco di Cagliari)

같은 이름의 사르디니아 특산의 포도로 만들어진 이 화이트 와인은 이곳 생산품이다. 가스가 없는 와인은 무감미의 달콤한 두 가지가 생산되고 주정을 강화한 와인은 항상 단맛이 있으며 법적으로 최소한 13%의 알코올 함량을 유지해야 한다. 무감미의 와인은 견과류의 맛을 내며 약간의 쓴맛이 들어 있고 신선한 해산물요리와 잘 어울린다.

마) 누라구스 디 칼리아리(Nuragus di Cagliari)

사르디니아에서 가장 인기 있는 포도품종인 누라구스는 맨 처음 페니키아의 뱃사람들에 의해 이 섬에 전래되었으며 그 이름은 오늘날까지 많이 남아 있는 청동기와 철기시대의 돌로 된 요새라는 뜻의 누라게(Nuraghe)에서 유래되었다. 이런 고대로부터 재배되어 온 포도임에도 식전주로서 적합한 알코올 함량을 가진 현대적인 와인을 만들어낸다.

바) 베르멘티노 디 갈루라(Vermentino di Gallura)

베르멘티노는 이탈리아 대륙과 사르디니아 두 곳 모두에서 널리 재배되는 품종이며 가장 좋은 포도밭은 나무가 많고 차가운 기후의 갈루라 반도와 섬 동쪽의 템피오 포사니아에 위치하고 있다. 이 와인은 특이한 개성을 가진 부드러운 무감미의 화이트 와인이며 식전주로서 그리고 이 지방에서 잡히는 바닷가재 요리에 곁들여 마신다.

사) 베르나차 디 오리스타노(Vernaccia di Oristano)

14세기 말 스페인에서 전래된 이 포도는 사르디니아에서 가장 독특한 와인을 만들어내며 최근에는 세계적으로 명성을 얻을 만큼 그 질이 크게 개선되었다. 이 와인은 숙성되면 진한 황색이 우러나야 하며 최소한 15%의 알코올 함량이 유지되어야 한다. 그리고 단맛이 없어야 하며 상큼한 쓴맛이 뒷받침되어야 하며 셰리와 같이 농축된 질감을 형성해야 한다. 15.5%의 알코올 함량을 갖추고 3년 동안 숙성되면 수페리오레(Superiore) 와인의 자격이 주어지고 4년 동안 숙성되면 리세르바(Riserva)라 불린다. 이렇게 개성이 강한 와인은 한 모금씩 천천히 음미해야 하며 잘 숙성된 치즈와 함께 마셔야 제맛이 난다.

⑭ 에밀리아 로마냐(Emilia-Romagna)

Emilia-Romagna는 두 가지 정본성을 가지는 아주 신선한 독창성을 가지고 있는 와인으로 잘 알려져 있다. 그렇지만 오직 한 개의 D.O.C.G는 화이트 와인이다. 원산지가 아주 엄격하게 통제받는 'Particular reputation and worth(특별 한 명성과 가치를 지닌 와인)'로 분류된다. D.O.C.G 와인은 그 질과 신빙성 까지도 보장된다. 대부분의 Emilia-Romagna의 와인은 구릉지역에서 생산된다. 그러나 그중 평지에서 생산되는 몇몇 와인은 즐겁고 쉽게 마실 수 있으며 이 지방 고유의 음식과 같이 기름기가 많은 음식과 이상적으로 조화를 이룬다. 와인리스트에서 종종 중요한 위치를 차지하는 이 지역 와인을 주목할 필요가 있다.

가) 알바나 디 로마냐(Albana di Romagna)

전통적으로 중감미의 와인을 현재처럼 좀 더 단맛이 없는 와인으로 잘 알려진 이탈리아 최고의 D.O.C.G 화이트 화인인 이 와인은 아주 감미로운 복숭아 향을 가지고 있으며, 독특한 아몬드 향으로 인해 다른 와인과 구별된다. 포를리와 라벤나 그리고 볼로냐의 광범위한 지역에서 생산되는 이 와인 중 가장 좋은 와인은 베르티노로의 고지대에서 생산되는 것이다. 이 와인들은 다른 와인에 비해 알코올 함량이 높으며 이 점이 이 와인의 특성을 좀 더 다양하게 해준다. 또한 크림이 많이 들어간 이탈리아식 국수요리 및 부드러운 치즈와 어울리는 맛을 만들어낸다. 가장 훌륭한 알바나 와인은 프랑스 디저트 와인을 만들

때와 같이 건조시킨 포도로 만들어진, 아주 단맛이 많고 무게가 있는 파시토(Passito)이다.

나) 콜리 볼로녜시(Colli Bolognesi)

오늘날에 볼로냐 지방의 아펜니노 산기슭에서 생산되는 이 와인들은 전통적인 발포성 있는 단맛이 나는 와인보다는 샤르도네, 소비뇽 블랑, 피노 비앙코, 카베르네 소비뇽, 메를로와 같은 포도를 이용하여 단맛이 거의 없는 와인을 만드는 경향이 지배적이다. 이 지방 고유의 포도품종인 피뇰레토는 이탈리아의 일반적인 포도품종인 리슬링과 같이 가볍고 신선한 와인을 만든다. 그리고 바르베라 포도도 일부 재배된다.

다) 콜리 피아첸티니(Colli Piacentini)

남부 피아첸자 구릉지대에서는 모두 11가지의 와인이 명성을 얻고 있다. 그중 구트르리오는 전통적인 방식에 의해 만들어진다. 그러나 이 지역 와인의 명성은 신선한 과일 향을 듬뿍 지닌 트레비아노와 말바지아, 그리고 오르트루고 품종으로 만든 약간의 단맛이 나는 발포성 와인과 피노 그리지오와 소비뇽 블랑으로 만든 단맛이 없는 아주 마시기 쉬운 화이트 와인에서 얻어진 것이다.

라) 람브루스코 디 소르바라(Lambrusco di Sorbara)

모데나 지방의 북쪽 평야지역에서 생산되는 람브루스코 와인은 상업화되어 양산되기 이전까지는 산뜻한 과일과 같은 신맛을 가진 단맛이 없는 와인이었다. 이 와인은 농도가 짙은 쇠꼬리찜이나 콩을 곁들인 돼지고기 요리와 썩 잘 어울린다.

마) 람브루스코 그라스파로사 디 카스텔베트로(Lambrusco Grasparossa di Castelvetro)

모데나 지방에서 가장 작은 지역 중 하나인 이 지역에서 생산되는 람브루스코 와인은 아주 믿을 만한 열정적인 와인이다. 이 와인은 생산된 그해에 소비되는 것이 일반적인데 소시지나 으깬 감자요리와 먹는 것이 좋다. 그 외의 또 다른 두 군데의 람브루스코의 이름은 레자노와 살라미노의 산타크로체이다.

바) 파가데비트 디 로마냐(Pagadebit di Romagna)

이 지역은 최근에야 등급에 포함된 곳으로 아직은 드물게 볼 수 있지만 새로운 관심을 집중시키는 지역이다. 이 와인은 이 지역에서 빚을 갚을 만큼 수확을 한다는 의미에서 얻어진 '채무변제'라는 파가데비트라 불리는 봄비노 비앙코라는 포도로 만들어진다. 이 와인은 아몬드를 먹고 나서 입안에 남는 것과 같은 아주 엷은 떫은맛을 지닌 부드러운 과일향을 지닌 단맛이 있는 와인과 단맛이 없는 와인도 있다. 이 지역의 가장 좋은 와인은 베르티노로에서 생산된 것이 며 알코올 함량이 높은 매우 흥미로운 와인인 동시에 아주 드문 식전주이다.

사) 산조베제 디 로마냐(Sangiovese di Romagna)

이탈리아에서 가장 많이 재배되는 포도품종 중 하나인 산조베제로 만든 이 와인은는 '탈리아텔레 볼로녜제'와 완벽하게 어울리는 적당한 쓴맛과 풍성한 과일향 그리고 중간 정도의 농도를 가지고 있다. 그중 12%의 알코올 함량과 20년 이상 성숙되어 '수페리오레 리세르바'라고 붙여진 와인은 복합적인 맛의 특성 때문에 고기에 잘 어울린다.

아) 트레비아노 디 로마냐(Trebbiano di Romagna)

로마냐 지방 특유의 트레비아노 계통의 포도가 이 지방 전역에서 광범위하게 재배되며 이 포도는 전통 단맛이 없는 가볍고 신선한 와인을 만든다. 이 와인은 숙성되기 전 아드리아 연안에 사는 로마냐 사람들이 마시는 것처럼 식전주로 혹은 기름에 튀긴 생선과 잘 어울린다.

⑮ 라티움(Latium)

원산지가 엄격히 통제되는 'Particular reputation and worth(특별한 명성과 가치로 분류되는 와인)'의 D.O.C 산지가 산재한 이 지역은 특히 화이트 와인이 인기 있는 곳이다. 그리고 전통적으로 이 지방 토속음식과 아주 잘 어울리는 가볍고 달콤한(Abbaccato) 화이트 와인을 주로 생산해 왔지만 오늘날에는 현대적인 와인 제조기법을 사용하여 토속음식뿐만 아니라 모든 음식에 어울 릴 수 있는 무감미의 화이트 와인도 생산하고 있다. 그리고 이 와인의 특성 중 하나는 조금씩 맛보거나 감상을 하는 것이 아니라 그저 한 모금 마시며 그 즉시 즐거움을 깨닫는 것이다. 한편 이곳의 레드 와인은 이웃 지방에서 재배하는 포도품종과 같은 포도로 단순한 와인만을 만들고 있기 때문에 그저 일반적인 비니 다 타볼라(Vini da Tavola) 테이블 와인만을 생산하고 있다.

가) 체자네세 델 필리오(Cesanese del Piglio)

이 지방 고유의 포도품종인 체자네세로 로마 동쪽 필리오 주변의 페니네 산기슭에 위치한 프로시노네 지방에서 재배되고 있다. 이 지역에서는 기본적으로 가스가 없는 혀를 휘감는 촉촉한 맛을 지닌 진한 농도의 무감미 레드 와인을 생산하고 있으며 매우 빠르게 세계시장에서 명성을 쌓아가고 있다. 또한 이 와인은 가스가 조금 들어 있는 혹은 완전한 발포성의 중감미(Amabile) 와인 제조도 가능하다. 그리고 이 지역에는 필리오보다 유명하지는 않지만 체자네세 디아필레와 체자네세 디 올레바노 로마노라는 와인도 생산된다.

나) 콜리 알바니(Colli Albani)

이 지역은 프라스카티를 제외하면 라티움 지방에서는 가장 넓은 D.O.C 와인 생산지역이다. 말바지아와 트레비아노 포도로 만든 가볍고 신선한 이 지역 와인은 이탈리아 전통요리 '포르케타(Porchetta)'

와 잘 어울린다. 단맛이 적은 와인으로부터 달콤한 와인 그리고 발포성 와인까지 생산하지만 이 지역 외의 다른 곳에 서는 찾아보기 힘들다.

다) 에스트! 에스트! 에스트! 디 몬테피아스코네(Est! Est! Est! di Montefiascone – 여기다! 여기다! 여기다! 맛이 아주 좋다)

이 지역 북쪽의 몬테피아스코네에서 생산되는 엷은 황색의 화이트와인은 중세에 교황을 위한 와인으로 만들어지면서 유명해졌다. 토스카나의 트레비아노 포도와 말바지아 포도로 만들어진 이 와인은 가볍고 달콤한(abboccata) 것과 무감미의 두 가지가 있으며 장어찜 요리와는 완벽한 조화를 이룬다.

라) 프라스카티(Frascati)

말바지아와 트레비아노 포도로 만들어지는 알바니 지역에서 가장 잘 알려진 화이트 와인인 프라스카티는 그 질과 맛에 있어서 근래에 아주 커다란 발전이 있었으며 생산량에 있어서도 연간 2,000만 리터의 막대한 양을 생산하고 있다. 그 맛의 특징은 신선함과 잘 익은 포도에서 나는 숙성된 맛, 그리고 부드러움이며 여러 종류의 음식과 조화된 맛을 만들어낸다. 특히 무감미의 와인은 카르보나라 스파게티 및 멜론을 곁들인 프로슈토와 마시는 것이 좋다. 그리고 드물게 카넬리 노라고 불리는 중감미의 와인도 생산되는데 이 와인은 포도가 완전히 익어 단맛이 극도에 달했을 때 수확하여 만든다.

마) 마리노(Marino)

말바지아 포도에 트레비아노 포도를 조합하여 만든 황금색의 이 와인은 무감미 혹은 달콤한 두 가지의 와인이 만들어지며 발포성이 있는 것도 있다. 카스테릴 로마니의 서쪽지역에서 생산되는 이 와인은 ‘수페리오레(Superiore)’라 불리는 것이 있으며 이것은 0.5%의 추가 알코올 함량이 있을 때에만 가능하다. 프라스카티보다 더 부드럽고 짙은 색을 가진 이 와인을 이탈리아 사람들은 살 팀보카 알라 로마나(Saltimbocca alla Romana)에 곁들여 마신다.

바) 벨레트리(Velletri)

이 지역은 고대의 화산 분화구 호수인 '네미(Nemi)'와 인접해 있으며 산조베제 와 몬테풀차노 포도로 만든 유일한 레드 와인이 콜리 알바니의 언덕 아래에서 생산되고 있다. 현재는 보통 단맛이 없는 와인을 만들지만 아마빌레(Amabile)라 불리는 중감미의 와인도 생산된다. 이 지역에서 생산되는 화이트 와인은 전통적으로 말바지아와 트레비아노로부터 만들어지며 단맛이 없는 것에서부터 달콤한 것까지 종류가 다양하며 발포성 와인도 생산된다.

(3) 이탈리아의 와인법

1950년대 이탈리아 와인은 침체되어 있었다. 하지만 1963년에 와인법이 처음 시행되고부터 이탈리아는 와인의 르네상스를 맞이하게 된다. 이 법은 오랜 기간에 걸쳐 현재에 이르고 있으며 많은 연구와 노력 끝에 만들어졌다. 와인 생산과정을 정부와 관계 기관이 엄격하게 관리할 수 있도록 하고, 와인 생산자들이 지켜야 할 법조항들을 명시해 놓았다.

1992년 와인법인 '고리아 법(Goria Low)'에 의해 DOC 등급의 포도 품종은 많이 바뀌었지만 아직도 이탈리아 최고급와인은 대부분 DOC 및 DOCG 등급에 속하지 않는다. 이는 전통적인 생산방식을 따르지 않고 다른 방식으로 만들기 때문이다. 현재 이탈리아 와인법은 아래와 같이 4개로 나누어져 있다.

❶ DOCG(Denominazione di Origine Controllata e Garantita=DOP)

최상위 등급으로 최고의 지역에서 최고 품질의 와인으로 관계기관의 엄격한 테스트를 통해 승인된다. DOC 등급의 모든 것을 갖추고 생산지에서 병입되어야 하며, 농업부 장관의 시음을 거쳐 인증을 받아야 한다. 정부 감시관은 수시로 이 와인을 검사하고 분석할 권한을 가지고 있다. 이처럼 정부의 통제와 관리를 받으므로 라벨 또한 통제 및 관리를 받게 된다.

❷ DOC(Denominazione di Origine Controllata= DOP)

DOCG 최상위 등급이 되기 전 단계로 DOC와 DOCG 등급의 와인은 이탈리아 와인 전체 생산량의 15%밖에 되지 않는다. 지역, 포도품종, 제조방법, 수확량, 숙성기간 등 많은 조건을 갖추어야 한다. 이러한 것들이 갖추어진 와인만이 DOC를 신청할 수 있게 된다. DOC도 정해진 테스트를 받게 되며 현재 230개가 넘는 개별지역에서 등급이 매겨지고 있다.

❸ IGT(Indicazione Geografica Tipica=IGP)

1992년 개정된 와인 법에 의해 새로 생긴 등급이다. 프랑스의 뱅드 페이와 동급으로, 포도품종과 생산지의 전통을 따르지 않은 양조방법으로 만들어진 와인이나 DOC 등급을 지정받지 못한 다수의 와인이 이 등급에 포함된다.

❹ VDT(Vino da Tavola=Vino)

이탈리아 와인법 중 가장 기본적인 등급에 해당된다. 지역 와인을 이르는데 요즘은 와인 생산지를 줄이려는 유럽연합의 정책과 상위등급 IGT로 많이 흡수되어 많이 줄어들고 있다.

요점정리

❖ 주요 와인 생산지와 와인의 특성

지역	포도품종		맛	서비스 온도	어울리는 음식
피에몬테 (Piemonte)	R	네비올로	블랙체리, 아니스, 감초의 향	16	치즈파스타, 미트파스타
	R	바르베라	베리 향과 스파이시한 향	15	살라미, 치즈, 햄, 스테이크
토스카나 (Toscana)	R	산조베제	산도가 높고 풍부한 과일 향	18	바비큐, 샐러드, 피자
에밀리아-로마냐 (Emilia-Romagna)	R	람브루스코	산뜻한 과일과 같은 신맛과 제비꽃 향	16	채소튀김, 돼지고기요리, 소시지
롬바르디아 (Lombardia)	R	발포리첼라	은은한 특성의 포도 향, 딸기 향	16	살라미, 파스타
움브리아 (Umbria)	W	오르비에토	과일 맛과 향긋한 향	12	샐러드, 파스타
라티움 (Latium)	W	프라스카티	신선함과 잘 익은 포도에서 나는 숙성된 맛, 그리고 부드러움	10	카르보나라, 멜론 프로슈토
캄파니아 (Campania)	R	알리아니코	품종 특유의 아로마가 있으며 부드럽고 신선한 과일 맛이 남	16	육류, 치즈
시칠리아 (Sicilia)	W	그릴로	개성 있는 품종, 풍부한 부케와 시트러스 및 열대과일의 잔잔한 산도가 느껴지는 맛	10	게, 바닷가재

3) 스페인

(1) 지리적 위치

스페인의 지리적 위치는 이베리아 반도다. 북쪽으로는 피레네 산맥 넘어 프랑스, 서쪽으로는 대서양 연안의 포루투갈, 남쪽으로는 지중해를 사이에 두고 알제리, 동쪽으로는 지중해를 사이에 두고 이탈리아의 섬 시실리가 있다.

유럽인들은 이베리아 반도에 있는 스페인을 유럽이 아닌 유럽이라고 하는데 그 이유는 피레네 산맥을 두고 유럽과 원활한 교역이 일어나지 않아, 유럽과 다른 특유의 반도문화가 형성된 것 때문이다. 또 다른 이유는 781년간 기독교와 무슬림의 공존 시기가 있어 이베리아 반도는 동서양문화의 교착지이도 하다는 것이다.

① 리오하(Rioja)
② 리베라 델 두에로(Ribera del Duero)
③ 페네데스(Penedes)
④ 헤레스(Jerez)
⑤ 라만차(La Mancha)

와인문화에 있어서는 로마 이전의 토착품종이 3000년 전 페니키아인에 의해 안달루시아 지방에 전해졌다고 한다. 근대 스페인 와인의 전환점은 필록세라균이 유럽 전역을 초토화시킬 당시 비교적 균으로부터 안전한 피레네 산맥 이남 이베리아 반도로 프랑스인들이 남하하여 개종된 와인을 생산하게 되었다. 스페인산 와인은 품질에 비해 저평가된 경향이 있다.

(2) 토양

주로 점토, 백악질, 자갈과 편암토양으로 매우 척박하다. 평행한 줄무늬로 편리를 이루며, 그 줄이 끊어졌다 이어졌다 한다. 이 토양은 풍화된 지역의 특징인 식질양토(점토를 37.5~50%를 포함한 토양)이며 철분을 많이 포함한 돌과 바위이고 흙은 마치 녹슨 것처럼 보인다.

편암은 영양분은 척박하지만 열을 잘 보존하는 성질이 있어 낮 동안 받은 열을 흡수 저장했다가 밤에 복사열을 방출함으로써 포도가 익어가는 시기에 당분함량을 높이는 데 최적의 조건을 만든다.

(3) 포도품종

레드품종인 템프라니요, 가르나차, 그라시아노, 마수엘로, 화이트 품종인 바우라, 말바시아, 가르나차 블랑카, 리슬링과 뮈스카데 등이 있다,

(4) 기후특성

북쪽은 피레네 산맥의 영향으로 대륙성 기후를 띠며 겨울은 기온이 낮고, 여름은 고온건조하다. 남부지방은 지중해성 기후로 겨울에도 따뜻하다. 북서부 지역은 대서양기후로 여름에 비가 많고 산림으로 우거졌다. 동부지역은 지중해성 기후의 영향을 받아 비교적 따뜻하다. 스페인의 기온은 지리적 특성으로 온도 편차가 심하다(-22℃~40℃). 비는 주로 봄, 가을에 많이 오

는 편이다. 이러한 기후와 자갈과 편암토에서 자란 포도는 미네랄 향이 풍부하면서 강한 아로마와 탄닌이 형성되어 간결하면서도 개성이 강한 스페인 와인을 생산한다.

주 생산지는 아래와 같다.

(5) 지역별 와인

❶ 리오하 지역

프랑스 보르도에서 멀지 않은 지리적 특성으로 보르도나 버건디의 영향을 받아 스페인에서 가장 질 좋은 와인을 생산하는 지역이며 주로 레드 와인을 생산하고 화이트 와인도 생산하고 있다. 스페인의 보르도라 할 정도다. 리오하의 기후는 산악성기후로 해발 460m에 위치하여 풍부한 강우량과 봄, 가을이 길며 여름은 길지 않아 와인의 맛은 다른 지역에 비해 진하지 않지만 프랑스인들의 영향으로 아주 정교하고 훌륭한 맛을 연출한다.

이 지역은 다시 3개의 작은 지역으로 나뉜다. 이 중 리오하 알타 지역에서 주로 생산되는 와인인 템프라니요는 약간 엷은 느낌이 난다. 따라서 블렌딩용으로 많이 사용된다. 또한 리오하 바하 지역에서 주로 생산되는 와인은 가르나차 품종으로 알코올 도수가 높고 위의 지역에서 생산되는 와인에 묵직함을 주기 위해 블렌딩 용으로 많이 사용된다.

❷ 헤레스 지역

스페인의 가장 남쪽 안달루시아 지방에 있다. 대표적인 식전주인 셰리의 고향이며, 셰리는 세계에서 가장 유명한 식전주이다.

400년 전 이곳의 와인을 영국으로 수출하기 위해 비노 데 헤레스 사카(Vino de Jerez Saca)라는 브랜드를 사용했는데 영국인들은 그 발음이 어려워 읽으려 고도하지 않자 영국인 누구나 이 발음을 쉽게 하도록 Xeres, Herrehz, Jerries, Sherries 등의 이름을 거쳐 지금의 Sherry에 이르게 되었다.

셰리는 스페인 와인의 총아로 주정강화 화이트 와인이다. 안달루시안 지역에서 주로 생산되며, 생산량은 스페인 와인 전체의 4%에 불과하지만, 대표적인 식전주다. 알코올 도수가 10% 전후이고, 와인을 증류하여 얻은 브랜디를 첨가해서 알코올 함량을 16~20% 정도로 높이고, 산소와 접촉하도록 한 후 오크통에 보관하여 특별한 아로마, 부케가 만들어진다. 드라이 타입이 대부분이고 스위트한 것도 일부 생산된다. 재미있는 것은 영국인들이 셰리 와인을 담은 오크통을 수입하여 그들이 좋아하는 스카치위스키를 숙성시킬 때 이 오크통을 사용한다고 한다. 이유는 스페인산 포도가 일조량이 많아 당도가 높고 산도가 낮아 숙성과정에서 알데하이드라는 특유의 향기물질을 만들기 때문에 이 와인의 맛과 향이 묻어 있는 오크통을 사용한다고 한다.

❸ 카탈루냐 지역

스페인의 북동쪽 바르셀로나 올림픽이 개최된 지역이다. 이 지역은 주로 테이블 와인과 발포성 와인의 산지이고 포도 재배지는 펜네데스라는 유명한 곳이 있으며 와인품종은 토착종인 파렐라다, 마카베오가 주종이지만 프랑스 포도품종인 샤르도네, 리슬링도 널리 보급되는 실정이다.

❹ 카스티야-라만차 지역

스페인의 중부 마드리드 남쪽에 위치해 있다, 스페인 포도 재배지의 절반을 차지할 정도로 재배지가 넓다. 품종은 이곳에서만 볼 수 있는 토착종인 아이렌이라는 품종이 있다. 기후는 덥고 건조하여 이 지역만의 개성 있는 와인을 생산한다.

❺ 셰리

대서양과 지중해의 끝자락 남서쪽에 자리한다. 스페인 와인의 총아 셰리는 당도가 높고 산도가 약한 스페인만의 하늘 아래서 만들어진다. 강건하면서 섬세한 맛의 조화는 전 세계인의 발걸음을 이곳으로 이끈다. 백악질 토양과 팔레미노의 만남은 신의 선물이 아닐 수 없다. 그 하늘 아래 눈부신 이베리아 반도의 대서양과 지중해성 기후는 신의 축복과 인간의 열정이 위대한 스페인의 셰리를 탄생시켰다.

4) 독일

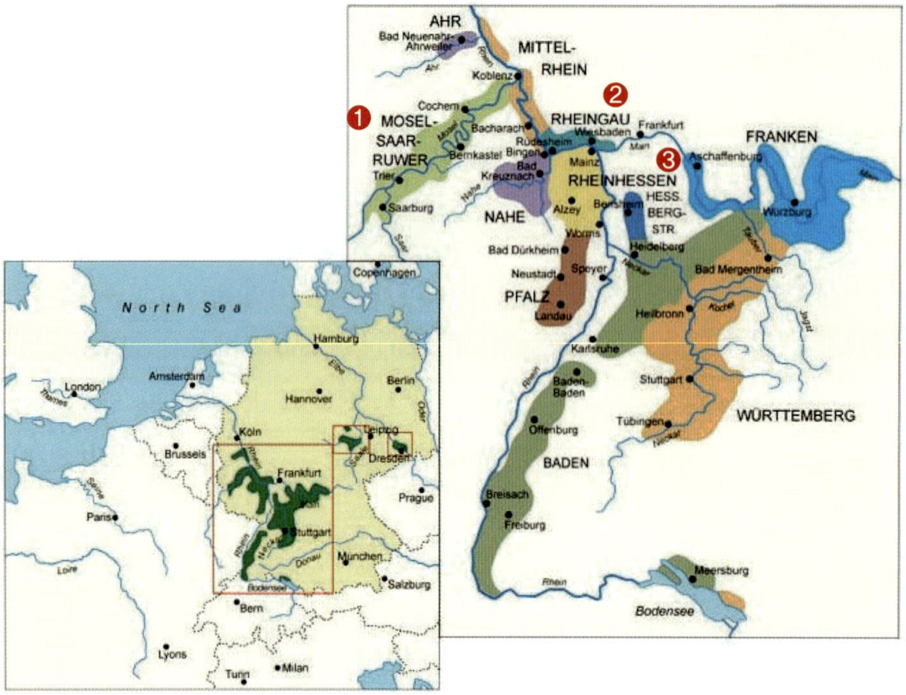

① 모젤-자르-루버(Mosel-Saar-Ruwer)
② 라인가우(Rheingau)
③ 라인헤센(Rheinhessen)

(1) 지리적 위치

독일 와인의 역사는 유럽 와인의 역사와 유사한데 로마군의 주둔으로 인하여 시작되었다. 지리적 위치는 유럽 중앙에 위치한 남고북저의 형태를 띠고 있는데 북쪽으로는 덴마크, 네덜란드와 국경을 맞대고 있다. 이곳은 북해, 발트 해와 접해 있으며, 구릉과 호수, 평야 지대로 이루어져 있다. 동쪽으로 폴란드와 체코, 남쪽으로 오스트리아와 스위스, 서쪽으로 프랑스, 룩셈부르크, 벨기에와 국경을 맞대고 있으며, 알프스 산맥과 면해 있다.

고대에 게르만족이 살던 독일 땅은 게르마니아로 알려져 있었으며, 동프랑크 왕국이 기원이다. 독일은 로마제국과 함께 제국의 중심부를 이루었다. 1871년 프로이센 전쟁으로(프·독) 독일은 최초로 통일을 이루어 근대적인 국가가 형성되었다.

독일은 포도 재배지의 북방 한계선에 가깝다. 독일 북부는 기후가 너무 춥기 때문에 포도나무 생육이 적합지 않아 포도 재배가 이루어지지 않으며, 대부분의 포도 재배 지역은 독일 남부 쪽에 집중되어 있다. 라인가우, 라인헤센, 모젤이 세계적으로도 알려진 유명 산지다.

포도 경작지는 주로 라인 강가를 따라 발달했는데 추운 독일 지방의 날씨 때문에, 햇빛을 잘 쬐기 위해 강가의 가파른 경사지에 포도밭을 만드는 경우가 대부분이다.

(2) 품종

레드 품종 슈패트부르군더, 포르투기저, 트롤링거, 도른펠더, 화이트 품종 실 바너, 케르너, 쇼이레베, 룰랜더, 리슬링, 뮐러투르가우 등이 있다.

(3) 특성

포도 재배지의 한계선인 북위 50°선에 위치해 있으므로 일조량이 많이 필요한 레드 와인품종은 적합지 않고, 주로 화이트 와인품종들이 주류를 이룬다. 화이트 와인 생산량은 약 85%로 화이트 와인 왕국이다. 독일의 기후는 대륙성 기후로 비교적 사계절이 뚜렷하다.

봄에는 늦서리가 내리고, 연중 비가 내리며 여름 7, 8월은 습하고 무덥다. 가을은 길고 따뜻하며 겨울은 대륙성 기후로 춥다. 독일의 와인 재배지인 남부의 모든 강 유역의 수확기인 가을 날씨는 잦은 안개와 복사열로 인하여 에델포일레(귀부현상)가 일어난다.

또 다른 특이한 사항은 아이스 와인 생산국이기도 하다는 것이다. 영하 8℃ 이하의 기온에서 수확한 포도로 만든 와인은 와인을 처음 접하는 사람들도 쉽게 즐길 수 있는 와인으로 섬세한 향에서부터 깊고 강한 매혹적인 향은 영원히 잊을 수 없는 맛을 준다.

독일은 다른 유럽지역과 마찬가지로 기후 변화가 심해 빈티지의 영향이 크므로 와인등급이 자연스레 형성되었다.

(4) 주 생산지

❶ 아르

독일의 북서쪽에 있는 작은 강으로 라인 강에서 멀지 않는 곳에 위치하며 포도밭은 아르강 주변 계곡의 25km에 걸쳐 형성되어 있다. 재배지의 역사는 로마시대부터이며 토양은 검고 얼룩진 슬레이트석으로 덮여 있어 낮 동안의 더운 열기가 밤에 복사열을 발산하여 나무와 과일에 좋은 영향을 주어 우수한 와인을 생산할 수 있다. 이런 연유로 이곳은 레드 와인이 더 많이 생산된다. 주 포도품종은 슈패트부르군더, 포르투기저, 뮐러투르가우, 리슬링 등이다.

❷ 미텔라인

미텔라인은 이름처럼 라인 중부로 빙엔(Bingen)과 본(Bonn) 사이를 라인강이 가로지르고 있다. 강 양쪽의 약 100km에 포도 생산지가 형성되어 있다. 토양은 화강암 토양이며 근처에 산과 언덕이 있어 바람을 막아준다. 또한 포도가 충분한 햇빛을 받을 수 있는 조건을 갖추고 있어 이 지역에서는 여러 종류의 와인이 생산된다. 주 포도품종은 리슬링, 뮐러투르가우, 실바너 등이다.

❸ 모젤-자르-루버

이곳은 이름처럼 지역에 위치한 모젤강에서 이름을 따서 만들었다. 또한 모젤강의 협곡은 자르와 루버 근처 코블렌츠와 트리어 연방까지 아우른다. 포도밭은 모젤 전역에 흩어져 있고 가파른 지형이다. 이런 이유로 체계적으로 기계를 이용하여 수확하기 어렵다. 재배지의 역사는 로마시대부터이며 토양은 구멍이 많이 난 슬레이트석이다. 남부지역의 비탈면에 위치한 재배지는 햇빛에 많이 노출될 수 있어 포도 숙성에 도움이 된다. 모젤 와인은 저알코올 와인으로 알코올 함유량이 10% 이하다. 이런 연유로 생산된 지 1~2년 안에 마시는 것이 좋다. 주 포도 품종은 리슬링, 뮐러투르가우, 엘블링 등이다.

❹ 라인가우

라인가우는 이름 그대로 라인 '지역'이라는 뜻이다. 라인가우는 독일의 포도 재배 지역 중에서도 작은 지역 중의 하나지만 국제적으로 유명한 와인 생산지다. 포도밭은 남쪽으로 라인강을 끼고 있다. 재배지의 역사는 12세기 산지에서 시작되어 13세기에 현재 지역까지 이르게 되었다. 토양은 슬레이트와 황토로 구성되어 있다. 지역에서 생산되는 와인은 국제적인 품질의 와인들이 생산된다. 주 포도품종으로는 리슬링과 슈패트부르군더(피노 누아)가 대부분을 차지한다.

❺ 라인헤센

라인헤센은 원래 과거 헤센-다름슈타트 지역의 일부였으나 현재는 라인란트팔츠 주에 속해 있다. 이곳은 'Great Wine Capitals Global Network'의 회원이다. 재배지의 역사는 로마시대 샤를마뉴(Charlemagne)에 의해 진행되었다. 재배지는 넓은 라인강을 끼고 있고 독일에서 가장 큰 와인 생산지역이다. 거의 모든 종류의 와인이 생산되고 있다. 주 포도품종은 리슬링, 뮐러투르가우, 도른펠 더, 실바너 등이다.

❻ 라인팔츠

라인팔츠는 독일 남부에 위치한다. 포도재배 지역은 하르트산의 동쪽으로 약 80km로 이어져 있고 포도 재배지는 라인헤센보다 작지만 생산량은 더 많다. 그리고 계곡에 위치하지 않기 때문에 라인강의 영향을 받지 않는다. 일조량이 풍부하며 건습한 지역이다. 재배지역의 역사는 로마시대부터 이어지고 있고 토양은 사암과 플레이트로 이루어져 있다. 이 지역 역시 많은 품종의 와인을 생산 한다. 주 포도품종은 리슬링, 돈펠더, 뮐러투르가우 그리고 블라우어 포르투기저 등이다.

❼ 바덴

바덴은 라인의 서쪽이며 독일에서 최남단에 위치해 있어 가장 따듯한 지역이다. 독일 법령에 따라 바덴과 뷔르템베르크는 별도의 와인지역이다. 재배지는 독일에서 가장 긴 형태이며 약 400km이다. 19세기경엔 이 지역이 독일에서 가장 큰 포도재배지였다. 토양은 화강암과 석회석점토로 이루어져 있다. 포도품종은 슈패트부르군더, 뮐러투르가우, 그라우어 버건디 등이다.

(5) 와인 등급

독일 와인의 등급은 수확할 당시의 날씨와 포도 숙성도에 따라 나뉘는 것이 특징이다. 독일은 포도재배의 북방한계선에 있기 때문에 포도의 숙성도는 언제 수확하느냐에 따라 매우 다르며, 이에 따라 포도주의 질도 다르다.

독일의 와인 등급은 다음과 같다.

❶ 크발리태츠바인 미트 프래디카트(QmP) 프랑스의 AOC 등급에 해당되는 특징 있는 고급와인이란 의미로 독일 와인의 32%를 차지한다.

㉠ 카비네트(잘 익은 포도로 만든 와인) 고급등급 중 가장 기본적인 등급

㉡ 슈패트레제(늦수확 포도로 만든 와인) 포도의 당도는 18.4~21.6brix

㉢ 아우스레제(늦수확 포도 중 좋은 품질로 선별하여 만든 와인) 포도의 당도는 20~23brix

㉣ 베렌아우스레제(귀부포도 사용) 포도의 당도는 26~30brix

㉤ 아이스바인(12월까지 포도를 나무에 얼려서 수확하여 만든 와인)

❷ 크발리태츠 바인 베슈팀터 안바우게비테(QBA) 특정 지역에서 생산되는 고급와인이란 의미다. 이는 법률로 정한 13개 지역에서 생산되는 와인이 다. 전체의 65%를 차지하고 있다.

❸ 란트 바인(Land Wein) 타펠 바인보다 높은 등급이다. 이 등급부터는 어느 정도 생산지 구분이 있다.

❹ 도이처 타펠 바인(Deutscher Tafelwein) 독일산 테이블 와인이라는 의미 이며 산지명을 기재한다. 전체 독일 와인의 3%를 차지하고 있다.

❺ 타펠 바인(Tafelwein) 테이블 와인, 독일 와인 중 가장 낮은 등급이다. 이 등급에는 재배지 명칭이 없다.

2절 신세계 와인

1) 미국

미국의 역사는 길지 않지만 유럽인 이주와 더불어 자연스레 유럽인들의 음료인 와인, 즉 포도의 이주역사가 시작되었고 이는 오늘날 미국 와인의 역사이다.

1796년 스페인 선교사를 통해 들어왔다. 미국의 와인 생산은 세계 4위, 소비량 은 3위를 차지할 정도로 소비와 생산이 이루어진다. 와인은 대부분 캘리포니아에서 90% 생산되는데, 그곳이 이상적인 토질과 기후조건 등을 갖추었고 풍부한 자본과 우수한 기술을 적용하여, 세계적인 품질의 와인을 생산하고 있기 때문이다. 특히 캘리포니아 주립대의 양조학과는 미국 와인 연구의 본산이기도 하다.

(1) 품종

미국의 포도품종 중 레드 와인 품종으로는 카베르네 소비뇽, 메를로, 진판델, 시라, 피노 누아 등이 재배되며, 화이트 와인품종으로는 샤르도네, 소비뇽 블랑, 피노 그라지오, 슈냉 블랑 등이 있다.

(2) 지리적 위치 및 특성

미국 와인의 주생산지인 캘리포니아 지역은 미국에서 가장 포도를 기르기 좋은 지역이다. 서쪽으로는 태평양에서의 해풍이, 동쪽으로는 시에라, 네바다 산맥이 펼쳐져 있어 지역별로 다양한 기후가 형성된다. 토양과 기후는 포도재배에 적합하여 우수한 와인을 생산할 수 있다. 유럽산 와인의 경우 강우량과 일조량의 편차가 심하지만, 캘리포니아는 수확기에 거의 비가 오지 않아 기후의 영향을 적게 받는다. 따라서 최고급와인은 생산하지 못하더라도 품질이 균일하다는 장점이 있다. 캘리포니아 외에도 미국에서는 뉴욕, 워싱턴, 오리건, 텍사스, 버지니아 주에서 와인이 생산된다. 그러나 좋은 품질의 포도주는 태평양 연안의 나파 밸리와 소노마 카운티에서 주로 생산다.

유럽은 전통적인 방법을 고수하면서 자신들의 명예와 전통을 지키지만, 미국은 유럽의 전통방식에서 벗어나 과감한 실험정신으로 신규기술을 접목하여 품질 향상을 위한 노력과 유럽의 유명한 와인 메이커와의 활발한 합작투

자가 이루어 진 까닭에 단기간에 우수한 와인을 생산할 수 있었다. 그러한 결과로 1976년 5월 24일 파리국제와인품평회에서 블라인딩 테이스팅 결과 나파 밸리 샤토 몬탈레나라는 미국 캘리포니아 와인이 프랑스의 그랑 크뤼 클라세 1등급 와인을 물리치고 우승을 차지하는 영광을 누렸다. 흔히 우리는 이 날을 '파리의 심판'이라 부른다. 이 일이 일어나면서 캘리포니아 와인이 전 세계적으로 인정받는 계기가 되었다.

한편, 캘리포니아 북쪽에 있는 오리건주, 워싱턴주는 피노 누아로 만든 부르고뉴 스타일의 와인을 생산하므로 새로운 와인산지로 각광받고 있다.

유럽에서 식사 시 와인을 선택할 때에는 주로 지역과 빈티지를 보지만, 미국산 와인을 고를 때에는 경작지보다는 생산자의 이름이 더 중요하다. 그 대표적인 회사로 나파 지역의 '로버트 몬다비사'가 있다. 샤토 무통 로칠드가와 의기투합하여 만든 미국의 자존심이자 최상급 와인인 오퍼스원도 이 회사에서 생산된다. 소노마 지역에는 세계 최대의 와인 생산업체인 갈로사가 있다. 고급와인은 이 두 곳에서 주로 생산되고 있다.

한편 미국 컬트 와인의 생산지로 유명한 곳은 이글, 콜긴, 할란, 헌드레드 에이커, 마야, 셰퍼 등이 있다. 나파에서 생산된 최고급 컬트 와인은 명품 와인으로 블루칩 와인이라고도 한다. 포도 생산지 중에서 기후의 조건, 토양, 경사지가 제일 좋은 곳을 선택하여 특별 생산하는 방식의 와인이다. 각 와이너리별로 질 좋은 포도를 한정 생산한다. 컬트 와인은 대개 회원제 형식으로 사전 예약이나 경매 등을 통해 판매된다.

2) 칠레

칠레 와인의 역사는 미국보다 200년 앞선 16세기 중반 스페인 정복자 중 한 명에 의해 산티아고에 처음 포도나무가 심어졌다고 한다. 따라서 산티아고에서 처음 와인이 생산됐다. 스페인 식민지하에 포도재배가 이루어졌기 때문에 제한적인 발전을 했다. 칠레가 스페인으로부터 독립한 19세기 중반 프랑스 보르도 출신의 양조업자들이 유럽의 포도품종을 가지고 들어와 포도재배를 시작한 때부터 질적으로 성장하게 되었다.

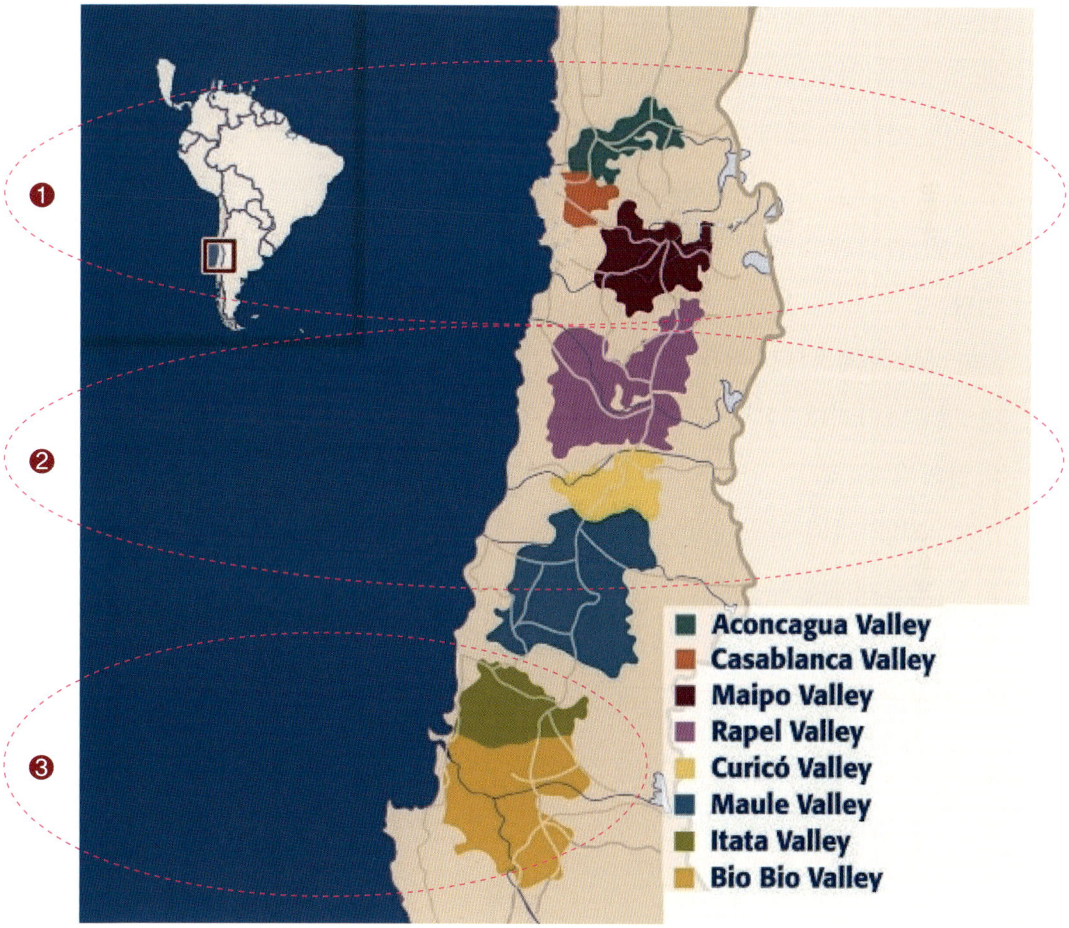

① 아콩카과 지구(Aconcagua Region) ② 센트럴 밸리(Central Valley) ③ 남부지구(Southern Region)

(1) 포도품종

포도품종은 주로 프랑스 포도품종을 재배한다. 레드 와인용으로 카베르네 소비뇽, 카베르네 프랑, 말벡, 프티 베르도, 메를로, 피노 누아종이 재배된다. 화이트 와인으로는 세미용, 소비뇽 블랑, 리슬링을 주로 재배하고 샤르도네, 피노 블랑, 트레비아노, 트라미너, 로카 블랑카 등이 재배된다.

(2) 지리적 위치 및 특성

칠레는 남아메리카에 위치한 국가로 동쪽에는 안데스 산맥, 북쪽의 사막, 남극의 빙하, 서쪽의 남태평양으로 좁고 길게 형성되었다. 폭은 180km에 불과하고 남북의 길이는 4,000km에 달한다. 해양성기후로 연중 온화한 날씨이며, 여름의 뜨거운 태양과 안데스 산맥의 리마리강 계곡에서 발생하는 안개 등은 고급와인을 생산하기 좋은 조건이다. 또한 외부로 단절되어 있는 독특한 환경과 화산 토양 때문에 필록세라의 영향을 받지 않는 유일한 나라이다.

따라서 세계적으로 유일하게 필록세라의 피해를 입지 않은 포도로 와인을 만드는 나라이며, 유럽 고유의 와인품종이 남아 있어 1860년 이전의 고전 와인의 맛을 볼 수 있는 곳이다. 칠레의 자연환경은 일교차가 크고 안데스 산맥의 빙하에서 녹아내리는 청정수, 구리성분이 많아 병균에 강한 토양 등으로 포도재배에 매우 적합한 환경이다.

칠레 와인은 값싼 노동력을 바탕으로 품질 향상을 계속하여 미국, 유럽 등지로 계속 세력을 확장하고 있다. 1990년대부터 세계시장에 등장하여 생산량 대비 수출 점유율은 1위이고 와인 생산은 3위이다. 가격은 프랑스 와인에 비해 저렴하고 품질은 우수하다. 우리나라 음식에도 비교적 잘 맞아 칠레와 FTA협정 체결 이후 몇 년 사이에 칠레 와인 수입이 엄청난 속도로 증가하는 추세이다. 그 중심에 카베르네 소비뇽 품종인 몬테스 알파와 1865가 있다.

칠레는 미국과 마찬가지로 기후가 안정적이어서 유럽 와인에 비해 빈티지에 크게 영향을 받지 않는 것으로 알려져 있다. 칠레의 포도재배 지역은 4개의 권역, 13개의 지역, 소지역, 마을 단위로 점차 세분화된다.

(3) 칠레의 와인등급

와인 라벨에 표기되는 포도품종, 빈티지, 원산지(DO, Domaine of Origon)의 원료가 85% 사용되어야 하며 숙성기간에 따라 4가지로 표기하고 있다.

- 레제르바 에스페시알(Reserva Especial) 최소 2년 이상 숙성된 와인에 표기
- 레제르바(Reserva) 최소 4년 이상 숙성된 와인에 표기
- 그란 비노(Gran Vino) 최소 6년 이상 숙성된 와인에 표기
- 돈(Don) 아주 오래된 와이너리에서 생산된 고급와인에 표기
- Finas 정부에서 인정한 포도품종으로 만든 와인

(4) 주요 와인산지

❶ 리마리 밸리

칠레 와인 산지 중 가장 북쪽에 위치하고 있다. 해양성 기후지대로 연중 온화한 기후이며, 여름의 강렬한 태양, 안데스 산맥 유역의 리마리강 계곡에서 발생하는 안개로 인하여 우수한 고급와인이 생산되는 곳이다.

❷ 카사블랑카 밸리

산티아고 서쪽의 카사블랑카 강 유역에 위치한 작은 지역이다. 비교적 서늘한 기후조건을 갖고 있다.

❸ 아콩카과 밸리

세계적인 명산 안데스 산맥의 지산인 아콩카과 산에서 발원하여 태평양으로 흐르는 아콩카과 강 유역 산티아고 북쪽에 위치해 있다.

❹ 산안토니오 밸리

카사블랑카 밸리 남쪽에서 조금 떨어진 태평양 연안에 위치한 지역이다. 화이트 와인을 주로 생산하며 이곳의 와인은 가볍고 과일 향이 풍부하며 신선한 맛이 난다.

❺ 마이포 벨리

수도 산티아고 시를 중심으로 북쪽에서 남쪽으로 넓게 펼쳐져 있으며 19세기부터 와인이 생산되기 시작했고 전통적인 주요 양조장들이 많은 칠레 와인의 메카다. 전반적으로 칠레 와인은 유럽 와인의 영향을 받아 형성되었고, 그 기후 및 토양도 비슷하지만 자연조건은 유럽 와인에 비해 월등히 훌륭하며 때묻지 않고 맑은 영혼을 가진 어린아이의 눈망울 같은 모습을 하고 있다.

3) 호주

호주 와인의 역사는 영국인들이 호주를 식민지화시키는 18세기 말부터 시작되었다. 처음 포도나무를 심은 것은 1788년 필립 선장이 포도나무를 싣고와 시드니의 보타니컬가든인 팜 코브에 심으면서 호주의 와인역사는 고사하였다. 호주 포도재배의 아버지로 불리는 스코틀랜드 출신의 제임스 버스비가 1824년 프랑스 론 지방의 시라 등 678종을 가져와 뉴사우스웨일스 주의 헌터 밸리에 심었다. 이때부터 본격적인 포도재배가 시작되었고 1850년대에 골드러시가 시작되면서 영국을 주요 시장으로 하여 비약적인 발전을 이루었다. 주로 강화와인인 포트 와인, 셰리 와인 등이 생산되었다.

유럽 와인에 비해 많이 알려지지 않았는데 그 이유는 호주 국내에서 대부분 소비하고 수출에 적극적이지 않았기 때문이다. 최근 와이너리 투어를 통해 호주 와인이 조금 알려지기 시작했다.

① 뉴사우스웨일스(New South Wales)
② 빅토리아(Victoria)
③ 사우스 오스트레일리아(South Australia)
④ 웨스턴 오스트레일리아(Western Australia)

(1) 품종

프랑스 론 지역이 원산지인 시라(블렌딩종)가 호주에서는 주 포도품종으로 탈바꿈하였는데 호주에서 시라는 보석 같은 품종이다. 전 세계 시라 재배면적의 절반 이상을 차지한다. 레드 와인품종으론 카베르네 소비뇽, 메를로가, 화이트 와인품종으론 샤르도네, 세미용이 있다. 호주의 와인품종은 대부분 전형적인 유럽품종으로 이루어졌다.

(2) 지리적 위치 및 특징

호주는 세계에서 제일 작은 대륙이며 남반부에 위치해 있고 사면이 바다다. 호주의 북부와 중부 지역은 너무 덥고 건조하여 포도재배가 불가능하며, 주로 동남부 지역에서 재배가 이루어진다. 재배지의 기후는 미국의 캘리포니아와 유사한 해양성기후다.

호주의 제이콥스 크릭 와인은 우리나라에도 잘 알려져 있지만 세계 판매 1위 브랜드로 알려져 그 명성이 자자하다. 카셀라사의 옐로 테일은 대중적이고 친숙한 와인으로 2006년 미국 판매 1위를 기록했던 와인이며 노란 캥거루 그림 라벨이 있어 우리에게 친숙한 와인이다.

(3) 호주의 주 와인산지

- 빅토리아 주의 와인 생산지 : 야라 밸리, 굴번 밸리, 그레이트 웨스턴
- 뉴사우스웨일스 주의 와인 생산지 : 헌터 밸리, 머지, 리버리나
- 웨스턴오스트레일리아 주의 와인 생산지 : 스완 밸리, 마가렛 리버
- 사우스오스트레일리아 주의 와인 생산지 : 바로사 밸리, 쿠나와라, 클레어 밸리, 맥라렌 밸리, 패서웨이

* 호주와인의 아비지로 불리는 핸리 린더만은 호주와인의 개척자이다.

요점정리

❖ 구세계 국가의 와인등급 정리

프랑스	이탈리아	스페인	독일
AOC Appellation d'Origine Controlee	DOCG DOC e Garantita	DOC Denominacion de Origen Calificada	QmP Qualitaswein mit Pradikat
VDQS Vin Delimites de Qualite Superieure	DOC Denominazione di Origine Controllata	DO Denominacion de Origen	QbA Qualitaswein bestimmter Anbaugebiet
VDP Viv de Pays	IGT Indicazione Geografica Tipica	VDT Vino de Tierra	Landwein
VDT Vin de Table	VDT Vino de Tavola	VDM Vino de Mesa	Tafelwein

❖ 구세계 와인과 신세계 와인의 비교

	구세계 와인	신세계 와인
국가, 지역	프랑스, 이탈리아, 오스트리아, 독일, 포르투갈, 스페인(유럽국가)	미국, 오스트레일리아, 뉴질랜드, 남아메리카, 남아프리카공화국(비유럽국가)
규정	해당 지역별로 재배 가능한 품종, 재배 방식, 와인의 당도와 알코올 농도 등 다양한 자격요건을 충족시켜야만 그 지역의 와인으로 인정받을 수 있다.	최소한의 규정이 있을 뿐 포도재배 및 와인 생산 전반에 걸쳐 비교적 자유롭다.
등급	세분화된 등급제도가 있으며 프랑스의 A.O.C, 이탈리아의 D.O.C, D.O.C.G 등이 있다.	법으로 정해진 등급은 없지만 각 회사마다 숙성기간이 긴 와인에 자체적으로 만든 등급을 붙여주는 경우가 많다.
빈티지	날씨가 변덕스러워 해마다 일조량, 강수량 등의 차이가 많이 나게 되고 이러한 기후의 차이가 와인 맛에 큰 영향을 끼치므로 매우 중요하다.	매년 거의 일정한 날씨가 계속되므로 빈티지에 크게 구애받지 않는다.

	구세계 와인	신세계 와인
포도품종	지역별로 재배 가능하나 품종이 엄격히 제한되어 있으며, 대부분의 경우 두 가지 품종 이상을 블렌딩하여 복잡하고 다양한 맛을 낸다.	지역별로 엄격한 통제가 없으며, 유럽의 블렌딩 품종을 개발하여 단일품종으로 와인을 생산하기도 한다.
라벨	지역적 특성을 살린 와인을 추구하기 때문에 라벨에도 해당지역 이름과 와인 제조업체 이름, 빈티지 등을 우선적으로 표기한다.	지역보다는 포도품종별 특성을 우선시하기 때문에 포도품종, 제조업체 이름, 빈티지 등을 우선적으로 표기한다.

7 Chapter 와인과 건강

1절 와인과 건강

1) 와인의 성분

① 수분 : 80~90%

② 에틸알코올 성분 : 6.5~15%

과당, 포도당은 소량 함유되어 있다. 유기산류(주석산, 구연산, 사과산)+(호 박산, 초산, 젖산, 글리콜산), 카보닉 화합물, 미네랄 성분(칼륨, 칼슘, 마그네슘, 철분 등), 에스테르류, 질소화합물(단백질, 아미노산, 암모니아), 유황 화합물, 비타민, 인, 철분 등 인체에 유익한 성분이 다량 함유되어 있다. 와 인의 pH 농도는 보통 2.9~4.2, 특히 3.2~3.5가 이상적이며 알칼리성 식품 이다.

2) 와인의 알코올 함량

나라와 지역별로 와인 양조방법에 따라 알코올 함량은 조금씩 차이가 있다. 북 쪽으로 갈수록 알코올 도수가 상대적으로 낮은데, 그 이유는 추운 지역일수록 알코올 발효에 필요한 당분 함량이 낮기 때문이다. 하지만 독일의 아이스 와인이나 안데스 지역 와인의 알코올 도수가 높은 이유는 인위적으로 과당의 함량을 높였기 때문이다.

와인별 알코올 함량

· 스파클링 와인 : 5~6%
· 화이트 와인 : 9~14%
· 레드 와인 : 11~17%
· 주정강화 와인 : 17~23%

2절 와인이 신진대사에 미치는 영향

1) 와인의 영양소

(1) 폴리페놀

포도 껍질이나 씨에 많이 함유되어 있다.

① 세포의 노화와 손상을 초래하는 활성산소를 제거하는 항산화제 역할을 한다.

② 장혈관에서 좋은 작용을 하며 동맥경화의 원인인 콜레스테롤의 산화도 억제시켜 장 질환 발병의 위험을 줄여준다.

③ 레드 와인의 경우 1L당 1~3g, 화이트 와인에는 1L당 2g이 각각 함유되어 있다.

(2) 비타민

포도 자체에서 또는 와인의 숙성과정에서 생겨난 것이다.

① 리보플라빈, 니아신, 피리독신, 엽산, 비오틴, 티아민을 소량 포함한다.

② 와인은 지용성 비타민이나 비타민 C를 포함하지 않는다.

③ 적색 와인의 색소가 빛으로부터 비타민을 보호하기 때문에 레드 와인은 대부분 화이트 와인보다 더 많은 비타민 성분을 가지고 있다.

(3) 무기질

포도를 재배하는 데 이용된 흙의 구성성분이나 포도의 종류, 그리고 와인의 제조과정에서 생긴다.

- 나트륨을 함유하고 있는데, 이는 이뇨제나 염분 섭취를 제한하는 사람들이 와인을 마시는 데 도움을 준다.
- 칼슘, 구리, 철, 요오드, 마그네슘, 인, 아연을 함유하고 있다.
- 크롬과 실리콘 같은 미량원소를 많이 포함한다.
- 와인은 무기질 자체를 함유하고 있을 뿐 아니라 무기질 흡수도 돕는다.
- 철 결핍으로 생기는 빈혈증의 치료제로 쓰이고 채식주의자들에게도 좋은 음료가 된다.

❶ 심장병을 예방한다

와인은 혈관 확장제 역할을 하므로 협심증과 뇌졸중을 예방해 준다. 특히 레드 와인에는 혈관을 깨끗이 하는 HDL 콜레스테롤을 높여주고 동맥경화증을 일으키는 LDL 콜레스테롤을 줄여주는 역할을 해준다고 한다.

❷ 소화를 도와준다

와인은 소화를 촉진시키는 위장 액의 분비를 촉진시켜 소화가 잘 되도록 도와준다. 특히 와인의 주석산은 타액의 분비작용을 활성화하여 식욕을 돋우어준다. 어느 미국의 종합병원에서 환자용 급식에 와인을 포함시켰는데, 이는 식욕을 돋우고, 소화에 도움을 주며, 영양이 풍부하기 때문이다. 또한 식사 때 마시는 한두 잔의 와인은 알코올 욕구를 해소하고 절제와 세련됨을 불러일으키는 경향이 있어 폭음, 과음을 막는 데 도움이 된다.

❸ 항암작용을 한다

레드 와인에는 퀘르세틴이라는 항암성분이 함유되어 있는데, 이 성분이 체내에 흡수되면서 활성화된다. 또한 암 예방에 탁월한 갈산성분도 포함하고 있다.

❹ 편두통을 예방한다

레드 와인에는 창자 속에 있는 모든 종류의 박테리아를 제거해 주고 해독하는 역할을 하는 PST-P라는 효소가 있는데, 이 PST-P가 없으면 편두통이 생기는 것이다.

8

Chapter

와인 입문

올바른 와인 서비스를 하기 위해 서비스할 때 사용되는 와인의 기물에 대해 알아보자.

1절 와인 기물

1) 와인 오프너(Wine Opener)_스크루

① 소믈리에 나이프(전문가용) : 병따개, 와인의 상단부 주변에 있는 후드를 커팅할 수 있는 칼날, 지렛대의 힘을 이용해서 와인병을 여는 지레 및 스크루 등이 달려 있는 도구

② 스크루 풀(초보자용) : 초보자들에게 권할 만한 것으로 상부의 나사를 돌리는 것만으로도 마개를 뽑을 수 있는 오프너이다.

③ 윙 스크루/지렛대식(초보자용) : 지렛대의 원리를 이용한 레버식 스크루는 코르크에 스크루를 박아 넣으면 자동으로 올라오는 날개를 눌러 주기 때문에 쉽게 마개를 딸 수 있다.

④ 코르크 스크루(T자형) : 가장 간단한 도구이지만 오로지 힘으로만 마개를 따야 하기 때문에 전문가용이다.

⑤ 스파클링 와인의 경우 코르크 스크루가 필요하지 않다. 높은 기압을 유지하기 위해 병마개가 철사로 단단히 조여 있기 때문에 우선 조심스럽게 철사를 풀고 난 후 공기가 서서히 빠져나가도록 병을 45°로 기울여 코르크를 조금씩 위로 비틀면서 연다. 이때 주의할 점은 기압이 강하므로 급히 오픈할 경우 코르크 마개가 튀어 오르기도 하고 와인이 솟아나기 때문에 조심해서 공기를 빼는 것이다.

소믈리에 나이프

스크루 풀

윙 스크루

코르크 스크루

와인 오픈 방법

- 칼로 와인병목 또는 병목 상단부 0.3~0.5cm 아래의 호일을 조심스럽게 잘라 완전히 제거한다.
- 코르크 스크루의 끝을 코르크 마개 중앙에 맞추고 서서히 돌리면서 코르크길이의 4/5 정도까지 삽입한다.
- 병을 단단히 잡고 코르크를 천천히 뽑아낸다.(지렛대 원리를 이용하여) 오픈 시 병의 입구 주위에 더러워진 부분을 깨끗한 천으로 닦는다.

2) 와인 바스켓(Wine Basket)

Wine Cradle, Wine Basket, Pannier는 같은 뜻으로 레드 와인을 서브할 때 사용되는 와인을 뉘어 놓은 손잡이가 달린 바구니를 말한다. 현대인은 실버로 된 고급 바스켓도 많이 사용한다. 이는 이동할 때나 서비스하는 중에 와인

병이 흔들려 침전물이 발생하는 것을 막기 위해 만든 기물이다.

3) 와인 디캔터(Wine Decanter)

와인 디캔터는 와인의 침전물이나 앙금을 거를 때 사용하거나 짧은 시간에 와인의 향을 끌어내기 위해서 사용하는 기물이다. 디캔터에 침전물이 섞여 들어가는 것을 방지하기 위해서 와인병을 1~2시간 동안 세워 둔 후 디캔팅을 한다.

4) 와인쿨러(Wine Cooler)

와인의 상태를 시원하게 유지시킴으로써 화이트 와인이나 스파클링 와인, 로제 와인 등을 맛있게 마시기 위한 도구이다. 재질은 대부분 고급스러운 실버로 되어 있고 병목이 나올 정도로 물과 얼음을 채운다. 와인쿨러의 종류에는 주로 세 가지가 있다.

① 습식 : 얼음을 이용하여 와인을 차갑게 유지하는 형

② 건식 : 와인쿨러 자체를 차게 하여 와인을 넣거나 와인냉장고를 이용하는 형

③ 벨트형 : 건식과 비슷하나 벨트 모양으로 와인을 감싸서 차갑게 유지하는 형

와인쿨러(1)

와인쿨러(2)

5) 배큐엄 세이버(Vacuum Savor)

와인을 다 마시지 않고 남겼을 경우 산화현상이 빨리 일어나 식초로 변해 버린다. 이런 현상을 방지하기 위해 와인병 속의 공기를 제거하여 비교적 오랫동안 재보관할 수 있도록 하는 도구이다.

6) 샴페인 스토퍼(Champange Stopper)

마시다 남은 스파클링 와인의 탄산을 일시적으로 누출시키지 않기 위하여 병을 막아두는 기구이다.

7) 타스트뱅(Tastevin)

프랑스 부르고뉴에서 사용된 기물로 소믈리에가 와인을 테이스팅할 때 목에 걸고 다니며 주로 사용하는 기물이다. 프랑스어로 '와인의 색과 맛을 보기 위한 시음용 도구, 술맛 보는 사람'을 말한다. 고객에게 와인을 따르기 전 타스트뱅(Tastevin)에 조금 부어 와인의 색과 향, 맛과 온도 등을 알아보고 와인이 적당한지 아닌지를 확인할 때 사용한다.

2절 와인병의 역사와 종류

1) 와인병의 역사

저장용기가 다양하지 못하던 옛날에는 술을 가죽부대, 나무를 이용한 그릇이나 동물의 내장을 말려 만든 가죽가방에 담고 다녔다. 유목민들은 낙타 등허리에 가죽 부대를 매고 이동하면서 와인을 마셨다. 하지만 가죽부대는 오래 사용하면 상했으므로 흔히 새로운 각오를 다질 때 '새 술은 새 부대에' 라는 구절을 인용하는 것 같다. 그 이후 농경시대의 정착민들에 의해서 그릇이 발명되었다. 암포라라고 하는 흙으로 구운 항아리는 양쪽으로 손잡이가 붙어 있어 이동이 간편했는데 그 속에 와인을 담아 보관했다는 기록이 있다.

하지만 암포라는 흙으로 되어 있기 때문에 액체를 담으면 일정 시간이 지난 후에 액체가 새어나와 쉽게 상해 버렸다. 그런데 우연히 암포라 안쪽에 송진을 첨가한 회반죽을 발라보았더니, 와인이 새지도 않았고 오랜 기간 동안 저장과 보관을 할 수 있다는 것을 알게 되었다. 이로 인해 송진 첨가는 와인 제조에 있어 필수과정이 되었다.

오늘날의 유리그릇은 6000년경 페니키아에 의해 발견되어 지금의 형태로 발전하였다. 이렇게 와인 용기는 끊임없이 발전했다.

2) 와인병의 종류

와인병은 공식적인 규정은 없으므로 와인을 담는 병의 크기, 모양, 색깔 등은 각 생산지마다 그 지역의 특성에 따라 디자인하여 다양하게 만든다. 크게 보르도 풍의 와인병과 버건디풍의 와인병으로 나누어 생산한다. 일반적인 용량은 750ml 이다.

(1) 프랑스의 와인병

❶ 보르도 와인병 (그림)

중심부를 기준으로 공기층 밑의 양쪽 부분이 어깨 모양처럼 두툼하게 생겼고, 대표적인 곳은 보르도 지역이며, 스페인·칠레·미국 등이 영향을 받아 비슷한 모양을 하고 있다.

❷ 부르고뉴 와인병 (그림)

중심부를 기준으로 공기층 밑의 양쪽 부분이 약간 밑으로 처진 모양을 하고 있고, 론 지방이 대표적이다.

* 보르도와 부르고뉴의 병 모양 비교

구분	보르도	부르고뉴
병 모양	어깨가 있는 병 모양	매끄러운 곡선의 병 모양
스타일	카베르네 소비뇽, 메를로, 카베르네 프랑 등 여러 품종을 섞어 맛의 조화를 추구하기 때문에 여성적인 스타일	주로 피노 누아라는 품종만으로 포도주를 만들기 때문에 힘차고 개성이 강한 남성적인 스타일, 샤르도네이
등급	보르도 지역의 경우 샤토에 따라 등급 이 나눠짐	부르고뉴 지역은 밭에 따라 등급이 나 눠짐
색깔	어둡고 붉은 빛깔	밝은 루비색
맛	탄닌이 강하고 중후한 맛	과실 향이 강하고 상큼하며 부드러운 맛

보르도

부르고뉴

(2) 이탈리아의 와인병

이탈리아 와인병은 프랑스보다 병목이 긴 경향이 있고, 마직포나 짚으로 병을 감싼 유형의 제품도 있다.

(3) 독일의 와인병

라인강 유역의 와인병은 대체로 병목이 길고 가늘다. 짙은 초록색을 띠며 알자스와 라인가우 지역이 대표적이다.

3절 와인 글라스

와인의 매력인 색을 가장 잘 표현해 주고, 가치있게 해주는 것이 다양한 모양을 가진 와인 글라스다. 다양한 모양의 글라스는 단순히 분위기를 내기 위한 것만은 아니다. 우리 혀에서 혀 앞쪽은 단맛, 양 옆쪽은 신맛, 혀 뒤쪽은 쓴맛을 느끼는데, 와인 글라스의 구조에 따라 와인이 혀에 떨어지는 위치가 다르므로 미세한 맛의 차이가 날 수 있다. 와인 글라스는 와인 생산지역에 따라 모양이 조금씩 다르다.

와인 글라스의 일반적인 용량은 8~12온스다. 보르도 와인 글라스는 튤립 모양이고, 부르고뉴 와인 글라스는 아랫부분이 넓고 윗부분이 좁은 형태를 띤다. 체온이 와인에 전달되면 와인 본래의 맛을 즐기기 어렵기 때문에 글라스의 다리 길이는 글라스를 잡았을 때 글라스의 아랫부분과 윗부분이 손에 닿지 않아야 한다.

1) 레드 와인 글라스

(1) 보르도 레드 와인 글라스

레드 와인 잔은 화이트 와인 잔에 비해 조금 더 크며, 와인의 향기를 더욱 풍요롭게 느낄 수 있게 해준다. 보르도 잔은 전형적인 튤립형을 띠며, 프랑스 보르도 스타일의 와인처럼 부케 향이 강한 와인을 위해 만들어졌다. 탄닌의 텁텁함을 줄이고 과일향의 아로마와 조화를 이룰 수 있도록 잔의 경사각이 완만하다. 와인이 혀끝부터 입 안쪽으로 넓게 퍼질 수 있도록 입구 경사각이 작으며 볼은 넓다. 또한 와인이 숨쉴 수 있는 공간을 확보해 줌으로써 와인을 마실 때 입안으로 들어오는 순간 다양한 부케와 풍부한 아로마를 느낄 수 있다.

(2) 부르고뉴 레드 와인 글라스

부르고뉴 레드 와인 잔은 보르도 와인 잔에 비해 약간 짧고 뚱뚱하다. 그 이유는 섬세하고 미세한 단일품종의 부르고뉴 버건디 와인이나 이탈리아의 섬세한 와인들을 마셨을 때 처음 접촉되는 아로마와 부케를 미세하게 느끼기 위해서다. 볼(Bowl) 부분이 보르도 와인 잔에 비해 더 볼록하고 잔 입구로 갈수록 점점 좁아진다. 볼이 넓으면 공기와 접촉하는 와인의 면적이 넓어지므로 와인의 향을 더욱 풍부하게 맡을 수 있기 때문이다. 부르고뉴의 주요 포도품종인 피노 누아는 카베르네 소비뇽에 비해 탄닌이 적으나 신맛이 강하므로 와인 잔의 볼이 커야 하고, 좀 더 오랜 시간 향을 담기 위하여 잔의 경사각이 크다. 값이 싼 와인을 부르고뉴 잔에 넣었을 경우 향이 부족하게 느껴져 더 싸구려 와인처럼 느껴지는 경우가 많다.

2) 화이트 와인 글라스

화이트 와인 잔은 레드 와인 잔에 비해 작으며 차게 마시는 화이트 와인의 특성 때문에 온도의 민감한 부분이 있어 스팀부분을 길게 디자인한다. 화이트 와인의 산도와 상큼한 맛을 잘 느낄 수 있도록 레드 와인 잔보다 용량을 작게 만들며 혀 앞부분에 잘 닿도록 디자인되어 있다.

3) 셰리 와인 글라스

셰리 와인 잔은 화이트 와인 잔에 비해 용량이 더 적고 스팀 부분도 더 길쭉하게 발달되었으며 용량이 60~70ml이다. 셰리 와인이나 포트 와인을 마실 때 주로 사용하는 글라스이다.

4) 스파클링 와인 글라스

샴페인 잔은 일반적으로 정찬용과 건배용으로 구분된다. 스파클링 와인 잔은 길쭉한 튤립형을 띠며, 와인의 탄산이 오래 보존될 수 있고 거품이 올라오는 것을 잘 관찰할 수 있다. 고급 스파클링 와인일수록 잔 기포들이 길쭉한 와인 잔 속에서 끊임없이 솟아오른다. 입구는 좁고 잔의 높이가 높기 때문에 샴페인의 고운 기포를 감상하며 즐길 수 있게 디자인되어 있다.

5) 테이스팅용 글라스

테이스팅용 글라스는 비교적 좁고 튼튼하게 만들어졌으며 규격은 나라마다 차이가 있다. 일반적으로 글라스 아랫부분의 볼이 넓은 것이 좋다.

다양한 종류의 와인 글라스

9 Chapter 와인 상식

1절 와인 서비스

1) 와인을 마실 때의 기본 원칙

① 와인과 잘 어울리지 않는 음식

- 식초를 많이 사용한 드레싱이나 소스
- 설탕이 많이 사용된 음식
- 달걀요리
- 맛과 향이 자극적인 요리
- 매운 음식
- 국물이 많은 음식

② 단맛의 와인보다 드라이한 와인을 먼저 마신다.

③ 올드 와인보다 영 와인을 먼저 마신다.

④ 레드 와인보다 화이트 와인을 먼저 마신다.

⑤ 보디감이 높은 와인보다 보디감이 낮은 와인을 먼저 마신다.

⑥ 스파클링 와인은 식사 순서와 관계없이 마신다.

⑦ 가벼운 와인은 가벼운 음식과 잘 어울리고 무거운 와인은 무거운 음식과 잘 어울린다.

⑧ 그 지역의 와인은 그 지역의 음식과 잘 어울린다.

⑨ 여름철에는 화이트 와인이나 스파클링 와인과, 겨울철에는 레드 와인과 잘 어울린다.

⑩ 행사 성격 및 연령에 따라 와인을 선택하여 마신다.

2) 요리 코스별 와인과 조화

와인과 음식의 조화는 정답은 없고 해답만이 존재한다.(그 지역 와인과 그 지역 음식이 기본적으로 제일 잘 어울린다.)

(1) 전채요리와 샐러드

샐러드를 먹을 때 와인은 가급적 피하는 것이 좋다. 식초는 와인과 상극의 관계이기 때문이다. 전채요리에는 가벼운 화이트 와인 또는 자연 숙성된 레드 와인에 약간의 발포성이 더해진 와인이 잘 어울린다.

(2) 육류 스테이크와 로스트 비프 및 양고기

육류요리는 탄닌 성분이 많은 레드 와인이 잘 어울린다. 하지만 재료 및 소스의 사용법에 따라 와인 선택의 폭은 다양하다. 일반적으로 튀긴 고기요리에는 약간 강하고 알코올 성분이 있는 레드 와인이 좋고, 송아지고기나 닭고기처럼 살이 흰 육류에는 레드 와인보다 드라이한 화이트 와인이 어울린다. 붉은색 쇠고기와 양고기는 드라이한 레드 와인이 잘 어울리고 스테이크는 카베르네 소비뇽과 시라 등이 잘 어울리며, 부드러운 쇠고기 안심요리에는 피노 누아와 메를로를 추천 할만 하다.

(3) 해물류와 생선

생선은 일반적으로 드라이하거나 상쾌한 맛의 화이트 와인과 잘 어울린다. 생선의 조리방법 및 소스에 따라 어울리는 와인도 달라지는데, 우선 구운 생선요리에는 알코올 함량이 높고 2~3년 정도 숙성된 화이트 와인이 잘 어울리고 생선으로 만든 수프에는 화이트 와인보다 가벼운 레드 와인이나 로제 와인을 곁들이는 것이 좋다. 이는 수프가 따뜻한 성질을 가지고 있기 때문이다. 또 아주 가볍고 섬세한 맛의 생선류는 탄닌성분이 강한 카베르네와는 잘 어울리지 않는다. 붉은색 생선이나 어두운 색을 띠며 풍미가 강한 바닷가재, 가리비 종류의 요리는 화이트 와인과도 잘 어울리고 가벼운 레드 와인과도 잘 어울린다.

(4) 흰살 육류

닭고기와 송아지고기는 화이트 와인과의 조화가 이상적인데, 샤르도네와 피노 블랑이 잘 어울린다. 닭고기가 화이트 와인과 잘 어울리지만 그릴에서 구워진 경우나 무거운 소스를 첨가할 경우에는 레드 와인과도 아주 훌륭한 맛의 조화를 이룰 수 있다. 특히 과일 맛이 강한 진판델이나 메를로가 적당하다. 송아지와 닭고기는 흰살 고기이므로 모든 화이트 와인과 잘 어울리는 편이고 섬세하고도 풍부한 맛을 내는 버건디와 보졸레의 가벼운 레드 와인, 이탈리아의 돌체토 또는 발 포르첼라 와인과 잘 어울린다.

(5) 매운 맛의 음식들

일반적으로 매운 음식과 와인은 잘 어울리지 않지만 탄산성분이 들어있는 와인과는 비교적 잘 어울린다. 왜냐하면 매운 맛의 음식이 와인의 알코올 성분을 자극해서 입안이 타는 듯한 자극적인 맛을 상쇄해준다.

*유럽의 매운 맛과 한국의 매운 맛은 차이가 있으니 신중하게 결정해야 한다.

(6) 나라별 지역의 전통요리

와인이 생산되는 나라에서 나오는 음식은 그 나라에서 생산되는 와인과 마시는 것이 음식과 와인의 풍미를 더욱 짙게 할 수 있을 것이다. 즉 좋은 마리아주는 우리말의 신토불이에 해당된다.

(7) 채식주의 요리

채식주의 요리들은 와인과 궁합을 맞추기가 여간 까다롭지 않다. 대부분의 채소는 그 자체로만 만든 요리와는 잘 어울리지 않고 곁들임 요리를 할 경우에 와인과 더 잘 어울린다.

(8) 디저트

디저트 와인은 식사가 마무리되는 와인이므로 맛이 자극적이지 않은 것이 좋다.

2절 와인 저장 및 보관

1) 와인의 저장방법

자연발효주인 와인은 증류주에 비해 물성이 약하므로 온도의 변화, 습도의 부족, 진동 등에 취약하다. 온도가 너무 높거나 변화가 심하든지 습도가 부족하거나 진동이 많으면, 와인은 성장이 비정상적으로 촉진되어 상하는 경우가 많다(콜키현상). 와인을 보관하기 좋은 장소는 지하창고 또는 와인셀러를 이용하는데 주로 대량의 와인을 생산할 경우에는 천연지하실에 습도기와 온도기를 설치하여 보관한다. 와인을 보관하는 최적의 온도는 10~18℃ 정도이며 와인의 품종과 종류에 따라 보관방법이 조금씩 다르다. 그리고 진동, 소음, 명암에도 예민하므로 저장환경이 매우 중요하다. 보관 시에는 가급적 확인하기 쉽게 라벨이 위로 올라 가게 누인 채로 보관한다.

와인 보관 시 주의점

· 온도를 일정하게 유지한다.
· 직사광선을 피한다.
· 흔들리지 않아야 한다.
· 소음이 없어야 한다.
· 병을 옆으로 뉘어 코르크가 항상 젖어 있게 보관해야 한다.
· 부패방지를 위해 형광물질이 있는 곳에 두지 않는다.
· 냄새가 강하고 자극적인 물질을 피한다.
· 습도는 70~80% 정도로 유지한다.
· 강한 전구를 사용하지 않는다.
· 와인 라벨이 위로 오게 저장한다.
· 겨울잠을 자는 동물들의 조건과 유사하다.

2) 와인의 서비스온도와 보관온도

와인은 품종과 종류에 따라 보관온도와 마시는 온도에 조금씩 차이가 있다. 보통 레드 와인은 실온에서, 화이트 와인과 샴페인 및 로제 와인은 차게 해서 마시는데, 저장온도는 10~18℃ 사이이고, 서비스 시의 온도는 화이트 와인은 10℃, 레드 와인은 실내온도 16~18℃를 유지하는 것이 좋다. 온도가 너무 낮으면 와인의 풍미의 밸런스가 깨지고, 너무 높으면 갈색으로 변색되며, 신선한 아로마도 줄어든다. 일반적으로 온도가 높으면 향 발산은 좋지만 와인을 너무 높은 온도에서 마시면 전체적인 균형이 맞지 않다. 특히 실내에서 와인은 약 30분에 2~4℃ 정도씩 높아지므로 주의해야 한다. 보통 와인을 서비스할 경우 와인 저장고에서 마시기 3~4시간 전에 카바라는 와인을 워밍업 시키는 방에 일시 보관하였다가 식탁에 가져온다.

* CAVA : 대저택의 지하 와인저장고 앞에 있는 작은 방을 뜻하며 우리

나라의 곡식보관용 광하고 비슷한 기능을 가지고 있다.

* 와인 보관온도 및 서비스온도

와인의 종류	서비스온도	보관온도
단맛이 강한 화이트 와인	10~12℃	8~10℃
드라이한 화이트 와인	9~11℃	7~9℃
약한 화이트 와인	9~11℃	7~9℃
로제 와인	9~11℃	7~9℃
레드 샴페인(스파클링)	7~10℃	5~8℃
숙성 레드 와인	16~20℃	14~18℃
중간 레드 와인	13~16℃	11~14℃
가벼운 레드 와인	10~14℃	8~12℃
셰리 와인	10℃	8℃
화이트 로제 샴페인(스파클링)	6~8℃	4~6℃

3절 와인 테이스팅

1) 와인 테이스팅을 하는 이유

레스토랑 또는 바에서 고객이 와인을 주문할 경우 자신이 주문한 와인을 테이스팅하게 되는데, 와인을 테이스팅하는 이유는 자신이 주문한 와인의 맛이 맞는지 확인 후 와인을 마실지, 아니면 다른 와인으로 교체할지 결정하기 때문이다. 와인의 개봉 후 코르크의 상태를 우선적으로 확인하는데 이는 와인의 상태를 알아보기 위함이다. 주문한 와인에 이상이 있는지를 살펴보기 위해 테이스팅을 한다.

2) 와인 테이스팅 순서

포도가 성장하는 동안의 기후나 기타 환경요인에 따라 와인의 품질은 많은 영향을 받는다. 와인 테이스팅 순서는 드라이한 와인에서 스위트한 와인으로, 숙성된 것에서 덜 숙성된 것에서 오래된 것으로, 화이트에서 레드로 한다.

(1) 색(Appearance)

와인의 색이 깨끗하고 선명한지 살펴본다. 하얀 종이를 뒤에 대봤을 때 와인의 색깔이 선명하고 깨끗한 것일수록 좋은 와인이다. 레드 와인은 시간이 지날수록 색이 엷어진다.

(2) 향(Bouquet)

와인의 향기는 품질을 나타낸다. 은은하고 향기로운 향이 좋은 와인이며 향기가 좋지 않은 와인은 보관의 실수에 의해 산패되었을 가능성이 높다.

(3) 맛(Taste)

혀끝으로 와인을 굴리면서 음미해 본다. 당도와 산도, 밀도 등의 미묘한 맛이 입안에서 감지된다. 화이트 와인은 입을 오므리게 할 정도면 산도가 많고 레드 와인은 탄닌성분 때문에 쌉쌀한 맛이 난다. 훌륭한 레드 와인은 부드러운 맛이 나는데 그 촉감을 입에서 느낄 수 있다.

(4) 뒷맛(Finish)

와인을 삼킨 후 목 안을 타고 내려간 와인이 입안에 남아 있는 맛과 코에 남아 있는 향기로 종합해서 느낌을 생각해 보는 것이다. 맛과 향이 오래 남을수록 좋은 와인으로 평가된다.

3) 와인 테이스팅 가이드

(1) 색(Sight)

① 선명도(clarity) : 탁한(cloudy), 조금 탁한(bitty), 흐린(dull), 맑음(clear), 아주 맑음(brilliant)

② 색도(depth of color) : 묽은(watery), 엷은(pale), 중간(medium), 진한 (deep), 아주 진한(dark)

③ 색(color) : White Wine - 초록빛을 띤(green tinge), 담황색(pale yellow), 황금색(gold brown)

④ 색감(viscosity) : 약한 발포성(slight sparkle), 묽음(watery), 보통(normal), 진한(heavy), 기름기가 있는(oily)

(2) 향(Smell)

① 전반적인 향(general appeal) : 천연향(natural), 맑은 향(clean), 매력적인 향(attractive), 특출한 향(outstanding)

② 과일 향(fruit aroma) : 전혀 없음(none), 기분 좋은 향(pleasant), 복잡 미묘한 향(complex), 강렬한 향(powerful)

(3) 맛(Taste)

① 당도(sweetness) : White Wine - 아주 드라이(bone dry), 드라이(dry), 미디엄 드라이(medium dry), 미디엄 스위트(medium sweet), 매우 스위트 (very sweet)

② 탄닌(Tannin) : Red Wine - 떫은(astringent), 하드(hard), 드라이(dry), 소프트(soft)

③ 산도(acidity) : 산도가 없음(flat), 상쾌한(refreshing), 좋은(marked), 시큼한(tart)

④ 밀도(body) : 가볍고 엷은(very light & thin), 가벼운(light), 미디엄(medium), 진한(full Bodied), 아주 진한(heavy)

4) 와인 숙성에 따른 테이스팅

(1) 와인의 적정 숙성기간

『월스트리트 저널』의 최근기사에 따르면, 대부분의 사람이 특별한 날을 위해 와인 2~3병을 몇 년씩 아껴둔다고 한다. 하지만 그것은 그리 좋은 생각은 아니다. 레드 와인, 화이트 와인, 로제 와인을 비롯한 모든 와인의 90% 이상은 1년 안에 마셔야 한다. 아래는 최상의 해에 최상의 생산자가 만든 와인 숙성에 대한 가이드라인이다.

❶ 화이트 와인

- 캘리포니아산 샤르도네 : 3~8년 이상
- 프랑스 부르고뉴산 화이트 와인 : 2~10년 이상
- 독일산 리슬링 : 3~30년 이상(아우스레제, 베렌아우스레제, 트로켄베렌아 우스레제)

- 프랑스산 소테른 : 3~30년 이상

❷ 레드 와인

- 보르도산 샤토 와인 : 5~30년 이상
- 캘리포니아산 카베르네 소비뇽 : 3~15년 이상
- 아르헨티나산 말벡 : 3~15년 이상
- 바롤로 및 바르바레스코 : 5~25년 이상
- 브루넬로 디 몬탈치노 : 3~15년 이상
- 키안티 클라시코 리세르바 : 3~10년 이상
- 스페인 리오하 와인(그란 레세르바) : 5~20년 이상
- 에르미타주/시라 : 5~25년 이상
- 캘리포니아산 진판델 : 5~15년 이상
- 캘리포니아산 메를로 : 2~10년 이상
- 캘리포니아/오리건산 피노 누아 : 2~5년 이상
- 프랑스 부르고뉴산 레드 와인 : 3~8년 이상
- 빈티지 포트 와인 : 10~40년 이상

4절 와인과 상식

1) 와인 오픈방법

① 칼로 와인병목의 호일을 조심스럽게 잘라 완전히 제거한다.

② 코르크 스크루 끝을 코르크 마개 정중앙에 맞추고 코르크 마개의 거의 끝부분까지 천천히 돌려가며 삽입한다.

③ 병을 꼭 잡고 코르크를 천천히 뽑아낸다.

④ 병의 입구를 깨끗한 천으로 닦는다.

2) 와인 잔을 닦는 방법

일반 영업집에서는 와인 잔을 식기 세척기에 넣어 세척한다. 가급적 와인 전용 세척기를 사용하는 것이 바람직하다. 그런데 세제로 와인 잔을 닦으면 우수한 와인의 맛을 버릴 수 있으므로 고급와인이나 특별한 와인을 테이스팅할 경우에 와인 잔들은 세척기에 넣지 않으며 비누나 세제를 쓰지 않고 손으로 직접 닦는다. 그리고 유리잔은 냄새에 민감하기 때문에 음식물이 있거나 향이 강한 곳에서 말리지 않고 랙(rack)에 걸어 쾌적한 장소에서 건조시킨다.

3) 알아두면 좋은 와인 상식

❶ 서빙 직원이 와인을 가져오면 가장 먼저 할 일은 주문한 와인이 맞는지, 빈티지가 맞는지 확인하는 것이다.

❷ 와인을 퇴짜 놓는 경우

- 와인의 보관상태가 좋지 못해 생기는 현상으로 산화되었을 경우
- 코르키 현상 라벨이나 병에 이상이 있을 경우
- 와인이 음용의 절정기를 지나 과일 향과 맛을 잃은 경우
- 와인의 보관상태가 좋지 않아 코르크가 심하게 말랐을 경우

❸ 와인을 빠른 시간에 차갑게 하는 방법

와인 쿨러에 얼음과 물, 소금을 채워 화이트 와인을 넣어두면 10분 안에 차가워진다.

❹ 와인 글라스를 돌리는 이유

와인이 적당히 담긴 와인 글라스를 돌리면, 와인이 글라스 벽면에 얇은 막을 형성하게 되는데, 이것을 와인의 눈물(와인 티어)이라 부른다. 글라스를 돌리는 이유는 와인의 증발을 촉진하여 와인의 향을 진하게 하기 위해서이다.

❺ 집에서 와인을 보관할 경우

일반적으로 와인 셀러는 고가이므로 온도와 습도 유지가 잘되고 모터 소리가 비교적 적은 우리나라의 김치냉장고를 구입하여 보관한다.

코르키 와인(Corky Wine)

와인에서 케케묵은 신문지 향이 나는 경우를 말한다. 코르크 제조 과정에서 미세한 곰팡이가 붙어 있다가 와인에 코르크향을 전달하는 문제인데, 레스토랑에서 이런 와인을 만나면 거절한다.

4) 샤또 와인이란?

프랑스어로 성을 뜻하며, 와인 용어로는 포도원을 말한다. 프랑스 보르도 지방의 고급 와인은 대부분 샤또에서 생산되며 라벨에 'Mis En Bouteilles Au Chateau' 샤또에서 생산, 병입했다.라는 표시가 되어 있다.

5) 빈티지(Vintage)란?

포도를 수확한 연도

6) 네고시앙

각기 다른 포도원과 양조장에서 와인을 구입하여 병입 하여 유통을 담당하는 중개상을 말한다.

7) 주요 와인 용어

① Clos : 고급포도원

② Cru: 질 좋은 포도농원에서 생산되는 와인

③ Vino Bianco : 백포도주

④ Abboccato : 약간 달콤한 맛

8) 프랑스 보르드의 61개 Cru중 1등급와인 생산지 5곳

① 샤또 라투르

② 샤또 라피드 로칠드

③ 사또 무똥로췰드

④ 샤또 마고

⑤ 샤또 오브리옹

9) 와인을 보관할 때 주의할 점

① 온도 변화가 없어야 한다.

② 햇빛이 차단되어야 한다.

③ 습도가 유지 되어야 한다.

④ 진동이 없어야 된다.

⑤ 수평이 유지되어야 한다.

10) 각 와인의 보관온도

① 샴페인, 발포성 와인, 스파클링 와인의 보관 온도는 (5~6℃)

② 화이트 와인의 보관 온도는 (7~8℃)

③ 가벼운 맛의 레드 와인, 로제 와인의 보관 온도는 (8~9℃)

④ 중간 정도의 레드 와인의 보관 온도는 (11~12℃)

⑤ 무겁고 중후한 맛이 나는 레드 와인의 보관 온도는 (16~17℃)

11) 와인 리스트 작성 시 리스트의 분류법 8가지

① 국가별 분류

② 종류별 분류

③ 품종별 분류

④ 등급별 분류

⑤ 용도별 분류

⑥ 테이스팅별 분류

⑦ 숙성별 분류

⑧ 양조 특성별 분류

12) 아이스 와인과 귀부와인의 차이점

① 아이스와인은 늦가을, 추울 때 수확한 포도 사용함

② 귀부와인은 안개로 인한 꼬투리 부분 곰팡이 균에 의해 자연건조 되며 당도가 높을 때 수확한 포도 사용함

13) 와인에 대한 맛과 향을 표현한 전문 용어설명

포도 자체가 가지고 있는 모든 향을 아로마라 칭하고, 와인이 숙성 되면서 형성되는 모든 향과 맛을 부케라 한다.

14) 알아두어야 할 레드 와인의 포도 품종과 원산지, 지역명

① Cabernet Sauvignon : 프랑스 메독지방

② Merlot : 프랑스 보르도 지방

③ Cabernet Franc : 프랑스 보르도 지방

④ Malbec : 프랑스 보르도 지방

⑤ Pinot Noir : 프랑스 버건디 지방

⑥ Syrah : 프랑스 론 지방

⑦ Grenache : 스페인

⑧ Sanggiovese : 이태리 토스카나 지방

⑨ Nebbiolo : 이태리 피에몬테

⑩ Zinfandel : 이태리 남부 지방

⑪ Gamay Noir a jus Blanc : 프랑스 보졸레 지방

⑫ Carmenere : 프랑스 보르도 지방

⑬ Tannat : 프랑스 마디랑 지방

⑭ Tempranillo : 스페인 리오하 지방

15) 장소와 시간에 따라 와인을 선택 할 때

와인을 선택 할 때 아침에는 화이트 와인, 저녁에는 레드 와인을 선택하면 좋다.

16) 식사 시 테이블 매너로 와인을 거절할 때 올바른 방법은?

와인글라스위에 가볍게 손을 얹는다.

17) 까브(cave)란?

사전적 의미는 동굴이지만 중세 유럽의 와인 저장실로 많이 사용되었기 때문에 와인을 보관하는 지하실 방을 의미하기도 한다.

18) 만찬 시 음식과 와인의 선택 중 와인이 먼저 선택되는 경우

① 와인 메이커의 디너행사

② 값 비싸고 귀한 와인을 시험 할 경우

③ 와인 동호회 시음 시

④ 비즈니스 관련 식사 시

⑤ 한 종류의 와인으로 식사 시

⑥ 와인 관련 행사 시

19) 와인 테스팅 총체적 평가 시 사용하는 와인전문 용어

① Outstanding : 탁월함

② Finesse : 미묘한

③ Rich : 풍요한

④ Delicate : 섬세한

⑤ Fine : 뛰어남

20) 샤또 무똥 로칠드

프랑스 보르드 5대 샤또 와인 중 2등급와인에서 1등급와인으로 승격한 와인이다.

Part 2

와인과 음식의 조화

Chapter

1 와인 입문

1) 잎채소(Leaf vegetable)
2) 열매채소(Fruit vegetable)
3) 뿌리채소(Root vegetable)
4) 버섯류(Mushrooms)
5) 콩류(Beans)
6) 달걀(Eggs)
7) 유제품(Milk products)
8) 등푸른 생선(External blue fish)
9) 흰살 생선(White flesh fish)
10) 붉은살 생선(Red flesh fish)
11) 어패류(Shell fish)
12) 갑각류(Crustacea)
13) 닭고기(Chicken)
14) 양고기(Mutton)
15) 돼지고기(Pork)
16) 쇠고기(Beef)

1) 잎채소(Leaf vegetable)

잎채소는 요리할 때 부재료로 같이 써서 주 요리의 맛을 극대화 시키는데 주로 사용하며, 개성 있는 음식을 만들기 때문에 여러 종류의 와인과 잘 어울리는 재료다.

채소를 분류하는 한 방법의 항목으로 배추, 상추, 시금치, 라디키오, 루콜라, 펜넬, 로메인 등이 있으며 잎을 이용하여 요리하는 채소의 총칭이다. 다른 요리의 곁들임 요리와 샐러드류 등에 주로 사용되며 가벼운 화이트 와인이나 가벼운 레드 와인과 잘 어울리는 경향이 있다. 샐러드류인 쓴맛이 강하지 않은 잎채소는 가벼운 화이트 와인 계열의 피노 그리지오 그리고 샌드위치나 피자에 쓰일 경우 이탈리아 와인인 프레스카티나 무스카토와 잘 어울린다.

2) 열매채소(Fruit vegetable)

열매채소는 수분과 당분을 많이 함유하고 있기 때문에 와인 과 잘 어울린다. 또한 말리거나 절였을 경우 향이 농축되어 채소만으로도 훌륭한 요리가 된다.

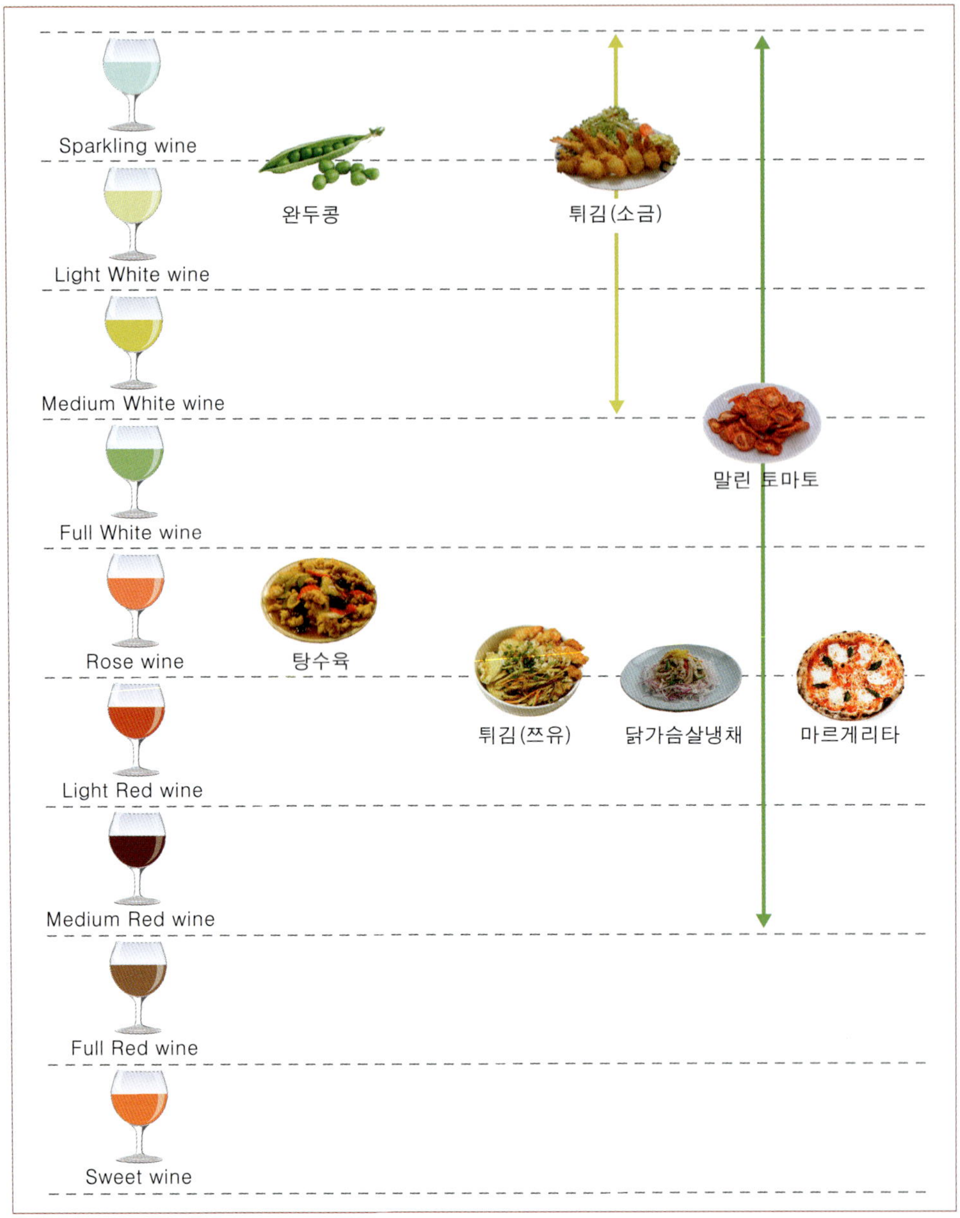

생식기관인 열매를 식용하는 채소들로서 오이, 호박, 참외 등의 박과(科) 채소, 고추, 토마토, 가지 등의 가지과 채소, 완두, 강낭콩 등의 콩과 채소와 이밖에 딸기, 옥수수 등이 이에 속한다. 위와 같이 참외, 수박, 토마토, 멜론, 딸기 등은 과일로 생각하기 쉬운데 이것들이 바로 채소 중 과채류(과일 같은 채소)들이다.

3) 뿌리채소(Root vegetable)

뿌리채소는 땅속의 각종 영양소와 미네랄을 끌어올려 와인과의 다양한 조합을 이루어내는 채소다.

식물의 잎, 뿌리, 씨앗, 줄기 등에서 얻는 영양가 있는 식품. 채소라고도 한다. 원예학자들은 한, 두해살이풀에서 얻는 것은 채소, 여러해살이풀과 나무에서 얻는 열매는 과일로 구분한다. 채소류는 특히 비타민이 풍부한 식품이다. 먹는 부분에 따라 크게 잎채소류, 줄기채소류, 뿌리채소류, 열매채소류로 나뉜다. 잎 부분을 먹는 잎채소류에는 배추, 양배추, 시금치, 쑥갓 등이 있으며, 이러한 채소들 에는 칼슘과 철분이 많다. 줄기채소류에는 양파, 파, 아스파라거스, 죽순, 셀러리 등이 있는데 파와 셀러리를 제외하고는 비타민이 거의 들어있지 않다. 뿌리채소류에는 무, 당근, 감자, 고구마 등이 있는데 당근에는 특히 비타민 A가 풍부하다. 열매채소에는 호박, 오이, 토마토, 수박, 딸기, 참외, 가지 등이 있다.

4) 버섯류(Mushrooms)

산야의 풍미를 가득 품은 버섯은 화이트 와인과 치즈, 올리브오일, 크림 등을 첨가하여 요리할 때 풍부한 맛을 낼 수 있다.

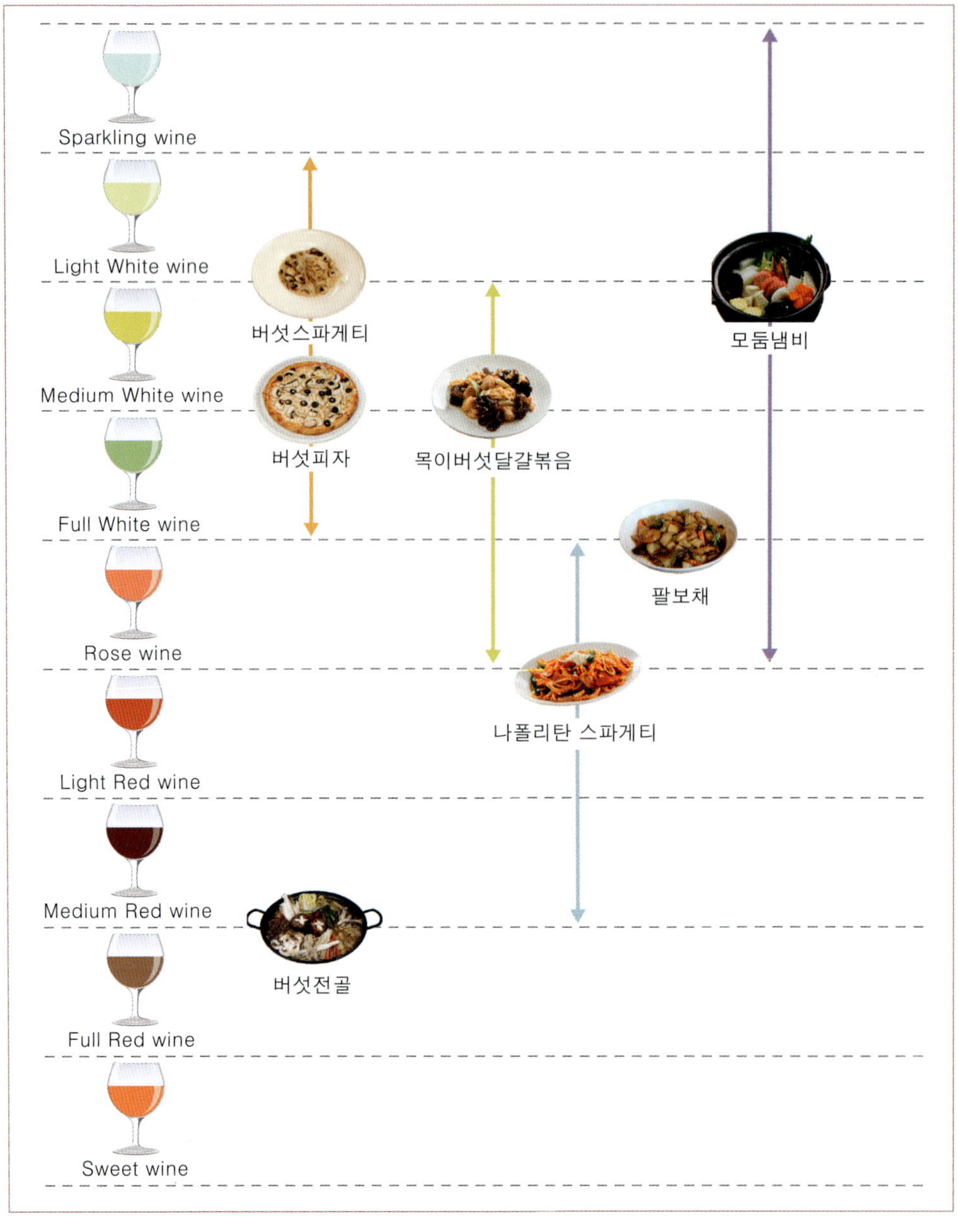

산야에 널려 여러 가지 빛깔과 모양으로 발생하는 버섯들은 갑자기 나타났다가 쉽게 사라지기 때문에 옛날부터 사람의 눈길을 끌어 고대 사람들은 땅을 비옥하게 하는 '대지의 음식물(the provender of mother earth)' 또는 '요정의 화신'으로 생각하였으며 수많은 민속학적 전설이 남아 있다. 또한 버섯은 그 독특한 향미로 널리 식용되거나 약용되는가 하면 목숨을 앗아가는 독버섯으로 두려움을 받기도 하였다. 고대 그리스와 로마인들은 버섯의 맛을 즐겨 '신(神)의 식품'이라 극찬하였다고 하며, 중국인들은 불로장수의 영약으로 진중하게 이용하여 왔다.

5) 콩류(Beans)

콩류로 만든 요리는 다양하며 다른 식품군과 어울려 다양한 맛을 연출 한다. 특히 우리나라 음식에서 와인과 어우러지면 다른 채소에 비해 최상의 맛을 연출할 수 있다.

콩은 야생의 들콩(덩굴콩)으로부터 재배작물로 발달하였다. 중국 동북지방에서 야생콩과 콩의 중간형이 재배되고 이들의 변이형의 분포로 볼 때, 원산지는 중국 동북지방에서 화베이(華北)에 걸친 지역으로 추정된다. 중국에서는 오곡의 하나로 4000년 전부터 재배되었으며, 우리나라에서는 삼국시대 초기(BC 1세 기 초)부터 재배되었다는 기록이 있다.

6) 달걀(Eggs)

달걀요리는 일반적으로 와인과 잘 어울리지 않는 것으로 알려져 있지만 어떻게 요리하느냐에 따라 와인과 다양하게 어울릴 수 있다.

- 에그타르트 : 리슬링, 메를로와 잘 어울린다.
- 달걀요리 : 점착성의 끈적끈적한 달걀은 와인과 상극이다.

7) 유제품(Milk products)

와인과 유제품은 와인과 최상의 하모니를 이룰 수 있는 조합이다. 특히 유제품으로 만든 치즈야말로 와인에서 환상적인 상호작용을 한다.

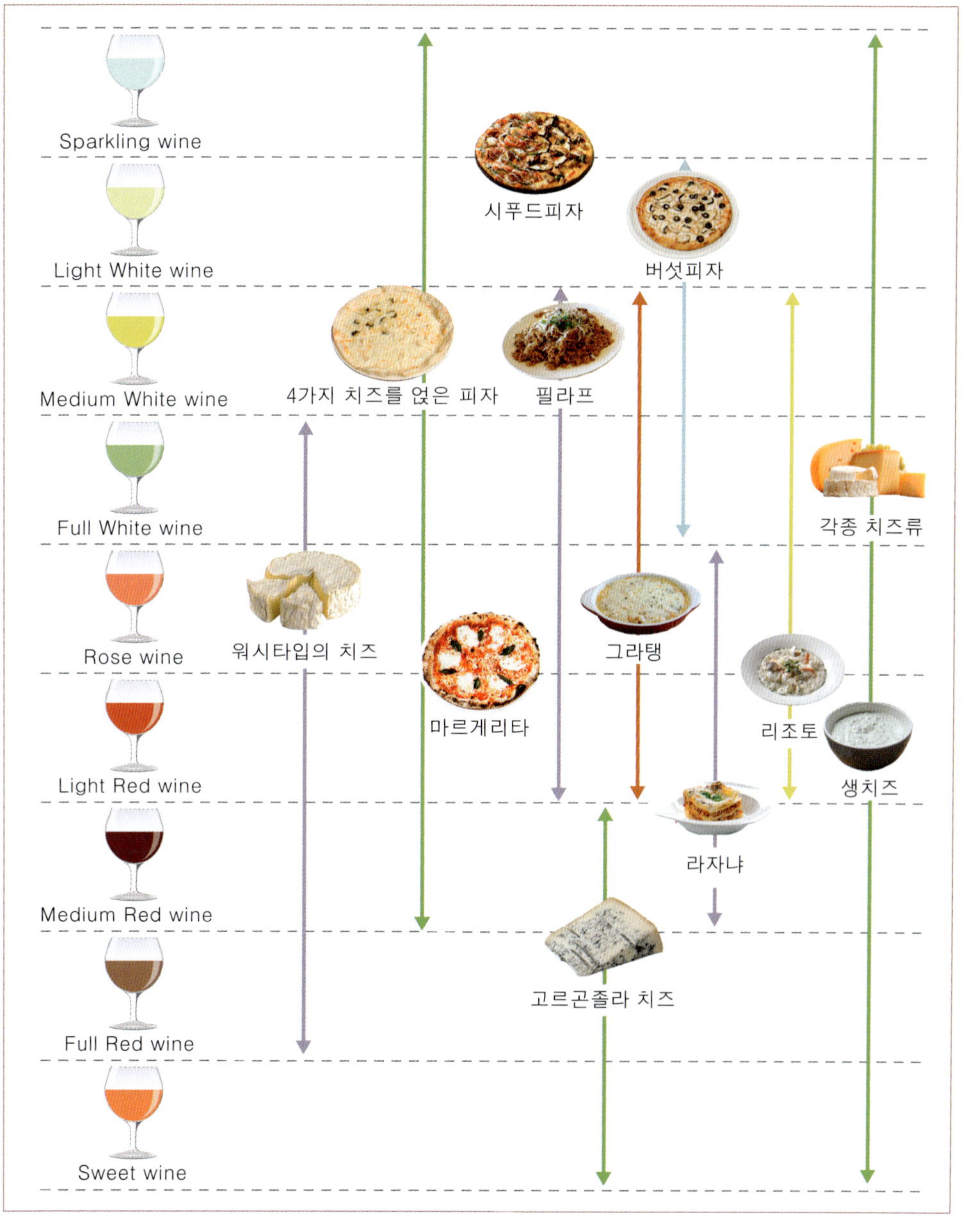

유제품인 치즈와 와인은 환상적인 상호작용을 한다. '치즈는 음식 중의 최고이며, 와인은 음료 중의 최고다'(Patience Gray, 1957). 서양에서 치즈와 와인은 뗄 수 없는 관계였는데 이는 기원전 2950년경 고대 이집트의 왕이었던 메네스의 무덤에서 말라버린 치즈 덩어리와 흙으로 빚은 와인 주전자(추정)를 발견한 것에서도 알 수 있을 정도로 과거에도 치즈와 와인은 환상적인 궁합이었을 것이다. 이들의 공통점은 발효과정을 거쳐 만든 음식이며 시간이 지남에 따라 계속해서 변화하는 맛을 내는 신의 선물이라는 것이다. 특정 지역의 잘 발효된 치즈와 어울리는 와인을 선택할 때 고민하는 경우가 많다. 참고할 수 있는 치즈의 기본적인 맛과, 치즈와 와인의 마리아주에 대해 알아보자.

❶ 치즈와 어울리는 음식

- 단맛의 치즈 : 와인의 신맛과 쓴맛, 강렬한 맛을 덜 느끼게 한다.
- 신맛의 치즈 : 와인의 맛을 더욱 풍요롭게 해주며, 내재되어 있는 과일 향을 일깨워준다.
- 짠맛의 치즈 : 와인의 쓴맛 또는 신맛과 대응되는 맛으로, 신맛과 마찬가지 로 와인에 내재되어 있는 향을 극대화해 준다.
- 감칠맛의 치즈 : 와인의 쓴맛을 극대화시켜 주는 맛으로, 일반적으로 숙성 기간이 긴 치즈의 경우 감칠맛이 풍부하다.

❷ 치즈 종류에 따른 추천 와인

- 신선한 치즈와 잘 어울리는 와인 : 라이트~미디엄 바디의 이탈리아 화이트 와인이 주로 잘 어울리며 프레스카티, 오르비에토, 소아베, 피노 그리, 리슬링 등이 있다. 라이트 바디의 레드 와인인 람브루스코, 보졸레, 로제 와인 등이 있으며 레드 와인이지만 차게 먹을 수 있다. 흰 곰팡이 연질치즈와 잘 어울리는 와인 : 라이트~미디엄 바디의 레드 와인

인 가메, 피노 누아, 스파클링 와인 등이 있으며 피자류와 잘 어울리기도 한다.

- 껍질을 닦은 연질치즈와 잘 어울리는 와인 : 주로 프랑스산 화이트 와인과 잘 어울리며 리슬링, 뮈스카, 비오니에, 토카이 등이 있으며 치즈를 녹여서 만드는 요리와 잘 어울리기도 한다.
- 비가열 압착치즈와 잘 어울리는 와인 : 미디엄~풀 바디의 화이트 와인인 샤르도네, 리슬링, 토카이 또는 라이트~미디엄 바디의 레드 와인 가메, 피노 누아, 시라 등이 있으며 스파이스, 허브를 첨가한 요리와 잘 어울린다.
- 가열 압착치즈와 잘 어울리는 와인 : 스파클링 와인, 풀 바디의 레드 와인인 브루넬로 디 몬탈치노, 바르바레스코, 바롤로, 카베르네 소비뇽, 메를로, 진판델 등이 있으며 메인요리와 잘 어울린다.
- 블루치즈와 잘 어울리는 와인 : 과일향이 풍부한 화이트 와인인 슈냉 블랑, 게뷔르츠트라미너, 리슬링 등이 있으며 주로 산악지역 및 서늘한 지방의 요리와 잘 어울린다.
- 염소치즈와 잘 어울리는 와인 : 라이트 바디의 화이트 와인인 소비뇽 블랑, 슈냉 블랑, 샤르도네 등이 있으며 서늘한 지방의 요리와 잘 어울린다.

8) 등푸른 생선(External blue fish)

등푸른 생선은 다른 생선에 비해 지방질 함량이 높고 담백해서 요리에 따라 화이트 와인에서 레드 와인까지 다양하게 선택할 수 있다.

어류는 자신을 보호하기 위해 보호색을 가진다. 등푸른 생선이라 불리는 청어·정어리·고등어·전갱이 등은 하늘에서 공격하는 새떼들이 내려다볼 때 바다색과 비슷하게 보이도록 보호색인 등을 푸르게 한다. 바다 속 포식자가 올려다 볼 때는 수면의 색과 비슷하게 보이기 위해 배 부분이 흰빛이 나도록 진화되었다. 이들 등푸른 생선은 우리나라 근해에서 대량으로 포획되기에 예로부터 서민들에게 사랑받는 어종이다. 양질의 단백질과 EPA, DHA 등의 불포화지방산과 각종 영양소가 풍부하게 들어 있어 노화방지와 성인병 예방에 탁월함이 밝혀지면서 최근에는 웰빙식품으로 각광받게 되었다. 기름진 생선이라 레드와인과 잘 어울린다.

9) 흰살 생선(White flesh fish)

담백한 맛이 나는 흰살 생선은 화이트 와인과 환상적인 콤비를 이룬다.

육질이 백색을 띠고 있는 도미, 농어, 넙치, 가자미, 대구, 명태, 복어 등을 흰살 생선이라고 한다. 흰살 생선은 붉은살 생선과 비교하여 근육 단백질의 조성이 다르고 근형질 단백질 함량이 낮다. 또한 지방질의 함량이 낮고 간지방질의 함량이 높은 것이 많다. 일반적으로 붉은살 생선의 어육에 비하여 담백한 맛을 보인다. 샤르도네가 잘 어울린다.

10) 붉은살 생선(Red flesh fish)

붉은살 생선은 화이트 와인보다 원숙한 향과 신맛이 잘 표현된 레드 와인과 더 잘 어울리는 경우가 있다.

붉은살 생선은 근육색소와 혈색소를 다량 함유하여 적색육을 갖는 생선을 말한다. 다랑어, 가다랑어, 참치, 숭어 등을 말하며 연어는 살이 빨갛지만 근육색소가 아니고 적색의 카로티노이드를 포함하기 때문이며 고기의 성질은 근육색소의 함유량이 낮은 흰살 생선과 비슷하기 때문에 붉은살 생선이라고 말하지 않지만 식감은 지방함량이 높은 관계로 붉은살 생선계열에 포함시킨다.

생선요리는 보통 화이트 와인과 잘 어울리는데 비하여 붉은살 생선요리는 레드 와인과 잘 어울리는 경향이 있다. 붉은살 생선의 특유한 향과 묵직한 식감은 프랑스 루아르 지역의 레드 와인과 버건디 지역의 피노 누아, 리슬링 지역의 와인과도 비교적 잘 어울린다.

11) 패류(Shell fish)

껍질에 싸인 조개류는 일반적인 생선에 비해 열을 가할 경우 딱딱 하게 익으므로 오랫동안 조리하면 안 된다. 조리방법에 따라 다양 하게 와인을 선택할 수 있다.

우리나라에서 서식하는 패류는 대부분 서해 연안의 펄에서 주로 자라며, 조개류 중 굴, 홍합처럼 갯바위에 붙어 서식하거나, 펄에서 주로 자란다. 패류는 다양한 영양소가 함유되었으며, 비타민과 아연 타우린이 풍부하여 피로 회복과 빈혈, 혈압 및 혈중 콜레스트롤 저하에 좋다고 알려져 있다. 조개류에 함유된 비타민 B2는 시력에도 좋다고 한다. 우리나라 음식에 주로 많이 쓰이는 패류는 홍합, 꼬막, 바지락, 동죽, 굴 민물의 우렁, 재첩 등이 있으며, 패류와 잘 어울리는 와인은 가벼운 화이트 와인과 스파클링 와인이 무난하며, 우리나라의 음식 중 조개를 이용한 전류는 아로마향이 강한 칠레산 화이트 와인도 무난히 잘 어울린다.

특히 굴에 레몬을 곁들인 전채 요리에는 프랑스산 샤르도네와 환상의 하모니를 이룬다.

12) 갑각류(Crustacea)

갑각류는 해산물 요리 중 최고의 식재료다. 익혔을 경우 키토 산 성분에 의해 붉게 변하며 그 풍미로 인해 다양한 와인과 어울 릴 수 있다.

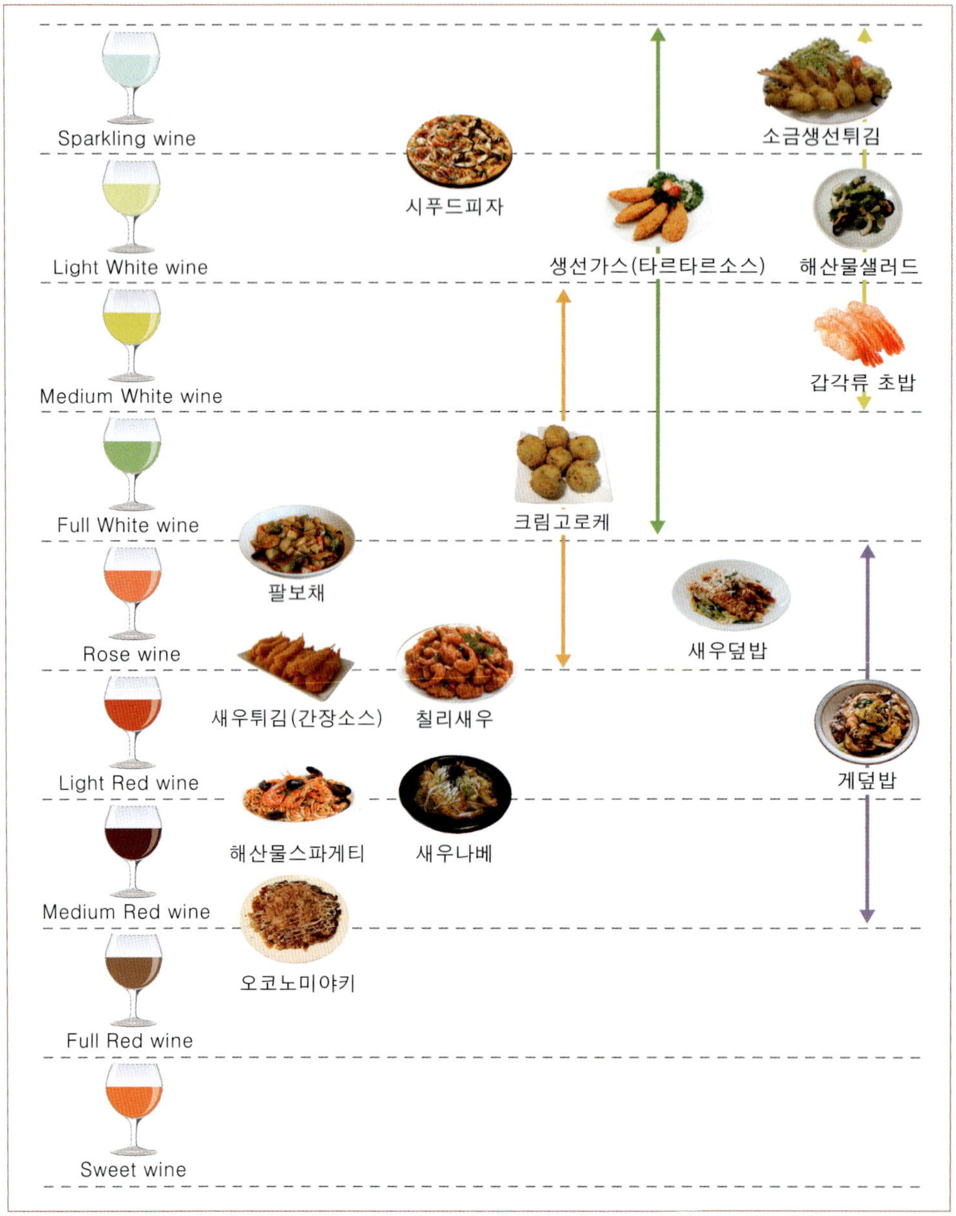

갑각류는 시푸드 종류이며 껍질이 딱딱한 종류이고 모양과 크기가 다양하다. 속살은 대체로 고소하며 부드러운 것이 특징이다. 요리의 방법 및 서빙하는 방법에 따라 와인의 선택이 달라진다. 독일의 화이트 와인 품종인 게뷔르츠트라미너는 올리브유를 발라 석쇠에 구운 바닷가재 요리와 잘 어울린다. 스페인의 레드품종인 리오하는 크림계열의 소스에 요리한 새우와, 참새우는 리오하의 진한 맛과 잘 어울린다. 리슬링 지방의 화이트 와인은 게, 가재요리 등 감미로운 화이트 와인과 잘 어울린다.

종류에 따라 조금씩 다르나 보통 어패류의 10~20%는 단백질로 구성되어 있으며 필수 아미노산이 다량 함유된 우수한 식품이다. 두족류를 제외한 대부분의 연체동물의 총칭. 조개는 두 장의 판판한 껍데기로 몸을 둘러싸고 있는 연체동물이다. 껍데기 안쪽에는 외투막이 있고 외투막에서 칼슘을 지닌 액체를 내어 껍데기를 만든다. 조개는 머리와 치설은 없고 도끼 모양의 발이 있는데 이것을 부족(斧足) 이라고 한다.

해산물 요리–풀 바디 타입의 거의 모든 화이트 와인은 잘 어울린다. 특히 메인요리인 바닷가재는 프랑스 '부르고뉴산'과 캘리포니아산 '샤르도네' 품종으로 Buttery한 화이트 와인과 잘 어울리고 대합조개와 같은 요리는 이탈리아산 피노 그리지오 와인과 잘 어울린다. 송어와 같은 신선한 생선류는 꽃향기가 풍부한 캘리포니아산 및 모젤산 리슬링과 잘 어울린다.

★기억해 두세요! 모든 요리에서 기본적인 식재료의 성향은 같지만 소스에 따라 와인의 선택도 달라진다는 것을…

13) 닭고기(Chicken)

닭고기는 육류지만 그 성분이 담백한 맛을 연출하여 화이트 와인과도 잘 어울리는 경향이 있다.

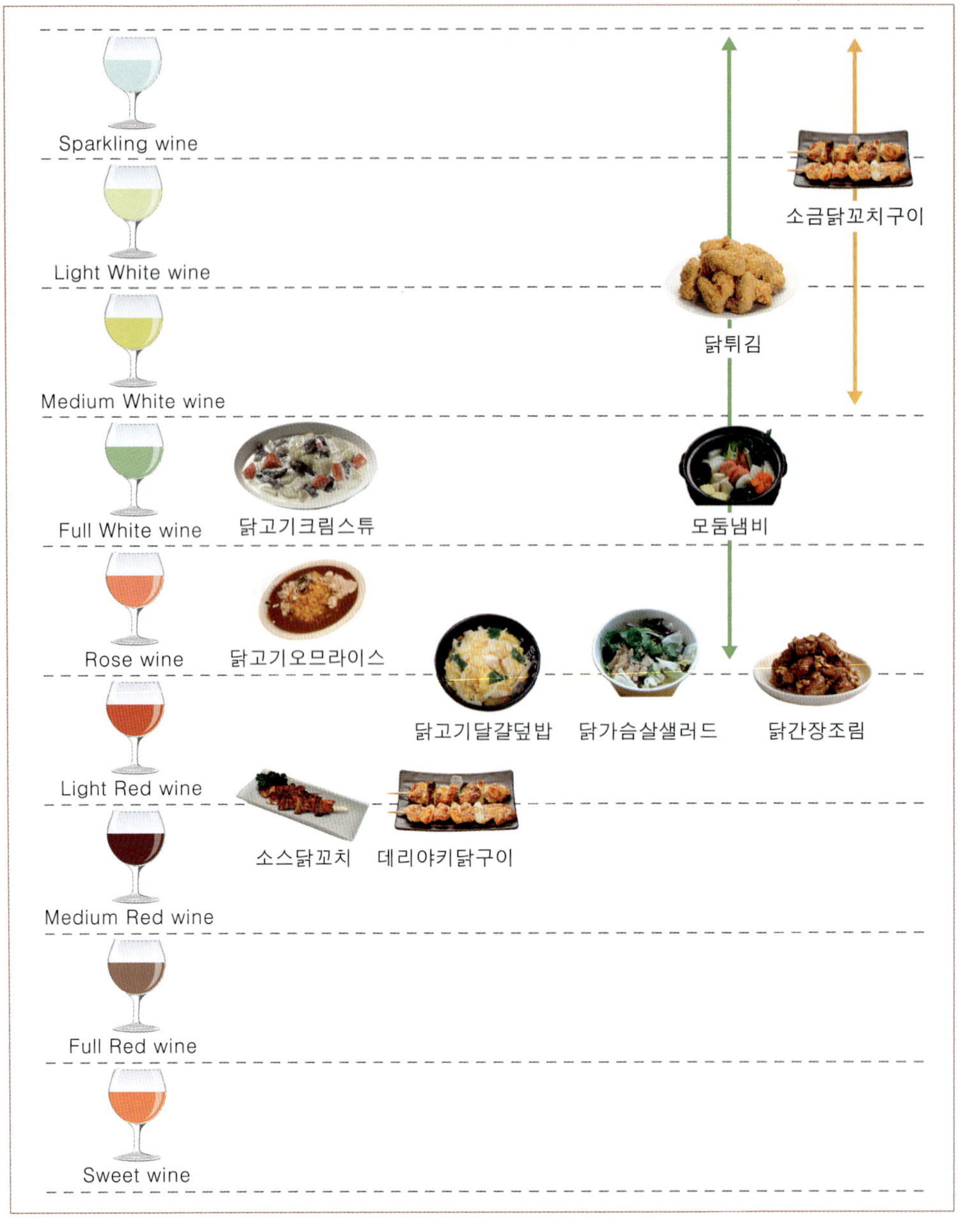

닭고기는 찬 성향의 육류이다. 조리법에 따라 폭넓게 와인을 선택할 수 있다. 닭은 원래 들짐승이었으나 BC 1700년경 인도에서 가축으로 기르기 시작했고, 처음에는 그 모양이 우아한 탓에 신성시되었으나 점차 달걀과 더불어 식용하게 되었다.

닭은 조리법에 따라 가벼운 화이트 와인에서 미디엄 바디의 와인까지 먹을 수 있는 육류다. 우리나라 구이류의 닭 또는 유럽의 오븐구이 닭요리는 화이트 와인과 잘 어울리며 향이 약간 스파이시하여 파워풀한 리슬링과 게뷔르츠트라미너, 론 지역의 미디엄 바디 와인과 좋은 마리아주다. 하지만 음식과 와인의 궁합은 색깔로 맞추면 된다. 바디감이 있는 샤르도네, 로제 와인, 미디엄 바디의 와인은 바비큐구이, 우리나라의 찜닭구이 요리와 잘 어울리는 경향이 있다.

14) 양고기(Mutton)

양고기는 독특한 풍미로 인해 한국인은 싫어하는 경향이 있지만 어울리는 향신료를 사용할 경우 와인과의 조화는 환상적이다.

Sparkling wine

Light White wine

Medium White wine

Full White wine

Rose wine

Light Red wine

Medium Red wine

어린 양갈비

양고기철판구이

양고기구이

Full Red wine

Sweet wine

양은 소과에 속하며 기원전 8000~6000년경 서아시아에서 가축화되기 시작하여 현재는 800여 종에 이르며 양털·고기·젖·모피 등을 얻기 위해 사육한다. 야생의 양은 활기차며 용기 있고 독립적이며 거친 지역의 환경에도 잘 적응며 북반구에 있는 산맥과 고원에서 무리지어 생활한다. 야생의 양은 무플런·아 르갈리·빅혼 등이 대표적이다.

오늘날의 식용 양고기는 주로 미국산, 호주산, 뉴질랜드산이 대표적이며 유럽산 양고기도 일부 식용된다. 생후 1년 미만인 어린 양의 고기는 Lamb이라 하고 생후 12~20개월의 고기는 이얼링머턴이라고 한다. 어린 양고기도 세분화하면 생후 6~10주 된 양고기는 보통 베이비 램, 생후 5~6개월짜리는 스프링 램이라 한다.

구이 양고기는 호주산 시라와 잘 어울리고, 양고기 스테이크는 시라나 말벡보다는 카베르네 소비뇽이 더 좋은 마리아주인 것 같다.

일반적인 양고기는 적당한 지방질과 부드러운 섬유질이 함유되어 있기 때문에 흔히 접할 수 있는 몬테스 알파 카베르네 소비뇽, 혹은 칠레산 와인인 카르메르와 말벡도 잘 어울린다.

15) 돼지고기(Pork)

돼지고기는 지방성분이 많아 우리나라 사람들이 가장 선호하는 고기이다. 요리법도 다양하여 어떻게 요리하느냐에 따라 다양한 와인을 선택할 수 있다.

사례 발표하기

Sparkling wine				
Light White wine				
Medium White wine				
Full White wine				
Rose wine				
Light Red wine				
Medium Red wine				
Full Red wine				
Sweet wine				

※ 사례발표를 위한 Report용

돼지의 종류는 우리나라에 수십 종이 있으나 크게 흰 돼지와 검정돼지로 나눌 수 있다. 흰 돼지는 비계가 두꺼워 살이 많이 찌고 빨리 크는 데 비해 검정돼지는 사료 효율이 나빠 빨리 크지 않지만 살이 단단하고 맛이 좋다.

돼지고기는 잡은 지 3~4일 지난 것이 가장 맛있다고 하며, 오래되면 고기가 누렇게 되고 단면이 휘어진다. 원래 고기의 빛깔은 쇠고기보다 연한 분홍색이고 쇠고기에 비해 지방함량이 많고, 지방이 희고 견고한데, 방향이 있는 것이 우량품이다. 돼지고기는 대체로 연하고 지방질이 많아 열량을 많이 얻을 수 있는 식 품이므로 여러 가지 요리에 폭넓게 이용된다.

다만 돼지고기에는 갈고리촌충 등의 기생충이 있을 위험이 높으므로 날로 먹는 일은 피하고 반드시 충분히 익혀서 먹어야 한다. 그러나 너무 익히면 고기맛을 잃게 되므로 구이를 할 경우 우선 센 불로 양쪽 면을 완전히 익힌 다음 불을 낮추어 속까지 익도록 뚜껑을 덮어 익히는 것이 좋다. 우리나라의 돼지고기 요리로는 삶아 눌러 만든 제육을 양념하여 구이나 볶음을 하고, 갈비나 족으로는 찜을 하며, 돼지머리는 삶아 돼지머리 편육을 만든다.

* 어울리는 와인 : 샤르도네, 메를로, 시라

16) 소고기(Beef)

소고기는 일반적으로 최상의 육류이고 그 조리법도 국가별로 다양하다. 마찬가지로 와인과의 조합도 요리법에 따라 가장 다양하게 활용할 수 있다. 특히 구이를 할 경우 그 육즙의 맛은 와인의 향과 절정을 이룬다.

사례 발표하기				
Sparkling wine				
Light White wine				
Medium White wine				
Full White wine				
Rose wine				
Light Red wine				
Medium Red wine				
Full Red wine				
Sweet wine				

※ 사례발표를 위한 Report용

소고기는 좋은 질의 동물성 단백질과 비타민 A, B1, B2 등을 함유하고 있어 영양가가 높다. 나이·성별·부위에 따라 고기의 유연성·빛깔·풍미가 다르며, 고기소(肉牛)로 사육한 4~5세의 암소고기가 가장 연하다고 알려져 있다. 약간의 오렌지색을 띤 선명한 적색에 살결이 곱고 백색이면서 끈적거리는 느낌의 지방이 있는 것이 좋다. 지방이 붉은 살 속에 곱게 분산된 것일수록 질감이 좋고 가열 조리해도 단단해지지 않는데, 고기의 단백섬유는 급속히 가열될 때 수축되어 단단해지는 성질을 가지고 있으나, 지방은 열의 전달이 느려 붉은 살 부분의 급속한 온도 상승을 방지하기 때문이다.

* 어울리는 와인 : 말벡, 카베르네 소비뇽, 메를로, 그르나슈, 시라

2 치즈와 와인의 조화

Chapter

치즈와 와인

17C 이전의 대부분의 문화는 중국을 통해 유럽으로 전파 되었다고 해도 과언은 아니다. 그 중 와인도 중앙아시아에서 시작하여 오늘날의 수준 높은 와인 문화를 형성한 유럽인들에 의해 꽃을 피워 열매를 맺고 있다.

서양인들의 일반적 가정 식탁에서 매일 가벼운 와인 마시기를 살펴보면 우리가 생각하는 와인 마시기처럼 어렵지만은 않다. 예를 들면 목마를 때 물마시기가 어렵지 않는 것처럼 와인과 함께 먹는 식사가 그렇게 어렵지 않다. 와인도 단순히 생각하면 마시는 음료에 불과하지만, 열악한 자연환경을 극복하고 만든 사람의 정성과 수십 년의 인고의 시간을 견뎌낸 와인이라면 그리 간단치만은 않다.

그러면 유럽인들의 가정 식탁에서 가벼운 식사와 치즈, 과일을 곁들인 와인 마시기를 살펴보기로 하자.

*이 장은 한국호텔관광전문학교 조재덕 교수의 음식 사진과 와인과 음식의 코디작업을 하신 (주)와이넬 이기섭 전무의 와인 사진, 촬영으로 이루어졌다.

이탈리아의 대표적인 스파클링 와인인 모스카토 스푸만테는 상큼한 과일향과 달콤한 향기를 가지고 있으며, 각종 과일종류와 달콤함과 부드러움이 묻어나는 마스카포네 치즈와 익스 프레스커피로 만든 티라미슈케익과 잘 어울린다.

세테카시네 모스카토 스푸만테
Sette Cascine Moscato Spumante

- **생산지** 이탈리아 피에몬테 | Italy Piemonte
- **생산자** 바타시올로 | Batasiolo
- **품 종** 100% 모스카토 | Moscato

MEMO

이탈리아 바롤로 생산 명가인 바타시올로의 새로운 브랜드 '7 Cascine'는 모스카토 품종의 발랄함과 달콤함이 녹아있다.

TASTING NOTE

- **Color** 노란빛 황금색
- **Aroma** 바타시올로 | Batasiolo
- **Palate** 100% 모스카토 | Moscato
- **Mariage** 100

★★★ 세테카시네는 '7농장'이란 뜻으로 행운을 상징하는 와인이다.

고다(하우다) 치즈는 대표적인 비가열 압착치즈 중 하나로, 치즈의 이름은 네덜란드 로테 르담(Rotterdam)에서 25km 떨어진 도시인 하우다의 이름을 따서 지어졌다. 오랜 기간 저장이 가능한 특징을 가지고 있으며, 그 풍미로 인해 산도가 있으며, 중간정도의 알콜도수가 있는 화이트 와인 계열인 트레비아노와 잘 어울리며, 크래커 및 캐비어도 잘 어울린다.

판티니 트레비아노 다브루쪼
FANTINI TREBBIANO D'ABRUZZO

- **생산지** 이탈리아, 아브루쪼 | Italy, Abruzzo
- **생산자** 판티니 | Fantini
- **품 종** 85% 트레비아노, 15% 말바시아 | Trebbiano, Marvasia

MEMO

이탈리아 토착품종 트레비아노 (Trebbiano, 프랑스에서는 Ungi Blanc으로 불리움)의 어원은 라틴 어 'Tribulaum' 으로 선택된 와인을 뜻한다.

TASTING NOTE

- **Color** 밝은 볏짚 색
- **Aroma** 바나나, 무화과 등의 향긋한 열대 과실 향이 지속된다.
- **Palate** 전체적으로 훌륭한 균형미와 부드러운 풍미를 느낄 수 있다.
- **Mariage** 애피타이저, 가금류, 신선한 치즈, 생선류

★★★ 2010 DECANTER 동메달 / 2014 LUCA MARONI 88점 / 2013 LUCA MARONI 89점

가볍고 상큼한 화이트 와인인 스페인의 비우라 품종인 비냐 에기아 블랑코는 풍미와 신선미가 살아있으며 모든 종류의 생선 요리, 부드러운 연질치즈, 과일 및 가벼운 크래커 종류와 잘 어울린다.

비냐 에기아 블랑코
Vina Eguia Blanco

- **Brand** 비냐 에기아 (Vina Eguia 〈 Muriel Group)
- **Region** 스페인 리오하 (Rioja)
- **Varieties** 비우라 (Viura)
- **Classification** D.O.Ca.Rioja

MEMO

비우라 품종은 다른 어떤 화이트 품종보다 병 속에서 좀더 길게 풍미를 보존하며 천천히 변화 가 일어나기 때문에 더욱 신선미가 살아있다.

TASTING NOTE

- **Color** 녹색 뉘앙스의 깨끗하고 밝으면서도 옅은 옐로우 컬러
- **Aroma** 꽃 향기가 주를 이루는 깊고 화사한 아로마, 그린애플, 시트러스 등의 과실 향
- **Palate** 입안에서 기분 좋게 느껴지는 산미의 균형이 좋으며, 길게 마무리되는 지속성이 좋 은 와인이다.
- **Mariage** 모든 종류의 씨푸드, 생선, 조개류, 샐러드, 에피타이저

소젖으로 만든 부드러운 치즈. 브리는 프랑스의 Ile-de-France란 지역에서 유래하였으 며 파리와 매우 인접한 지역에 위치한다. 까멩베르와 같이 매우 부드럽고 좋은 감촉을 지닌 조직을 가지고 있으며, 상온에서 흘러내리지는 않는다. 흰색의 곰팡이가 표면을 덮고 있는 것이 특징이며, 가벼운 화이트 와인과 로제 와인이 어울린다.

판티니 트레비아노 다브루쪼 Fantini Trebbiano d'Abruzzo

- **와이너리** Farnese
- **생산국** 이탈리아
- **생산지역** 아부르쪼
- **포도품종** 트레비아노 85%, 말바시아 15%
- **타입** 화이트
- **보디** ●●●○○
- **용량** 750ml

아브루쪼 지방의 대표적인 화이트 품종인 트레비아 노로 만든 와인으로, 우아한 향을 보존하기 위하여 12도에서 20일동안 깨끗한 머스트를 발효시킨다. 바나나와 같은 열대 과일의 풍미가 느껴지며 미디엄 바디의 긴 여운이 느껴진다.

판티니 몬테풀치아노 체라수올로 Fantini Montepulciano Cerasuolo

- **와이너리** Farnese
- **생산국** 이탈리아
- **생산지역** 아부르쪼
- **포도품종** 몬테풀치아노 (Montepulciano) 100%
- **타입** 로제(일반 로제보다 짙은 체리 레드)
- **보디** ●●●○○
- **용량** 750ml

2009년 G8 정상회담 공식 만찬주로 최상의 몬테 풀치아노 포도를 선별하여 만든다. 껍질이 가장 쉽게 색상을 나타낼 수 있을 때, 즉 가장 잘 익었을 때 손수확을 한여 제조한다. 딸기와 같은 풍부한 과실 향기가 나며 폭넓은 메뉴와 매칭가능한 좋은 균형의 와인이다.

과일향이 진하게 묻어나는 스페인의 대표 레드 와인인 템프라니요는 양갈비와 잘어울리기 도하며, 이탈리아치즈의 왕인 파마산치즈와도 잘 어울린다.

비냐 에기아 크리안자
Vina Eguia Crianza

- **Brand** 비냐 에기아 (Vina Eguia 〈 Muriel Group)
- **Region** 스페인 리오하 (Rioja)
- **Varieties** 템프라니요 (Tempranillo)
- **Classification** D.O.Ca.Rioja

MEMO

12개월 동안 아메리칸 오크통에서 숙성을 거친 크리안자 와인으로 현대적인 리오하를 느낄 수 있는 누구에게나 친근함을 줄 수 있는 스타일이다.

TASTING NOTE

- **Color** 짙은 석류
- **Aroma** 달콤한 딸기, 블랙체리, 나무
- **Palate** 풍부하고 신선한 과실 풍미와 볼륨감이 느껴지며, 균형잡힌 산미와 탄닌이 기분좋 게 느껴진다.
- **Mariage** 타파스, 파엘라, 토마토 소스 파스타, 중간 숙성 치즈, 페페로니 & 햄 피자

★ Wine Advocate 91점 ★ Stephen Tanzer's International Wine Cellar 90점

각종 베리 향과 스파이시한 맛을 가진 미국산 나파벨리의 진판델인 뷸러 진판델은 육즙이 풍부한 소고기 안심스테이크에 오랜시간 조리하여 만든 데미글라스소스에 블랙페퍼를 뿌린 스테이크요리에 잘어울리며, 비교적 고르곤졸라 치즈와도 잘 어울린다.

뷸러 진판델 | Buehler Zinfandel

- **생산지** 미국 나파밸리 | Napa Valley, USA
- **생산자** 뷸러 빈야드 | BUEHLER VINYARDS
- **품　종** 100 % 진판델 | Zinfandel

MEMO

다크한 바이올렛 컬러의 뷸러 진판델은 라즈베리, 블랙베리 등 베리류의 풍부한 과실 향과 스파 이시한 향신료를 느낄 수 있다. 들장미 아로마가 입안을 감돌고 우아하고 섬세한 긴 피니쉬에서 와인의 진가를 엿볼 수 있다. (12개월 프렌치 & 아메리칸 오크통 숙성)

Mariage 바비큐 or 그릴에 구운 육류, 소스가 가미된 파스타 등

- **Wine Spectator 100대 와인 34위(2005)**
- **Wine Spectator 93점(2003)**
- **Wine Spectator 91점(2009)**
- **Wine Spectator 90점(2007)**
- **Wine Spectator 90점(2005)**

와인 스펙테이터 100대 와인(34위) 선정

3 양식과 와인의 조화

Chapter

양식과 와인

음식과 와인은 한 몸통으로 생각한다. 몸을 지탱하는 에너지는 음식에서 나오고 정신을 지배하는 에너지는 술에서 나오는 느낌이다. 동서양을 막론하고 최고의 상에는 음식과 술이 함께 나오며 그 예로 동양의 크고 작은 의식 또는 축하행사 때 차려지는 상과 서양의 종교적 행사나 축하행사 때 차려지는 상차림에는 반드시 정성을 다한 음식과 최상의 술이 사용된다는 것을 들 수 있다. 이를 완전한 결합이라는 의미의 마리아주란 단어로 표현하기도 하는데 이 장에서 마리아주는 서양의 음식과 와인이기 때문에 비교적 고민할 필요가 적다.

왜냐하면 수백 년 동안 많은 사람들의 오감을 통하여 검증된 음식과 와인을 사용하면 무난하게 음식과 와인을 즐길 수 있기 때문이다. 앞장에서 배운 일정한 법칙을 나열하면 다음과 같이 정리할 수 있다.

첫째, 붉은살 육류의 경우

레드 와인은 당연한 공식이지만, 레드 와인보다 화이트 와인이 많이 생산되는 지역이라면 예외가 있을 수 있다. 특히 프랑스 알자스 지역과 독일의 경우 바디감이 풍부한 다양한 화이트 와인으로 그 지역에서 생산되는 여러 가지 육류요리와 훌륭한 마리아주를 연출하는 경우가 종종 있으며 그 조합이 전혀 어색하지 않을 정도로 음식의 맛과 와인의 향이 조화로운 경우가 있다. 그 지역에서 나는 재료로 만든 음식과 그 지역에서 나는 와인의 조화, 이는 우리말의 신토불이와 같은 맥락이라고 할 수 있다.

둘째, 소스에 따른 와인 선택의 경우

기본 맛국물이 고기 육수면 레드, 생선이면 화이트라는 것이 통상적이지만, 경우에 따라 와인의 선택은 다양하게 할 수 있다.

예를 들면 우리 음식 중 갈비탕에 전복을 넣어 요리한다든지 해산물찜에 돼지 갈비를 넣어 찜을 하는 경우가 있는 것처럼 양식에서 토마토소스를 사용할 경우 양쪽의 소스를 섞어 사용하는 경우가 종종 있다. 이러한 경우 애매한 상황이 발생하므로 주재료에 따라 와인을 선택하면 조금 더 풍요로운 식탁이 될 것이다.

셋째, 지역에 따른 와인 선택의 경우

그 지역에서 생산되는 와인과 그 지역 농산물로 음식을 만들 경우 조합의 관계는 더 이상 설명할 필요가 없을 정도로 이견이 없다. 수세기에 걸쳐 식탁에서 시행착오를 겪으며 와인과 음식의 조합이 이루어져 왔으며 흥미로운 조합의 경우도 있다. 론 지방의 햇 레드 와인을 마치 아이스 와인이나, 차가운 화이트 와인처럼 음용하는 경우도 있다.

넷째, 계절과 때와 장소에 따른 와인 선택의 경우

여름철 일과가 끝나고 직장 동료들과 야외에서 가벼운 저녁 술자리를 하는 경우와 여름철 비즈니스 관계로 야외에서 저녁 술자리를 하는 경우의 차이는 분명 있으리라 생각한다. 똑같은 장소라도 전자의 경우는 가벼운 와인과 식사가 어울리지만 후자의 경우는 대화의 내용이나 연령대에 따라 선택되는 와인과 음식이 많이 달라져야 할 것이다. 겨울의 경우 차가운 화이트 와인보다 레드 와인의 선호도가 높으리라 생각한다. 위의 내용들을 참고하여 다음 장에 나오는 와인과의 조합을 살펴보기 바란다.

스파게티 카르보나라

Match Point

크림, 베이컨으로 만든 스파게티는 약간 리치하고 느끼한 맛과 바삭한 베이컨, 후추향이 자극적인 스파게티다. 이런 종류의 음식은 신선한 과일 향이 나는 화이트 와인과 산도가 있는 약한 바디의 레드 와인과 비교적 잘 어울린다. 식사를 마친 후의 느낌은 부드러운 여운이 입 안에 오래 남아 있는 듯하다.

브루노 자코사 로에로 아르네이스
Bruno Giacosa, Roero Arneis

- **와이너리** Bruno Giacosa
- **생 산 국** 이탈리아
- **생산지역** 피에몬테
- **수 입 사** 나라셀라
- **수상경력** 빈티지 주요 점수 2007, RP90
- **타 입** 화이트
- **포도품종** 아르넬스(Arnels)
- **등 급** DOCG
- **보 디** ●●●○○
- **용 량** 750ml
- **음용온도** 10~12℃

이탈리아 북부의 토착품종인 아르넬스 특유의 신선함과 풋풋함을 가지고 있는 와인으로 사과와 열대과일 캐릭터를 가지고 있다. 부르고뉴 화이트 와인에 견줄 수 있을 만큼 매우 섬세한 구조를 가지며 특히 배 맛을 느낄 수 있고, 상큼한 피니시와 적당한 산도가 아주 돋보이는 와인이다.

벨싯 바르베라 다스티 라 투르나
Bel-Sit, Barbera d'Asti La Turna

- **와이너리** Bel-Sit
- **생 산 국** 이탈리아
- **생산지역** 피에몬테
- **수 입 사** 나라셀라
- **타 입** 레드
- **포도품종** 바르베라 100%
- **등 급** DOC
- **보 디** ●●●○○
- **용 량** 750ml
- **음용온도** 16~17℃

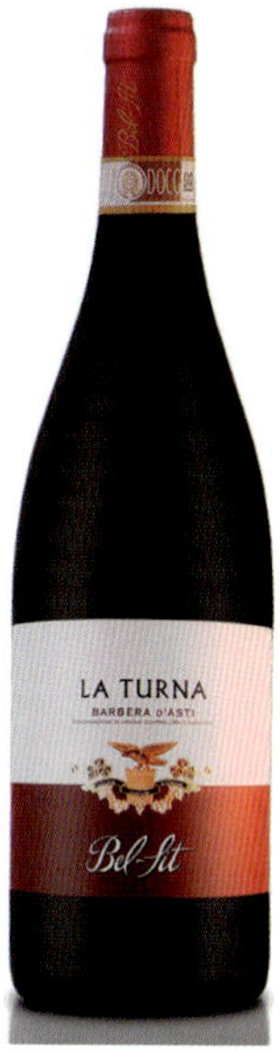

매우 프루티하고 발랄한 와인으로 구입 후 추가 숙성 없이 바로 마실 것을 추천한다. 붉은 열매류 과일의 느낌과 깔끔하고 생동감을 주는 산미를 갖추고 있으며, 방대한 유형의 음식과 어울릴 수 있는 기분 좋은 와인이다.

브루스케타

Match Point

구운 바게트빵, 프레시 토마토, 가지, 양파, 마늘, 바질을 재료로 한 브루스케타는 이탈리아 전통의 오픈 샌드위치다. 이 요리에는 산뜻하고 우아한 향이 풍부한 스파클링 와인과 신선한 풍미가 있는 미디엄 바디의 화이트 와인과도 잘 어울린다. 토핑에 따라 다양하게 와인을 선택할 수 있다.

프로세코 메들리
Prosecco

- **와이너리** Zardetto
- **생 산 국** 이탈리아
- **생산지역** 코넬리아노, 베네토
- **수 입 사** 나라셀라
- **수상경력** 빈티지 주요 점수 NV
- **타 입** 스파클링
- **포도품종** 프로세코 95%, 샤르도네 5%
- **등 급** –
- **보 디** –
- **용 량** 750ml
- **음용온도** 10℃

크리스털과 같은 맑은 빛이 감돌며, 기분 좋은 하얀 거품과 매끄러운 감촉이 매력적인 스파클링 와인이다. 산뜻하고 유쾌한 향기와 우아하게 부드럽고 조화로운 맛은 식사 전에도 완벽한 즐거움을 선사한다. 프로세코는 이탈리아식 피자는 물론 조개요리 또는 생선튀김, 그리고 매콤한 동양요리까지 두루두루 어울리는 와인이다.

마페이
Maffei

- **와이너리** Villa Maffei
- **생 산 국** 이탈리아
- **생산지역** 베네토
- **수 입 사** 단하유통
- **타 입** 화이트
- **포도품종** 피노, 비앙코, 샤르도네
- **등 급** –
- **보 디** –
- **용 량** 750ml
- **음용온도** 18~10℃

이탈리아 동북부의 베네토 전체를 대상으로 조달한 포도로 만들어진 매우 프루티하며 신선한 흰 꽃의 향취가 배어있는 와인이다. 과실의 신선한 느낌과 청명한 산도를 지키기 위해 스테인리스 스틸 탱크에서 저온 발효되었다. 가볍고 상쾌한 바디와 적당한 산도, 적당한 단맛이 이 와인을 누구나 즐길 수 있게 해준다.

모차렐라 인 카로차

Match Point

토스트 브레드, 모차렐라 치즈, 앤초비로 만든 카로차는 가정에서 쉽게 만들 수 있는 음식이다. 튀김요리와 잘 어울리는 산도가 있고 산뜻한 스파클링 와인과 과일향이 물씬 나는 풍부한 화이트 와인과도 잘 어울린다. 튀김요리를 먹은 후 좋은 여운은 상큼함이 최상이다.

프로세코 메들리
Prosecco

- **와이너리** Zardetto
- **생 산 국** 이탈리아
- **생산지역** 코넬리아노, 베네토
- **수 입 사** 나라셀라
- **수상경력** 빈티지 주요 점수 NV
- **타 입** 스파클링
- **포도품종** 프로세코 95%, 샤르도네 5%
- **등 급** –
- **보 디** –
- **용 량** 750ml
- **음용온도** 10℃

크리스털과 같은 맑은 빛이 감돌며, 기분 좋은 하얀 거품과 매끄러운 감촉이 매력적인 스파클링 와인이다. 산뜻하고 유쾌한 향기와 우아하게 부드럽고 조화로운 맛은 식사 전에도 완벽한 즐거움을 선사한다. 프로세코는 이탈리아식 피자는 물론 조개요리 또는 생선튀김, 그리고 매콤한 동양요리까지 두루두루 어울리는 와인이다.

마페이
Maffei

- **와이너리** Villa Maffei
- **생 산 국** 이탈리아
- **생산지역** 베네토
- **수 입 사** 단하유통
- **타 입** 화이트
- **포도품종** 피노, 비앙코, 샤르도네
- **등 급** –
- **보 디** –
- **용 량** 750ml
- **음용온도** 18~10℃

이탈리아 동북부의 베네토 전체를 대상으로 조달한 포도로 만들어진 매우 프루티하며 신선한 흰 꽃의 향취가 배어있는 와인이다. 과실의 신선한 느낌과 청명한 산도를 지키기 위해 스테인리스 스틸 탱크에서 저온 발효되었다. 가볍고 상쾌한 바디와 적당한 산도, 적당한 단맛이 이 와인을 누구나 즐길 수 있게 해준다.

카프레제 샐러드

Match Point

프레시 토마토, 프레시 모차렐라 치즈, 발사믹 비니거, 올리브오일로 만든 카프레제는 담백한 맛을 내는 음식으로 샤르도네 품종으로 만든 와인과 잘 어울린다. 단아하고 우아한 맛을 내는 스파클링 와인 또는 열대과일 향과 같은 섬세한 향을 내는 화이트 와인과도 잘 어울린다.
야외에서는 샤르도네 품종으로 만든 스파클링 와인과의 조합도 멋스러울 듯하다.

카델 보스코, 프란차코르타 퀴베 프레 스티지 Ca'del Bosco, Franciacorta Cuvee Prestige

- **와이너리** Ca'del Bosco
- **생 산 국** 이탈리아
- **생산지역** 프란차코르타
- **수 입 사** 나라셀라
- **수상경력** –
- **타 입** 스파클링
- **포도품종** 샤르도네 75%, 피노 비앙코 10%
- **등 급** –
- **보 디** ●●●○○
- **용 량** 750ml
- **음용온도** 8~8℃

카델 보스코의 기준을 가장 완벽하게 표현한 와인으로 카델 보스코의 하우스 스타일 및 프란차코르타의 테루아를 표현하는 새롭고 우아한 와인이다. 고소한 토스트 향과 함께 배, 사과 등의 단단한 과일류의 향이 코를 즐겁게 해주며, 입안 가득 부드럽게 감싸는 섬세한 기포와 바닐라 향이 좋은 산도와 어우러져 우아한 스타일을 완성시켜 준다. 고급 프란차코르타로서 매우 조화로우며 신선한 어떤 음식과 장소에도 잘 어울리는 와인이다.

카델 보스코, 쿠르테프랑카 비앙코 Cadel Bosco, Curtefranca Bianco

- **와이너리** Cadel Bosco
- **생 산 국** 이탈리아
- **생산지역** 프란차코르타
- **수 입 사** 나라셀라
- **타 입** 화이트
- **포도품종** 샤르도네 80%, 피노 비앙코 20%
- **등 급** –
- **보 디** ●●●○○
- **용 량** 750ml
- **음용온도** 11~12℃

카델 보스코의 가장 기본급 스틸 와인이지만 이탈리아 고급 화이트 와인의 중요 카테고리인 샤르도네와 피노 비앙코의 블렌드에 있어 매우 중요한 와인이다. 샤르도네의 풍부하고 안정감 있는 과일 풍미에 피노 비앙코의 여린 우아함이 완벽하게 어우러진 와인이다, 사과, 배, 청포도, 감귤류 과일의 신선한 향에 파인애플, 자몽 같은 열대과일의 향까지 더해져 섬세한 꽃향기로 가득 찬다.

믹스허브로 절인 참치구이

Match Point

오레가노, 바질, 타라곤, 딜, 이탈리아 파슬리, 레몬제스트, 통후추를 주로 사용하며 생선요리에는 잘 사용하지 않는 로즈메리, 타임도 함께 다져 그릴에 구이를 한 요리이기 때문에 바디감이 강하고 향이 강한 스파클링 와인 또는 붉은살 생선이기 때문에 특히 시라 계열로 만든 복합적이고 향이 풍부한 레드 와인과도 잘 어울린다. 향은 강하나 텁텁하게 맵지 않은 음식의 맛은 잔 여운이 남아 있어도 그리 싫지 않을 것이다.

카델 보스코, 마우리치오 자넬라
Cadel Bosco, Maurizio Zanella Prestige

- **와이너리** Cadel Bosco
- **생 산 국** 이탈리아
- **생산지역** 프란차코르타
- **수 입 사** 나라셀라
- **수상경력** 빈티지 주요 점수 2001, RP90
- **타 입** 레드
- **포도품종** 카베르네 소비뇽 50%, 메를로 25%, 카베르네 프랑 25%
- **등 급** IGT
- **보 디** ●●●●●
- **용 량** 750ml
- **음용온도** 17~19℃

이탈리아의 상징적 와인 중 하나다. 카델 보스코의 최고 포도밭에서 자란 포도만을 압착한 포도즙은 중력만으로 온도조절이 되는 발효 통으로 옮겨지고 병입도 산소와 진동이 없는 조건에서 이루어져 와인의 보존력을 극대화 시킨다. 잔에 따르면 느껴지는 복합적이고 견고한 향기는 시간이 갈수록 풍부하고 강렬한 과일향으로 발전하고 꽃, 민트, 코코아, 바닐라의 여운이 아름답게 더해진다. 힘 있는 스타일로 부드러운 질감에 녹아든 완숙한 탄닌, 그리고 놀라울 정도로 오래 지속되는 여운이 있는 와인이다.

카델 보스코, 프란차코르타 도자주 제로
Cadel Bosco, Franciacorta Dosage Zero

- **와이너리** Cadel Bosco
- **생 산 국** 이탈리아
- **생산지역** 프란차코르타
- **수 입 사** 나라셀라
- **타 입** 스파클링
- **포도품종** 샤르도네 60%, 피노 네로 20%, 피노 비앙코 20%
- **등 급** DOCG
- **보 디** ●●●○○
- **용 량** 750ml
- **음용온도** 8~12℃

도자주는 긴 병 숙성으로 생긴 효모 침전물을 냉각시켜 병 밖으로 순간 배출시키는 데고르주망 과정에서 생긴 로스를 보충하는 보주과정에서 최종 와인의 당도를 결정하기 위해 약간의 리큐어 와인을 집어넣는 것을 말한다. 원재료인 과실 자체가 매우 이상적으로 완숙해졌을 때만 가능하여 함부로 행하기 어려운 제조법이다. 우아하고 복합적이며 단아한 향기가 매력적인 와인이다

링귀니 알레 봉골레

Match Point

바지락, 마늘, 올리브오일, 이탈리아고추로 만든 스파게티 봉골레는 올리브향과 바지락의 풍부한 맛이 입안 가득 전해지기 때문에 과일향이 풍부한 긴 여운의 바디가 강한 화이트 와인과 부드럽고 균형이 잘 잡힌 로제와인과의 조합은 환상적인 식탁을 연출한다.

바지락과 마늘, 올리브향은 약간은 중독성 있는 음식이라 입을 헹구기 싫을 때도 있을 것이다.

돈나푸가타 루메라
Donnafugata Lumera

- **와이너리** Donnafugata
- **생 산 국** 이탈리아
- **생산지역** 시칠리아
- **타 입** 로제
- **포도품종** 시라(Syrah), 네로 다볼라(Nero d'Avola), 피노 네로(Pinot Nero), 탄낫(Tannat)
- **등 급** –
- **보 디** ●○○○○
- **용 량** 750ml
- **음용온도** 10~12℃

맑고 투명한 장밋빛에 석류, 건포도, 산딸기와 같은 과실 향과 아카시아와 같은 꽃 향이 생생하게 느껴지며 상큼한 산도와 부드러움이 완벽하게 균형을 이룬다. 다양한 요리와 함께 즐길 수 있는 매혹적인 로제 와인이다.

케이머스 메르 – 솔레이 샤르도네
Caymus Mer - Soleil Chardonnay

- **와이너리** Caymus Vineyards
- **생 산 국** 미국
- **생산지역** 나파 밸리
- **수 입 사** 나라셀라
- **타 입** 화이트
- **포도품종** 샤르도네
- **등 급** –
- **보 디** ●●●○○
- **용 량** 750ml
- **음용온도** 10~13℃

감귤류, 무화과, 배, 파인애플, 멜론 등 온갖 과일 향이 풍부하며 굉장히 활력 있는 산도가 긴 여운을 드리우며 응집된 여러 맛들이 입안에서 마치 폭발하는 듯한 강렬한 느낌을 주는 흔치 않은 와인이다

토마토 해산물 스파게티

Match Point

각종 셀 피시, 해산물, 토마토소스로 만든 해산물 스파게티는 화이트 와인과도 대체로 잘 어울리지만, 토마토향이 강하기 때문에 다양한 향기와 복합미를 가진 미디엄 바디의 레드 와인과도 비교적 잘 어울린다. 토마토 소스의 맛과 풍미에 따라 와인의 선택이 달라진다.

카스텔로 디 퀘르체토, 키안티 클라시 코 유니콘
Castello di Querceto, Chianti Classico Unicorn

- 와이너리 Castello di Querceto
- 생 산 국 이탈리아
- 생산지역 키안티 클라시코
- 수 입 사 나라셀라
- 수상경력 –
- 타 입 레드
- 포도품종 산조베제 85%, 카나이올로 15%
- 등 급 DOCG
- 보 디 ●●●○○
- 용 량 750ml
- 음용온도 17~18℃

미디엄 바디로 지나치게 무겁지 않아서 편안하게 즐길 수 있고 맑게 빛나는 루비빛깔이 아름다우며, 섬세하고 우아하면서도 조화로운 향을 느낄 수 있다. 체리, 딸기, 커피 향을 중심으로 부드러운 탄닌이 입안을 살포시 감싸주며, 12개월간 오크통에서 숙성시켜 동일 가격대에서는 만나기 힘든 다양한 향기와 복합미를 보여주는 질 높은 와인이다.

체사리 발폴리첼라 클라시코
Cesari Valpolicella Classico

- 와이너리 Cesari
- 생 산 국 이탈리아
- 생산지역 베네토
- 수 입 사 나라셀라
- 타 입 레드
- 포도품종 코르비나 75%, 론디넬라 23%
- 등 급 DOC
- 보 디 ●●●○○
- 용 량 750ml
- 음용온도 16~18℃

발폴리첼라는 예부터 많은 와인이 만들어지고 저장되었던 와인의 계곡이다. 지리적으로 베로나 북쪽으로 넓게 펼쳐진 이곳에서는 발폴리첼라를 비롯한 아마로네, 레초토와 같은 베네토 최고의 명주들이 생산된다. 고운 체리 풍미, 향기로운 붉은 과실과 신선한 향이 돋보이는 드라이 와인으로 오크 숙성을 하지 않아 깔끔한 미감을 지니며 부드러운 탄닌을 지녀 거의 모든 음식과 즐겁게 먹을 수 있다.

펜네 볼로네제 소스

Match Point

미트소스, 파마산 치즈로 만든 볼로네제는 이탈리아 중북부 지역의 대표적인 파스타요리로서 메인요리의 성격을 가지고 있다. 주로 스파이시한 복합미와 개성을 갖춘 미디엄 바디의 레드 와인과 잘 어울린다. 경우에 따라 풍미가 강한, 레자노 치즈를 사용할 경우 풀 바디 와인도 선택할 수 있다.

페우도 안티코, 툴룸 로소
Feudo Antico, Tullum Rosso

- **와이너리** Feudo Antico
- **생 산 국** 이탈리아
- **생산지역** 아브루초
- **수 입 사** 나라셀라
- **수상경력** –
- **타　　입** 레드
- **포도품종** 몬테풀차노 100%
- **등　　급** DOC
- **보　　디** ●●●●●
- **용　　량** 750ml
- **음용온도** 16~18℃

오래된 토양과 포도나무에서 비롯된 복합미와 강한 개성을 갖춘 툴룸 로소 와인은 마시는 동안에도 눈물이 날 만큼 맛있다고 전해올 정도로 오래된 명성을 자랑한다. 아름다운 루비색상에 블랙베리, 체리, 담배향이 매력적이며, 입안을 가득 채우는 바디감과 풍부한 질감, 실크처럼 부드러운 탄닌이 좋은 와인이다. 이 와인은 이탈리아에서 가장 작은 DOC인 툴룸 마을의 유서 깊은 테루아와 전통적인 와인 양조법에 따라 제조되는 특별함을 가지고 있다.

테누타 사소레갈레, 산조베제
Tenuta Sassoregale, Sangiovese

- **와이너리** Sassoregale
- **생 산 국** 이탈리아
- **생산지역** 토스카나
- **수 입 사** 나라셀라
- **타　　입** 레드
- **포도품종** 산조베제 100%
- **등　　급** –
- **보　　디** ●●●●○
- **용　　량** 750ml
- **음용온도** 16~18℃

맑은 루비색에 체리, 산딸기 등의 과일향과 스파이시함, 은은한 허브향 등 다양하고 풍부한 아로마를 느낄 수 있다. 입안을 채워주는 튼튼하고 우아한 구조감은 향기로운 과일과 적당히 깊이감 있는 풍미를 자랑한다.

감자뇨키에 크림 고르곤졸라 소스

Match Point

감자, 크림, 파마산 치즈를 재료로 한 뇨키는 크림의 부드러운 맛과 숙성된 치즈 향이 잘 어우러져 입안 가득 풍만한 느낌을 주므로 산도와 부드러운 탄닌이 완숙한 미디엄 바디의 레드 와인과 잘 어울린다. 크림소스를 베이직으로 한 음식이기 때문에 여운을 남기고 싶어질 것이다.

포조 살비, 로소 디 몬탈치노
Poggio Salvi, Rosso di Montalcino

- 와이너리 Poggio Salvi
- 생 산 국 이탈리아
- 생산지역 토스카나
- 수 입 사 나라셀라
- 수상경력 –
- 타 입 레드
- 포도품종 산조베제 100%
- 등 급 DOC
- 보 디 –
- 용 량 750ml
- 음용온도 16~18℃

100% 손 수확을 통해 얻은 탁월한 품질의 포도로만 생산되며 밝은 루비 빛깔을 자랑한다. 장미꽃과 바이올렛의 향이 화사하게 피어나며, 탄닌과 균형감이 탁월하다. 충분히 익은 포도에서 비롯되는 산도와 탄닌은 이 와인에 아름다운 구조감을 부여하며, 대형 오크통에서 12개월간 숙성되어 풍부한 부케와 부드러움이 일품인 토스카나의 대표 와인이다.

카네토, 비노 노빌레 디 몬테풀치아노
Canneto, Vino Nobile di Montepulciano

- 와이너리 Canneto
- 생 산 국 이탈리아
- 생산지역 토스카나
- 수 입 사 나라셀라
- 타 입 레드
- 포도품종 산조베제 90%, 메를로 10%
- 등 급 –
- 보 디 ●●●●○
- 용 량 750ml
- 음용온도 17~18℃

중간 산미와 부드러운 탄닌, 완숙한 산조베제의 교과서적 부케를 충실히 보여준다. 체리, 자두, 제비꽃 등의 과일, 꽃 느낌이 오크 숙성에서 얻어진 초콜릿과 스모크한 느낌과 어우러져 기분 좋게 한 몸을 이루고 있다. 파워와 우아함을 겸비한 토스카나 와인의 전형적인 예라고 할 수 있다.

버섯을 넣은 리조토

Match Point

쌀, 표고버섯, 버터, 크림, 파마산 치즈, 올리브오일을 재료로 한 리조토는 표고버섯 향과 파마산향이 강한 풍미를 자아내므로 버섯 향과 딸기 향을 느낄 수 있는 미디엄 바디의 레드 와인과 잘 어울린다. 대체로 담백한 음식이지만 표고버섯 향은 피노 누아 품종의 와인을 잘 흡수한다.

카스텔로 디 퀘르체토, 퀘르체토 키안 티
Castello di Querceto, Querceto Chianti

- **와이너리** Castello di Querceto
- **생 산 국** 이탈리아
- **생산지역** 토스카나
- **수 입 사** 나라셀라
- **수상경력** –
- **타 입** 레드
- **포도품종** 산조베제 92%, 카나이올로 8%
- **등 급** DOCG
- **보 디** ●●●○○
- **용 량** 750ml
- **음용온도** 16~18℃

깔끔한 맛을 지닌 와인으로 여러 신선한 과일향을 지니고 있지만 그중에서도 딸기향이 단연 돋보인다. 버섯과 같은 향기도 일부 느낄 수 있으며 깨끗한 뒷맛이 상큼한 느낌을 주는 와인이다.

브루노 자코사, 돌체토 달바
Bruno Giacosa, Dolcetto d'Alba

- **와이너리** Bruno Giacosa
- **생 산 국** 이탈리아
- **생산지역** 피에몬테
- **수 입 사** 나라셀라
- **타 입** 레드
- **포도품종** 돌체토 100%
- **등 급** –
- **보 디** ●●●○○
- **용 량** 750ml
- **음용온도** 16~18℃

이탈리아 전통의 와인 명산지 피에몬테 지역의 대중적인 와인으로 보라톤이 드리워진 깨끗한 루비 빛깔을 가지고 있다. 단맛 없이 기분 좋을 정도의 앵두와 같은 상큼한 맛을 느낄 수 있다.

닭가슴살구이와 피망 크림소스

Match Point

닭가슴살, 구운 피망, 크림, 버터, 올리브오일, 마늘을 재료로 한 닭가슴살 피망구이 소스는 흔히 담백한 흰 살코기는 화이트 와인과 잘 어울리지만, 리치한 피망크림 소스를 곁들였으므로 미디엄 바디의 허브 향이 강하며 적당한 탄닌성분이 있는 레드 와인과 잘 어울린다.
부드러우면서 매콤한 피망 크림소스는 메를로 품종의 와인을 잘 표현한다.

브루노 자코사, 바르베라 달바
Bruno Giacosa, Barbera d'Alba

- 와이너리 Bruno Giacosa
- 생 산 국 이탈리아
- 생산지역 피에몬테
- 수 입 사 나라셀라
- 수상경력 –
- 타 입 레드
- 포도품종 바르베라 100%
- 등 급 –
- 보 디 ●●●○○
- 용 량 750ml
- 음용온도 15~19℃

이탈리아의 다른 지역에서도 바르베라 품종을 재배하지만 이곳만큼 성공적인 결과를 나타내지는 못했다. 차분하지만 힘차고 억센 느낌을 주며 다른 와인에서 흔히 볼 수 없는 새콤한 자두와 같은 맛이 나며 허브향을 느낄 수 있는 와인이다.

포조 살비, 키안티 콜리 세네지 카스파뇰로
Poggio Salvi, Chianti Colli Senesi Caspagnolo

- 와이너리 Poggio Salvi
- 생 산 국 이탈리아
- 생산지역 토스카나
- 수 입 사 나라셀라
- 타 입 레드
- 포도품종 산조베제 90%, 메를로 10%
- 등 급 –
- 보 디 ●●●●○
- 용 량 750ml
- 음용온도 16~18℃

토스카나의 전통적 제품인 키안티 스타일의 카스파뇰로는 산조베제 품종에 메를로를 블렌딩함으로써 탁월한 균형감과 풍미, 벨벳 같은 탄닌을 보여주는 와인이다. 10년 까지 숙성이 가능한 이 와인은 다양한 파스타 및 가금류와 완벽한 매치를 이루는 푸드 와인으로서, 싱그러운 과일향과 부드러움으로 언제 마셔도 즐거운 제품이다. 바이올렛 향기 속에 부드러운 탄닌과 잘 짜인 균형감이 일품인 와인이다.

밀라노식 양갈비 커틀릿

Match Point

각종 허브, 빵가루로 요리한 양갈비구이는 개성이 풍부하고, 균형 잡힌 바디감 있는 풀 바디의 화이트 와인과도 잘 어울리며, 산도가 있고 바이올렛 향이 강한 풀 바디의 레드 와인과도 비교적 잘 어울린다. 바삭한 허브 크러스트의 맛과 그 안을 감싼 양갈비의 육즙과 한 모금의 호주산 시라 와인이 목젖을 타고 내릴 때의 기쁨은 천상의 맛과 향이 될 것이다.

카르피네타 폰탈피노, 키안티 클라시 코
Carpineta Fontalpino, Chianti Classico

- 와이너리 Carpineta Fontalpino
- 생 산 국 이탈리아
- 생산지역 토스카나
- 수 입 사 나라셀라
- 수상경력 –
- 타 입 레드
- 포도품종 산조베제 100%
- 등 급 DOCG
- 보 디 ●●●●●
- 용 량 750ml
- 음용온도 17~18℃

키안티 클라시코 특유의 발랄한 과일 향과 산도, 부드러운 탄닌을 간직하면서 남부 키안티 지역의 테루아르를 잘 담아내고 있는 세계에서 가장 아름다운 키안티 클라시코 와인이다. 제비꽃 향에서 점차 자두, 체리, 커런트 향이 풍부하게 다가오며 입에서는 부드럽고 우아하면서 산조베제 포도 특유의 신선함이 잘 살아 있음을 느낄 수 있다.

페우도 안티코, 툴룸 비앙코
Feudo Antico, Tullum Bianco

- 와이너리 Feudo Antico
- 생 산 국 이탈리아
- 생산지역 아브루초
- 수 입 사 나라셀라
- 타 입 화이트
- 포도품종 트레비아노 75%, 파세리나 15%, 페코리노 10%
- 등 급 DOC
- 보 디 –
- 용 량 750ml
- 음용온도 10~12℃

확실한 개성과 풍부한 부케가 특징인 툴룸 비앙코 와인은 아드리아해를 내려다보는 해발 250m의 포도밭에서 탄생한다. 10월 중순에 수확된 포도는 툴룸의 전통적인 양조방법에 따라 알코올 발효 전 짧은 침용과정을 거치게 되는데, 이를 통해 특유의 복합미와 개성을 갖추게 된다. 배, 사과 등의 깔끔하면서도 풍부한 과일 향이 피어나며 입안에서 탁월한 균형감과 복합미, 상쾌함 등을 느낄 수 있다.

레드 와인소스를 곁들인 소안심 스테이크

Match Point

구운 피망, 구운 감자를 곁들인 안심 스테이크는 풍미가 강한 레드 와인 소스로 인해 스파이시하고, 바닐라 향이 강한 오크통에서 숙성한 풀 바디의 레드 와인과 조화를 이룬다. 메인요리의 완결 프랑스 보르도 지방의 카베르네 소비뇽, 이탈리아 피아몬테 바롤로와의 조합은 생각만으로도 황홀하다.

라 마사, 조르지오 프리모
La Massa, Giorgio Primo

- **와이너리** La Massa
- **생 산 국** 이탈리아
- **생산지역** 토스카나
- **수 입 사** 나라셀라
- **수상경력** 빈티지 주요 점수 2006, RP94 / 2006, WS94 / 2007, WS97
- **타 입** 레드
- **포도품종** 메를로 50%, 카베르네 소비뇽 45%, 프티 베르도 5%
- **등 급** –
- **보 디** ●●●●●
- **용 량** 750ml
- **음용온도** 16~18℃

슈퍼 투스칸 와인의 전형적인 블렌딩으로 완성된 이 와인은 사시카이아, 마세토를 잇는 차세대 슈퍼 투스칸 와인이다. 새 프렌치 오크통에서 18개월간 숙성되면서 풍부한 복합미와 숙성력을 갖추게 된다. 제비꽃, 검은 과일, 미네랄 느낌이 우아하게 배어 있으며, 풍부한 질감이 인상적이다.

포조 살비, 브루넬로 디 몬탈치노
Poggio Salvi, Brunello di Montalcino

- **와이너리** Poggio Salvi
- **생 산 국** 이탈리아
- **생산지역** 토스카나
- **수 입 사** 나라셀라
- **타 입** 레드
- **포도품종** 산조베제 100%
- **등 급** DOC
- **보 디** ●●●●●
- **용 량** 750ml
- **음용온도** 17~18℃

최고의 품질을 보여주는 산조베제 포도를 100% 손으로 수확하여 제조하는 이 와인은 놀랍도록 우아한 향과 부드러운 탄닌, 그리고 탄탄한 구조감을 지녔다. 20년 이상 숙성이 가능하며, 구운 육류요리, 숙성된 치즈, 버섯 등 다양한 음식과 함께할 수 있다. 아울러 오래 지속되는 풍부한 여운은 이 와인의 매력을 더하고 부드러운 탄닌 속에서 피어나는 스파이시함과 바닐라향이 오감을 황홀하게 만족시켜 준다.

도미 카르토초

Match Point

케이퍼, 올리브오일, 마늘, 양파, 주키니, 토마토, 오레가노, 바질 등으로 찜과 오븐구이 맛을 동시에 느낄 수 있는 특이한 도미요리다. 이 찜요리와는 균형 잡힌 스파클링 와인, 또는 붉은 과일 향이 잘 배어 있는 로제 스파클링 와인, 미디엄 바디의 화이트 와인과 잘 어울린다.
각종 허브 향이 스며 있는 도미요리에 과일향 물씬 풍기는 소테른 와인 한 잔은 우리의 음식 문화를 풍요롭게 해줄 것이다.

카델 보스코, 프란차코르타 퀴베 프레스티지 375ml
Ca'del Bosco, Franciacorta Cuvee Prestige 375ml

- **와이너리** Ca'del Bosco
- **생 산 국** 이탈리아
- **생산지역** 프란차코르타
- **수 입 사** 나라셀라
- **수상경력** –
- **타　　입** 스파클링
- **포도품종** 샤르도네 75%, 피노 비앙코 10%, 피노 네로 15%
- **등　　급** DOCG
- **보　　디** ●●●○○
- **용　　량** 750ml
- **음용온도** 8~9℃

카델 보스코의 기준을 가장 완벽히 표현한 와인으로 고소한 토스트향과 함께 배, 사과, 살구, 자두, 복숭아 등의 향이 코를 즐겁게 한다. 입안 가득 부드럽게 감싸는 섬세한 기포와 여운부의 바닐라와 버터의 흥취가 좋은 산도와 함께 어우러져 우아한 스타일을 완성한다. 매우 조화롭고 신선한 고급 프란차코르타이다.

카델 보스코, 퀴베 프레스티지 로제
Cadel Bosco, Cuvee Prestige Rose

- **와이너리** Cadel Bosco
- **생 산 국** 이탈리아
- **생산지역** 프란차코르타
- **수 입 사** 나라셀라
- **타　　입** 스파클링
- **포도품종** 피노 네로 75%, 샤르도네 25%
- **등　　급** DOCG
- **보　　디** ●●●○○
- **용　　량** 750ml
- **음용온도** 8~9℃

카델 보스코의 기준을 완벽히 표현한 와인으로 화이트 스파클링의 섬세함과 레드 와인의 구조감을 담은 아름다운 와인이다. 레드와 화이트 품종을 별도로 양조해서 8개월간 정제시킨 후 마법과도 같은 블렌딩을 창조한다. 지하 셀러에서 12℃의 온도로 무려 30개월간 효모와 함께 숙성되는 이 로제와인은 스파클링 와인이 보여줄 수 있는 최상의 복합미와 품격, 우아함을 갖추게 된다. 탁월하고 섬세한 구조감이 인상적이며 싱그러운 붉은 과일향이 잘 배어 있다

4 한식과 와인의 조화

Chapter

한식과 와인

한식과 와인의 관계를 한마디로 표현하기는 어렵다. 이런 표현이 어울릴지 모르겠지만 한국 사람과 유럽 사람의 국제 결혼한 부부관계라고 하면 어떨까 하는 생각이 든다. 2~30년 전만 하더라도 굉장히 어색했는데 현재는 그런대로 어색함이 줄어든 느낌이다.

상반된 문화에서 자라고 서로 다른 교육을 받은 사람끼리 사랑이라는 공통점(음식과 술) 하나로 결혼생활을 영위하면서 문화적 갈등을 해소하기란 여간 어려운 과정이 아니듯 그 어색함의 내면을 보면 몇 가지의 규칙성을 볼 수 있다.

첫째, 음식과 술안주의 조화

우리 문화에서는 주안상이라는 상차림이 있을 정도로 우리 술과 음식은 잘 어울린다. 하지만 유럽에는 우리와 같은 술문화는 없다. 와인바에 술안주 메뉴는 거의 찾아볼 수 없을 정도다. 간혹 간단한 치즈, 비스킷 정도인 경우가 대부분이다.

둘째, 매운 음식과 와인의 조화

우선 '부자연스럽다'라는 표현을 하고 싶다. 유럽의 음식에도 매운 음식이 있지만 우리 음식의 매운 맛과는 사뭇 다르다.

우리 음식에 주로 사용되는 매운 맛은 유럽 음식에 비해 그 여운이 오래가는 맛을 추구하는 음식이 많기 때문에 여간 까다로운 것이 아니다. 그래서 이런 경우에는 굳이 주재료와의 와인 조합보다는 양념에 맞는 스파클링이 있는 마리아주의 선택이 효과적일 것 같다. 그 이유는 매운 맛을 상쇄시키기 때문이다.

셋째, 국물이 있는 음식과의 조화

이런 경우 역시 부자연스럽다. 유럽의 메인 음식에 국물이 있는 경우는 극히 드물다. 그들은 우리의 음식과 국의 관계처럼 음식을 시작하면서 마칠 때까지 와인을 조금씩 코스 음식에 맞게 마시며 즐긴다. 우리 음식의 국도 서양의 와인처럼 주식인 밥을 먹으면서 국과 반찬을 조금씩 먹는다. 그 이유는 물을 마시는 목 넘김의 효과가 있기 때문이다. 우리 음식의 탕과 찜 정도는 어느 정도 조화를 이룰 수 있지만 국은 다소 무리가 있는 듯하다.

넷째, 와인과 잘 어울리는 우리 음식

지나치게 짠맛, 신맛, 쓴맛, 단맛, 매운 맛은 기본적으로 와인과의 조합이 잘 이루어지지 않는다고 보면 좋다. 왜냐하면 와인의 미묘하고 복잡한 맛과 향을 느낄 수 없게 만들기 때문이다. 인고의 노력과 결실로 만든 와인을 한 순간 마셔버리는 일반 음료수처럼 마실 바에는 차라리 마시지 않는 게 좋을 것 같다. 우리 음식과 잘 어울리는 음식들을 살펴보면 다음과 같다. 우선 사찰음식이 그 메인구성에 따라 다양하게 와인을 즐길 수 있을 것 같다. 또 육전과 해산물전, 생선찜, 돼지고기 보쌈과 생선, 고기구이, 튀김류 또한 마찬

가지로 각종 지역과 비슷한 환경, 생육, 생태 조건과 결부시켜 와인과 결합하면 훌륭한 동서양의 조합이 이루어지리라 생각한다. 우리 음식의 조리법과 소스, 드레싱류 등의 개발로 와인과의 자연스런 조합은 물론이고, 젊은 전문 셰프들의 끊임없는 노력으로 우리 음식이 세계인의 입맛을 사로잡을 날이 머지않아 오리라 믿는다.

신선로

Match Point

맑은 고기국물, 양, 쇠고기, 당근, 달걀, 석이버섯, 미나리, 천엽, 흰살 생선, 표고버섯 등을 이용한 신선로의 특징적인 맛은 연한 맛국물에 익혀 먹는 우리나라의 대표적인 반가음식이다.

재료의 다양성에 초점을 맞추지 말고 국물의 담백함에 초점을 맞추어 와인을 선택하는 것이 좋겠다. 풀 바디의 풍미가 있는 화이트 와인과 잘 어울린다.

국물을 먹으면서 와인을 먹는다면 옥상옥의 느낌이 들 것이다. 와인을 마실 때는 국물의 양은 적당히 먹으면서 내용물을 먹으면 더욱 훌륭한 조합이 될 것이다.

켄달 잭슨, 빈트너스 리저브 소비뇽 블랑
Kendall-Jackson, Vintner's Reserve Sauvignon Blanc

- 와이너리 Jackson Family Wine
- 생 산 국 미국
- 생산지역 캘리포니아
- 타 입 화이트
- 포도품종 소비뇽 블랑
- 보 디 ●●●○○
- 용 량 750ml
- 음용온도 8~10℃

미디엄 바디의 소비뇽 블랑이며 잘 익은 배와 신선한 레몬향과 같은 풍부한 아로마가 와인을 더욱 활기 넘치게 하며 미묘한 미네랄과 라임의 풍미 또한 배어 있는 와인이다.

돌체두리만
Dolce Durimaan

- 와이너리 Casa Vinicola Caldirola SPA
- 생 산 국 이탈리아
- 생산지역 피에몬테
- 타 입 레드
- 포도품종 람브루스코
- 보 디 ●●○○○
- 용 량 750ml
- 음용온도 10~12℃

딸기와 열대과일의 달콤한 향, 입안에서 느껴지는 부드러운 감미, 가벼운 산도가 조화를 이룬 와인. 드라이 레드와인의 산도와 탄닌이 부담스러운 사람들도 편하게 마실 수 있다.

갈비찜

Match Point

각종 채소와 소갈비찜은 양념맛이 강하여 탄닌 성분이 강하며 스파이시한 미디엄 바디와 풀 바디의 레드 와인과 잘 어울린다. 매운 찜과 순한 찜의 경우 와인의 선택을 달리하고 조리할 때 오랜 시간 조려 진한 소스 맛과의 조합도 충분히 고려하면 좋을 것이다. 프랑스 론 지역의 그르나슈, 말벡으로 만든 와인과의 만남은 긴 가뭄 끝의 단비 같은 조합이다.

양가라 올드 바인 그르나슈
Yangarra Old Vine Grenache

- **와이너리** Jackson Family Wine
- **생 산 국** 오스트레일리아
- **생산지역** 맥라렌 베일
- **타 입** 레드
- **포도품종** 그르나슈
- **보 디** ●●●●○
- **용 량** 750ml
- **음용온도** 16~18℃

유기농법의 최상위 단계인 바이오다이내믹농법으로 생산한 와인으로 100% 자사 소유의 포도밭에서 재배한 포도만으로 생산하는 와인이다. 체리, 자두, 말린 꽃, 코코아와 시나몬, 스파이스가 어우러진 아로마와 집중된 산도, 탄닌, 미네랄의 느낌 등이 조화롭게 어우러진 복합적인 풍미의 와인이다.

샤토 라 플뢰르 푸레
Chateau La Fleur Pourret

- **와이너리** Domaine Manoncourt
- **생 산 국** 프랑스
- **생산지역** 생테밀리옹
- **타 입** 레드
- **포도품종** 말벡, 카베르네 프랑, 카베르네 소비뇽
- **보 디** ●●●●●
- **용 량** 750ml
- **음용온도** 18~20℃

샤토 피작 패밀리 와인으로 샤토 피작 와이너리에서 멀지 않은 곳에 위치한 생테밀리옹에서 우수한 품질의 포도만을 사용하여 그랑 크뤼 와인을 생산하고 있다. 토스트향, 스파이시한 향이 어우러져 있으며 레드 커런트와 같은 과일향의 복합적인 아로마가 매력적으로 다가온다. 부드러운 탄닌과 함께 오크와 과일의 풍미를 오래 느낄 수 있는, 특히 맛의 밸런스가 좋은 와인이다.

과메기

Match Point

해풍에 말린 꽁치 또는 청어로 만든 과메기와 각종 신선한 채소, 초고추장, 된장소스의 과메기 요리는 해풍에 말려 그 풍미는 강한 듯 섬세하고, 감칠맛이 난다. 로제 스파클링 와인이나 향이 강한 호주산 시라 품종의 와인과 잘 어울린다.

빌라 엠 로소
Villa M Rosso

- **와이너리** Gianni Gagliardo
- **생 산 국** 이탈리아
- **생산지역** 피에몬테
- **타 입** 레드
- **포도품종** 브라케토
- **보 디** ●●○○○
- **용 량** 750ml
- **음용온도** 6~8℃

로맨틱한 장밋빛 색상과 함께 향긋한 달콤함으로 여성들에게 큰 인기를 끌고 있는 와인. 영롱한 레드 컬러와 부드러운 스파클링이 특징이며 달콤하고 향긋한 과일향이 마시는 매순간 기분 좋은 산뜻함을 선사한다. 약발포성 레드 스위트 와인.

로저 구라트 브륏 로제
Roger Goulart Brut Rose

- **와이너리** Roger Goulart
- **생 산 국** 스페인
- **생산지역** 페네데스
- **타 입** 로제
- **포도품종** 가르나차, 모나스트렐, 피노 누아
- **보 디** ●○○○○
- **용 량** 750ml
- **음용온도** 6~8℃

스페인 고유의 품종을 사용하고 샴페인과 같은 제조법으로 만들어진다. 때문에 샴페인과 같이 섬세하고 치밀한 거품이 일어난다. 우아하고 향기로운 향과 깊은 감칠맛을 가지고 있는 스파클링 와인이다. 체리향, 딸기향 등을 느낄 수 있다.

꼬치구이

Match Point

각종 고기, 채소와 은행으로 꼬치구이해서 양념한 요리는 종류가 다양하므로 꼬치마다 와인을 폭넓게 선택할 수 있다. 산도와 당도의 밸런스가 좋으며 깔끔하고 상쾌한 화이트 와인에서 부터 탄닌의 무게감이 적당한 미디엄 바디의 레드 와인과 잘 어울린다.

안티노리, 산타 크리스티나
Antinori, Santa Cristina

- **와이너리** Antinori
- **생 산 국** 이탈리아
- **생산지역** 토스카나
- **타　　입** 레드
- **포도품종** 산조베제, 카베르네 소비뇽, 메를로, 시라
- **보　　디** ●●●○○
- **용　　량** 750ml
- **음용온도** 16~18℃

이탈리아 최고의 와인 명가 안티노리사가 1946년부터 생산하기 시작한 레드 와인 산타 크리스티나는 오랫동안 이탈리아뿐 아니라 세계 와인업계에서 양조의 모범으로 여겨졌다. 루비 색상에 보랏빛이 살짝 감도는 매력적인 색상을 띠고 있다. 라즈베리나 체리와 같은 붉은 과일의 향과 함께 이어지는 기분 좋은 꽃향기를 느낄 수 있으며 입안에서는 부드러우면서 좋은 밸런스, 달콤한 탄닌과 무게감이 세련된 피니시를 연출한다.

산타 크리스티나 피노 그리지오
Santa Cristina Pinot Grigio

- **와이너리** Antinori
- **생 산 국** 이탈리아
- **생산지역** 시칠리아
- **타　　입** 화이트
- **포도품종** 피노 그리지오
- **보　　디** ●●●●○
- **용　　량** 750ml
- **음용온도** 8~10℃

옅은 황금빛을 띠며 복숭아향과 잘 익은 사과 아로마가 풍부하다. 상쾌하게 톡 쏘는 듯한 맛이 나며 아삭아삭한 느낌의 맛있는 산도와 당도의 밸런스가 좋다. 깔끔하고 상쾌한 맛이 일품이다. 최근 시칠리아 와인의 명성이 높아지고 있는데 화산지대로 이루어진 시칠리아의 와인은 미네랄 맛이 풍부하여 아주 세련되고 고급스런 맛이 특징이다.

모리국수

Match Point

각종 해물에 칼국수를 넣고 끓인 모리국수는 포항지역의 특색 있는 칼국수로 국수의 맛은 담백한 화이트 와인과 잘 어울리며, 국물 맛은 진한 해산물향이 나므로 조금은 바디가 약한 레드 와인을 차게 해서 먹으면 잘 어울린다. 프랑스 보졸레 지역의 보졸레 누보와의 조합이 기대된다.

안티노리, 캄포그란데 오르비에토 클라시코
Antinori, Campogrande Orvieto Classico

- **와이너리** Antinori
- **생 산 국** 이탈리아
- **생산지역** 움브리아
- **타　　입** 화이트
- **포도품종** 프로카니코, 그레케토, 베르델로
- **보　　디** ●●●○○
- **용　　량** 750ml
- **음용온도** 8~10℃

안티노리사 제품 중 전 세계적으로 가장 많이 판매되는 화이트 와인. 이탈리아 최대의 화이트 와인 생산지역 중 하나인 움브리아 지방의 오르비에토 마을 주변의 포도밭에서 생산된다. 오르비에토는 마을 이름이나 화이트 와인과 동의어로 쓰일 만큼 그 명성이 높은 곳이다. 밝은 노란빛과 창백한 초록빛이 어우러진 아름다운 색상을 띠고 있으며 풍부하면서도 우아한 과일향과 입안을 채워 주는 느낌을 주는 조화롭고 부드러운 맛의 정통 움브리아 지역의 화이트 와인이다.

빌라 엠
Villa M

- **와이너리** Gianni Gagliardo
- **생 산 국** 이탈리아
- **생산지역** 피에몬테
- **타　　입** 화이트
- **포도품종** 모스카토 100%
- **보　　디** ●○○○○
- **용　　량** 750ml
- **음용온도** 6~8℃

와인계의 베스트셀러라 불리며 지난 15년간 대중적인 인기를 끌고 있는 이탈리아 와인 브랜드로 모스카토 열풍의 주역이라 할 수 있다. 밝고 투명한 황금빛에 부드럽고 은은한 기포가 있으며 아카시아 등 달콤한 흰 꽃향기와 잘 익은 과일향이 매력적이다. 시원하면서도 상큼하고 달콤한 약발포성 화이트 와인으로 식전주나 간단한 샐러드, 자극적이지 않은 음식들과 좋은 궁합을 보인다.

물회

Match Point

갖은 양념과 여러 종류의 회를 비벼 시원한 물을 부어 만든 물회는 동해 지역의 토속적인 회의 일종으로 어울리는 와인은 매운 맛을 상쇄시킬 수 있는 감귤의 풍미와 산도가 있는 풀 바디의 화이트 와인에서 신선한 딸기향을 느낄 수 있는 로제 와인과 잘 어울린다.

고추장 맛의 매운 음식은 와인의 선택이 매우 까다롭다. 매운 여운이 입에 오래 머물고 있어 그 느낌을 상쇄시키려면 알코올 도수가 높은 포트 와인이나 마르살라 와인과의 조합도 좋을 것 같다.

샤토 드 라 리비에르 로제
Chateau de la Riviere Rose

- **와이너리** Chateau de la Riviere
- **생 산 국** 프랑스
- **생산지역** 보르도
- **타 입** 로제
- **포도품종** 메를로, 카베르네 소비뇽
- **보 디** ●○○○○
- **용 량** 750ml
- **음용온도** 10~12℃

살구빛을 연상시키는 은은한 색상, 신선한 나무딸기, 체리향, 장미향, 바이올렛향 등을 느낄 수 있다. 입안에 퍼지는 감미로운 산미가 매력적인 와인이다.

아방트 소비뇽 블랑
Avant Sauvignon Blanc

- **와이너리** Kendall Jackson
- **생 산 국** 미국
- **생산지역** 캘리포니아
- **타 입** 화이트
- **포도품종** 소비뇽 블랑
- **보 디** ●○○○○
- **용 량** 750ml
- **음용온도** 8~10℃

라임, 감귤, 패션프루트의 풍미와 함께 신선한 산미가 어우러져 균형감이 좋은 화이트 와인. 제조에서 병입까지 100% 풍력에너지로 생산했다는 특징이 있다.

미꾸라지 숙회

Match Point

미꾸라지와 각종 양념을 한 숙회는 토속적인 우리나라 향토음식으로 향이 자극적이다. 국물요리와 와인은 대체로 잘 어울리지 않는다. 이 요리의 특징은 미꾸라지와 들깨향이 자극적이라 알코올 도수가 높고 향이 강하며 균형이 잘 잡힌 미디엄 바디의 레드 와인과 잘 어울린다.

카실레로 델 디아블로 메를로 375ml
Casillero del Diablo Merlot 375ml

- **와이너리** Concha y Toro
- **생 산 국** 칠레
- **생산지역** 라펠 밸리
- **타 입** 레드
- **포도품종** 메를로
- **보 디** ●●●○○
- **용 량** 750ml
- **음용온도** 18~20℃

체리향과 감초향이 도드라지는 것이 특징이며 바닐라향과 커피향 등도 느낄 수 있다. 탄닌이 강하지 않고 산도 역시 날카롭지 않다. 부드러운 맛을 우아하게 표현한 균형 잡힌 미디엄 바디 와인이다.

카데 도크 메를로
Cadet d'Oc Merlot

- **와이너리** Baron Philippe de Rothschild
- **생 산 국** 프랑스
- **생산지역** 랑그도크
- **타 입** 레드
- **포도품종** 메를로
- **보 디** ●●○○○
- **용 량** 750ml
- **음용온도** 16~18℃

밝은 루비빛을 띠는 이 와인은 산딸기, 체리 등과 같은 붉은 과일의 그윽한 아로마가 전해지는 와인이다. 부드러운 탄닌과 알코올, 산도가 입안에서 적절한 조화를 이루어 마시기 좋다.

약선 돼지수육

Match Point

보통의 돼지고기 요리는 지방질이 많아 리치한 맛을 느끼지만, 돼지고기를 쪄서 얇게 썬 수육은 맛이 부드럽고 담백하므로 그 소스에 따라 다양하게 와인을 선택할 수 있다. 약한 바디의 레드 와인, 아로마와 부케향이 풍부한 풀 바디의 밸런스가 잘 잡힌 화이트 와인과도 잘 어울린다. 돼지고기는 흰살 육고기이므로 화이트 와인과도 무난하게 잘 어울린다.

마르케제 안티노리 키안티 클라시 코리세르바
Marchese Antinori Chianti Classico Riserva

- **와이너리** Antinori
- **생 산 국** 이탈리아
- **생산지역** 토스카나
- **타 입** 레드
- **포도품종** 산조베제, 카베르네 소비뇽
- **보 디** ●●●●●
- **용 량** 750ml
- **음용온도** 16~18℃

'안티노리의 후작'이라는 뜻의 '마르케제 안티노리'를 생산하기 위해 안티노리사는 최고의 포도만을 엄선하여 가문의 위상을 지킨다. 진한 루비레드의 색상을 띠며 잘 익은 과일, 특히 블랙베리, 자두, 야생체리의 향이 풍부하다. 입안에서는 부드러운 탄닌과 좋은 구조 감을 느낄 수 있다. 긴 여운은 이 와인이 지닌 숙성 잠재력을 일깨워 준다.

리저브 무통 카데 생테밀리옹
Reserve Mouton Cadet Saint Emilion

- **와이너리** Baron Philippe de Rothschild
- **생 산 국** 프랑스
- **생산지역** 보르도
- **타 입** 레드
- **포도품종** 메를로, 카베르네 소비뇽, 카베르네 프랑
- **보 디** ●●●○○
- **용 량** 750ml
- **음용온도** 18~20℃

무통 카데는 1930년대 샤토 무통 로칠드의 세컨드 와인으로 출발하여 전 세계에서 연간 약 1,700만 병이 판매되는 와인으로 명실공히 이름을 떨쳤다. 생테밀리옹 지역 최고의 포도를 엄선하여 한정된 수량만 생산하는 뛰어난 품질의 와인이다. 맑고 선명한 붉은 빛의 와인으로 진한 베리류의 향기에 담배, 삼나무의 향기도 가볍게 느껴진다. 잘 짜인 구조와 잼 같은 느낌의 감촉을 가진 세련되고 부드러운 스타일의 와인이다.

닭백숙

Match Point

우리나라 대표 보양음식으로 고기의 맛은 담백하고 밥과 국물은 리치한 감이 있다. 고기는 미디엄 바디의 화이트 와인에서 국물과 함께 곁들일 경우는 과일향이 풍부한 미디엄 바디의 레드 와인과도 잘 어울린다.

비알레토 로소
Vialetto Rosso

- **와이너리** Istituto Enologico Italiano
- **생 산 국** 이탈리아
- **생산지역** 베로나
- **타 입** 카베르네 소비뇽, 메를로
- **포도품종** 메를로
- **보 디** ●●●○○
- **용 량** 750ml
- **음용온도** 8~10℃

풍부한 과일의 풍미와 깔끔한 달콤함을 함유한 이탈리아 스위트 레드 와인으로 다양한 음식과 편하게 어울릴 수 있는 와인이다.

빌라 안티노리 비앙코
Villa Antinori Bianco

- **와이너리** Antinori
- **생 산 국** 이탈리아
- **생산지역** 토스카나
- **타 입** 화이트
- **포도품종** 트레비아노, 피노 블랑, 리슬링, 피노 그리지오, 말바지아
- **보 디** ●●○○○
- **용 량** 750ml
- **음용온도** 8~10℃

풍부한 꽃향기와 복숭아, 파인애플 등의 향을 머금은 우아하고 품격 있는 와인. 입안에서 상큼함과 부드러움이 동시에 느껴지며 신선한 산미가 입맛을 자극하는 뛰어난 품질의 와인이다.

육회비빔밥

Match Point

각종 채소와 신선한 육회로 만든 육회비빔밥은 소고기의 담백함과 각종 나물로 어우러진 맛으로 대체로 담백한 맛을 내지만, 육회비빔밥의 양념장에 따라 와인의 선택은 달라진다.

맵지 않고 가벼운 양념장은 상큼하고 산도가 있는 미디엄 바디의 화이트 와인과 잘 어울리며 양념장이 맵고 강할 경우에는 풀 바디의 화이트 와인과 가벼운 바디의 레드 와인과도 잘 어울린다.

산타 크리스티나 피노 그리지오
Santa Cristina Pinot Grigio

- **와이너리** Antinori
- **생 산 국** 이탈리아
- **생산지역** 시칠리아
- **타 입** 화이트
- **포도품종** 피노 그리지오
- **보 디** ●●●●○
- **용 량** 750ml
- **음용온도** 8~10℃

옅은 황금빛을 띠며 복숭아향과 잘 익은 사과 아로마가 풍부하다. 상쾌하게 톡 쏘는 듯한 맛이 나며 아삭아삭한 느낌의 맛있는 산도와 당도의 밸런스가 좋다. 깔끔하고 상쾌한 맛이 일품이다. 최근 시칠리아 와인의 명성이 높아지고 있는데 화산지대로 이루어진 시칠리아의 와인은 미네랄 맛이 풍부하여 아주 세련되고 고급스런 맛이 특징이다.

켄달 잭슨, 빈트너스 리저브 샤르도네
Kendall-Jackson, Vintner's Reserve Chardonnay

- **와이너리** Kendall-Jackson
- **생 산 국** 미국
- **생산지역** 캘리포니아
- **타 입** 화이트
- **포도품종** 샤르도네
- **보 디** ●●●○○
- **용 량** 750ml
- **음용온도** 8~10℃

빈트너스 리저브 샤르도네는 풍부하고 부드러운 맛과 향으로 미국인의 입맛을 사로잡아 사상 초유의 샤르도네 열풍을 일으키는 데 크게 기여하였으며 지금까지 미국 내 베스트 셀링 와인으로 남아 있다. 망고, 파인애플, 파파야와 같은 열대과일의 풍미가 입안을 가득 채우면서 섬세한 바닐라와 허니 아로마가 와인의 구조를 더욱 돋보이게 한다. 오크통으로부터 오는 길고 부드러운 토스트의 여운이 특징인 와인이다.

5 중식과 와인의 조화

Chapter

중식과 와인

중국 음식과 와인은 한식에 비해 다양한 문화를 수용해서 그런지 비교적 잘 어울리는 경향이 있다. 역사적으로 보면 중국은 청나라 때부터 유럽과의 교역으로 와인문화가 흡수되었으며, 청나라 말기에는 외국인이 집단 거주하던 홍콩, 상하이, 북경을 중심으로 음식문화와 함께 자연스레 와인문화가 전파되었으리라 생각한다. (로마시대에 로마의 점령지에 로마군과 그의 가족 구성원이 상주하며 자연스레 로마에 동화되는 팍스로마나 현상처럼)

그 문화의 하나로 양조용 포도재배가 100년 전에 이루어져 지금은 중국 내에서 고가의 질 좋은 와인, 대중적인 와인 등 다양한 와인이 생산된다고 하니 그와 음식과의 관계는 우리나라 음식에 비하면 폭넓게 형성되어 있다. 몇 가지 특징적인 음식과 와인의 관계를 살펴보면 다음과 같다.

첫째, 베이징 요리는 중국 궁중요리로 발전했다. 강한 화력으로 짧은 시간에 조리하는 튀김, 볶음요리와 같이 열량이 높고 기름기가 많으며 맵고 짠 요리가 많다. 와인과의 조합은 소스가 헤비하면 풀 바디에 가까운 카베르네 소비뇽 등과 잘 어울리며 돼지고기의 경우는 변수가 많이 작용된다. 육류지만 찬 성질의 고기이기 때문에 가벼운 레드 와인과의 조합이 더 잘 어울린다.

둘째, 상하이는 중국 최고의 무역도시로 부상하며 다양한 요리의 특징을 모아 상해요리 체계가 형성되었다. 볶고 찌는 조리법을 주로 사용하는 상해요리는 농산물과 해산물이 모두 풍부하고 특유의 소스와 설탕을 섞어 조리는 조리법이 특징이다. 상해요리는 광둥요리에 비해 양념이 더 진하고 달며 기름지고 맵다는 특징이 있으며 한국인들 입맛에 상해음식이 제일 잘 맞는 이유는 우리에게도 친숙 한 간장을 사용하는 까닭이다. 와인과의 조합은 특별히 언급하지 않아도 폭넓은 마리아주의 선택을 예상할 수 있다. 특히 제3국에서 생산되는 와인의 피노 누아, 시라, 말벡, 진판델 등과의 어울림은 설렘을 주는 마리아주가 될 수 있을 것이다.

셋째, 사천요리는 우리나라 내륙지역의 특징과 유사한 점을 가지고 있으며 짜고 맵고 강한 향신료를 사용하는 경향이 많으며 입안이 얼얼하다 못해 통증이 날 정도다. 이러한 음식과 와인의 조합은 비교적 까다로운 경향이 있다.

와인과의 조화를 살펴본다면 스파클링이 있는 진판델 계열의 로제 와인과, 강하고 자극적인 향신료와 어울리는 그르나슈 같은 품종과 좋은 마리아주가 이루어질 수 있을 듯하다.

넷째, 광둥요리는 유럽식 요리법과 중국식 전통 요리법이 혼재되어 있어 세계인의 입맛을 사로잡는 인기 있는 메뉴들이 많다. 광둥요리는 자연의 맛을 그대로 살리기 위해 식재를 센 불에서 살짝만 익히고 간을 약하게 해 맛이 싱겁고 신선하며, 기름도 많이 사용하지 않아 담백한 맛을 자랑한다. 와인 또한 실로 다양한 조합을 보여줄 수 있을 것이다. 대표적인 예를 들자면 로브스터 구이요리와 샤르도네, 소비뇽 블랑, 굴소스를 이용한 샥스핀요리와 리슬링의 조화 등이 있다. 로제계열의 와인과도 환상의 마리아주가 될 것이다.

MEMO

초이삼

Match Point

중국의 고급채소로 흔히 청경채와 시금치의 중간 맛이다. 우리나라에서는 채심이라 부르며 주로 굴소스로 요리를 한다. 어울리는 와인은 시원하면서 상큼한 약발포성 와인이나 과일향이 풍부한 화이트 와인과 잘 어울린다.

빌라 엠
Villa M

- **와이너리** Gianni Gagliardo
- **생 산 국** 이탈리아
- **생산지역** 피에몬테
- **타 입** 화이트
- **포도품종** 모스카토 100%
- **보 디** ●○○○○
- **용 량** 750ml
- **음용온도** 6~8℃

와인계의 베스트셀러라 불리며 지난 15년간 대중적인 인기를 끌고 있는 이탈리아 와인 브랜드로 모스카토 열풍의 주역이라 할 수 있다. 밝고 투명한 황금빛에 부드럽고 은은한 기포가 있으며 아카시아 등 달콤한 흰 꽃향기와 잘 익은 과일향이 매력적이다. 시원하면서도 상큼하고 달콤한 약발포성 화이트 와인으로 식전주나 간단한 샐러드, 자극적이지 않은 음식들과 좋은 궁합을 보인다.

스테마리 모스카토
Stemmari, Moscato

- **와이너리** Mezzacorona
- **생 산 국** 이탈리아
- **생산지역** 시칠리아
- **타 입** 화이트
- **포도품종** 모스카토
- **보 디** ●○○○○
- **용 량** 750ml
- **음용온도** 8~10℃

스테마리 와이너리는 로버트 파커가 2015년 이내에 가장 전망 있는 와인지역으로 선정한 시칠리아의 중심부에 위치하고 있다. 포도가 자라기에 최적의 기후조건 덕분에 가격대비 훌륭한 와인을 생산하고 있다. 활기가 넘치는 밝은 노란색을 띤 이 와인은 향기로운 꽃내음이 그윽하게 배어 있다. 풍부한 과실의 특징들이 와인의 맛을 더욱 감칠나게 하는 역할을 한다.

딤섬

Match Point

중식의 고급 만두요리이며 피는 쌀 또는 밀가루와 전분가루로 사용되며 속재료는 요리의 이름에 따라 다양하게 육류, 해산물, 채소 등으로 만든다. 어울리는 와인은 속재료에 따라 선택할 수 있으며, 대체로 해산물 딤섬의 경우에 미디엄 바디의 로제 와인이나 꽃향기를 머금은 아로마와 부케향이 가득한 샤르도네, 소비뇽 블랑 품종의 화이트 와인과 잘 어울린다.

엠 샤푸티에, 타벨 로제
M. Chapoutier, Tavel Rose

- **와이너리** M. Chapoutier
- **생 산 국** 프랑스
- **생산지역** 코트 뒤 론
- **타 입** 로제
- **포도품종** 그르나슈 100%
- **보 디** ●●○○○
- **용 량** 750ml
- **음용온도** 8~10℃

프랑스 론 지방의 와인 명가 샤푸티에사는 1808년에 설립되어 7년째 가업을 이어가고 있으며 프랑스 최대의 유기농 와인회사이다. 타벨은 프랑스 로제와인 중에서도 최고로 꼽히며 프랑스 왕실, 교황청에서 애호하던 와인이다. 양조 시 24~36시간 침용 과정을 통해 색상을 얻고 로제와인으로는 드물게 2차 젖산 발효를 거쳐 부드럽고 풍부한 맛을 지닌다. 투명한 장밋빛을 띠며 잘 익은 살구향, 체리향이 느껴지는 우아한 로제 와인이다.

샤토 드 크뤼조 화이트
Chateau de Cruzeau White

- **와이너리** Andre Lurton
- **생 산 국** 프랑스
- **생산지역** 보르도
- **타 입** 화이트
- **포도품종** 소비뇽 블랑
- **보 디** ●●●○○
- **용 량** 750ml
- **음용온도** 10~12℃

앙드레 뤼통은 위대한 농부이자 보르도를 대표하는 와인메이커이다. 보르도에 29개의 샤토를 소유한 와인 가문이며 모든 와인은 자사 소유의 포도밭에서 생산한다. 이 와인은 은은한 꽃향기와 함께 감귤류, 열대과일향을 느낄 수 있으며 입안에서는 매우 우아하고 신선한 과일향과 토스트, 오크향을 맛볼 수 있다. 복합적인 아로마와 신선한 느낌이 매력적으로 다가오며 시간이 지나도 산뜻하고 기분 좋은 산미가 살아 있다.

가리비 라이스롤

Match Point

주재료인 쌀가루를 반죽하여 튀겨낸 중국식 어묵요리다. 소스는 주로 마요네즈 와사비 소스를 사용하며 겨자를 넣는다. 그 맛은 튀김 요리로 인해 우리나라 튀김어묵과 비슷하며 신선함과 적당한 산도의 화이트 와인과 잘 어울린다. 튀김요리는 탄산이 들어간 와인과도 비교적 잘 어울리며 특히 이탈리아산 모스카토 스푸만테의 조합은 가히 환상적이다.

샤토 구맹 화이트
Chateau Goumin White

- **와이너리** Andre Lurton
- **생 산 국** 프랑스
- **생산지역** 보르도
- **타　　입** 화이트
- **포도품종** 소비뇽 블랑, 세미용
- **보　　디** ●●○○○
- **용　　량** 750ml
- **음용온도** 8~10℃

선명하고 밝은 금빛을 띠며 꽃향기와 바닐라의 복합적인 아로마가 한데 어우러져 정교하고 상큼한 산도가 입안에서 훌륭한 밸런스를 이뤄 신선함을 느끼게 하는 와인이다.

무통 카데 소비뇽 블랑
Mouton Cadet Sauvignon Blanc

- **와이너리** Baron Philippe De Rothschild
- **생 산 국** 프랑스
- **생산지역** 보르도
- **타　　입** 화이트
- **포도품종** 가르나차, 모나스트렐, 피노 누아
- **보　　디** ●●○○○
- **용　　량** 750ml
- **음용온도** 8~10℃

봄에 어울리는 신선하고 상큼한 향이 느껴진다. 복숭아와 같은 과일향이 은은하게 입안에서 퍼지며 미세한 오크향이 전체적인 맛을 더한다. 편한 바디감으로 보르도의 소비뇽 블랑 그 자체의 퀄리티를 느낄 수 있는 모던하고 트렌디한 와인이다.

깐쇼새우

Match Point

튀김새우와 새콤달콤한 케첩소스를 곁들인 요리이므로 당도가 적당히 있는 아이스 와인, 리슬링 품종의 드라이한 화이트 와인이나 스파이시한 느낌이 있는 레드 와인과도 잘 어울린다.

대체로 매운 맛의 요리와 와인은 잘 어울리지 않지만 긴 여운이 남지 않는 매운 맛은 탄산으로 입가심하는 듯한 와인을 선택하면 무난하다.

휘겔 에 피스 게뷔르츠트라미너
Hugel & Fils Gewurztraminer

- **와이너리** Hugel & Fils
- **생 산 국** 프랑스
- **생산지역** 알자스
- **타 입** 화이트
- **포도품종** 게뷔르츠트라미너 100%
- **보 디** ●●●○○
- **용 량** 750ml
- **음용온도** 8~10℃

게뷔르츠트라미너 100%로 제조된 이 와인은 흰 후추, 정향과 같은 특유의 스파이시한 향이 튀지 않으면서도 잘 표현된 와인이다. 달콤하며 이국적인 과일향이 감지되나 맛에서는 전형적인 알자스 스타일의 드라이함이 느껴지는, 특히 양념으로 조리된 다양한 아시아 요리와 탁월한 궁합을 보여주는 마법사와 같은 와인이다.

스테마리 시라
Stemmari Syrah

- **와이너리** Mezzacorona
- **생 산 국** 이탈리아
- **생산지역** 시칠리아
- **타 입** 레드
- **포도품종** 시라
- **보 디** ●●●●○
- **용 량** 750ml
- **음용온도** 18~20℃

스테마리 와이너리는 로버트 파커가 2015년 이내에 가장 전망있는 와인지역으로 선정한 시칠리아의 중심부에 위치하고 있다. 이 와인은 화사한 루비색을 보여주고 있으며 스파이시한 느낌과 후추향이 조화를 이루고 있다. 농축된 야생과일의 풍미를 지니고 있으며 부드러운 탄닌은 와인을 한층 돋보이게 한다.

깐풍기

Match Point

닭튀김에 매콤달콤한 소스를 곁들인 중식의 대표적인 닭볶음요리다. 열대과일향이 풍부한 미디엄 보디의 화이트 와인이나 스파클링 와인이 잘 어울린다.

울프 블라스 골드 라벨 샤르도네
Wolf Blass Gold Label Chardonnay

- **와이너리** Wolf Blass
- **생 산 국** 오스트레일리아
- **생산지역** 애덜라이드 힐스
- **타 입** 화이트
- **포도품종** 시라, 네로 다볼라, 피노 네로, 탄낫
- **보 디** ●●●○○
- **용 량** 750ml
- **음용온도** 8~10℃

자몽, 살구, 그리고 열대과일의 아로마가 풍부하고 부드러우면서, 동시에 적절한 산도로 신선함을 높여준다. 애들레이드에서 100% 재배된 샤르도네는, 섬세하고 이국적인 맛과 향, 더불어 서늘한 기온으로 인해 빚어지는 균형 잡힌 산도로 인해, 와인의 구조미를 더욱 탄탄하게 해준다.

휘겔 에 피스 게뷔르츠트라미너
Hugel & Fils Gewurztraminer

- **와이너리** Hugel & Fils
- **생 산 국** 프랑스
- **생산지역** 알자스
- **타 입** 화이트
- **포도품종** 게뷔르츠트라미너 100%
- **보 디** ●●●○○
- **용 량** 750ml
- **음용온도** 8~10℃

게뷔르츠트라미너 100%로 제조된 이 와인은 흰 후추, 정향과 같은 특유의 스파이시한 향이 튀지 않으면서도 잘 표현된 와인이다. 달콤하며 이국적인 과일향이 감지되나 맛에서는 전형적인 알자스 스타일의 드라이함이 느껴지는, 특히 양념으로 조리된 다양한 아시아 요리와 탁월한 궁합을 보여주는 마법사와 같은 와인이다.

탄탄미엔

Match Point

쓰촨성의 대표적인 면요리이며 각종 채소와 고기 및 땅콩이 들어간 국물 요리로 맛은 칼칼한 매운 맛이 난다. 우아하면서 조화로운 맛을 지닌 미디엄 바디의 레드 와인과 잘 어울리며 특히 시라 계열의 품종과 잘 어울린다.

카스텔로 디 퀘르체토, 키안티 클라시코 유니콘
Castello di Querceto, Chianti Classico Unicorn

- **와이너리** Castello di Querceto
- **생 산 국** 이탈리아
- **생산지역** 키안티 클라시코
- **타 입** 레드
- **포도품종** 산조베제 85%, 카나이올로 15%
- **보 디** ●●●○○
- **용 량** 750ml
- **음용온도** 17~18℃

미디엄 바디로 지나치게 무겁지 않아서 편안하게 즐길 수 있고 맑게 빛나는 루비빛깔이 아름다우며, 섬세하고 우아하면서도 조화로운 향을 느낄 수 있다. 체리, 딸기, 커피향을 중심으로 부드러운 탄닌이 입안을 살포시 감싸주며, 12개월간 오크통에서 숙성시켜 동일 가격대에서는 만나기 힘든 다양한 향기와 복합미를 보여주는 질높은 와인이다.

애러건트 프로그 카베르네 메를로
Arrogant Frog Cabernet Merlot

- **와이너리** Paul Mas
- **생 산 국** 프랑스
- **생산지역** 랑그도크
- **타 입** 레드
- **포도품종** 카베르네 소비뇽, 메를로
- **보 디** ●●●●○
- **용 량** 750ml
- **음용온도** 18~20℃

프랑스 남부 랑그도크 지방의 주목받는 와인 생산자 도멘 폴 마스를 대표하는 와인 시리즈 '애러건트 프로그'. 프로그 와인 시리즈는 가격 대비 뛰어난 품질의 새로운 스타일의 프랑스 와인이다. 이 와인은 남프랑스의 풍부한 햇살을 듬뿍 받은 포도로 생산하여 진하고 생생한 붉은빛을 느낄 수 있다. 잘 익은 블랙베리의 신선하고 풍부한 향과 모카, 송로버섯, 스파이스, 바닐라 향기가 어우러져 있고 균형잡힌 산도와 탄닌이 입안에 즐거움을 전한다.

유린기

Match Point

튀긴 닭고기에 간장과 레몬을 기본으로 한 상큼하고 매콤한 맛을 내는 요리다. 당도와 산도가 약간 있는 스파클링 와인과 산뜻하고 드라이한 미디엄 바디의 레드 와인과도 잘 어울린다. 닭고기는 담백한 요리를 할 경우 화이트 와인과도 비교적 잘 어울린다.

디아블로 스파클링 브뤼 샤르도네
Diablo Sparkling Burt Chardonnay

- **와이너리** Concha y Toro
- **생 산 국** 칠레
- **생산지역** Limari Valley
- **타 입** 스파클링
- **포도품종** 샤르도네
- **보 디** ●○○○○
- **용 량** 750ml
- **음용온도** 6~8℃

디아블로는 칠레 제1위의 와인 회사이자 세계적인 명성을 지닌 '콘차이 토로'사의 글로벌 칠레와인 브랜드다. 세계 130여 개국에 수출되어 칠레와인 수출 1위를 점유하고 있으며 전 세계에 칠레와인의 열풍을 일으켰다. 이 스파클링와인은 상큼한 레몬의 아로마가 느껴지며 신선한 산도와 미네랄의 뉘앙스는 섬세하고 우아한 버블의 느낌과 잘 어우러져 긴 여운을 남긴다.

루이 라투르, 샤르도네
Louis Latour, Chardonnay

- **와이너리** Louis Latour
- **생 산 국** 프랑스
- **생산지역** 부르고뉴
- **타 입** 화이트
- **포도품종** 샤르도네
- **보 디** ●●●○○
- **용 량** 750ml
- **음용온도** 8~10℃

루이 라투르는 부르고뉴에서 가장 오랜 역사를 지닌 가족기업으로 1731년부터 와인을 생산하기 시작하여 현재 7대째에 이른 부르고뉴 대표 와인 명가다.
루이 라투르 샤르도네는 초록빛이 살짝 감도는 연한 노란색을 띠며 신선한 과일향, 은은한 꽃향기와 함께 상쾌한 산미가 돋보인다. 젖산 발효를 거쳤으며 스테인리스 발효조를 사용한 산뜻한 드라이 화이트 와인으로 비교적 무겁고 잔당이 남아 있는 신세계 샤르도네와는 완전히 다른 맛을 보여준다.

베이징덕

Match Point

화덕에서 기름기를 뺀 중국의 대표적인 오리요리다. 껍질은 크리스피하며 속살은 담백하고 풍미가 있는 맛을 낸다. 허브향이 잘 어우러지는 미디엄 바디의 화이트 와인과 과일 향이 풍부한 미디엄 바디의 레드 와인까지 다양하게 소화되는 요리다. 특히 호주산 말벡을 조금 차게해서 조합을 이루면 환상의 하모니를 이룰 것이다.

피오 체사레 아르네이스
Pio Cesare Arneis

- **와이너리** Pio Cesare
- **생 산 국** 이탈리아
- **생산지역** 피에몬테
- **타 입** 화이트
- **포도품종** 아르네이스
- **보 디** ●●○○○
- **용 량** 750ml
- **음용온도** 8~10℃

1881년에 설립되어 5대째 이어지고 있는 피오 체사레는 피에몬테를 대표하는 와인 명가다. 이 와인은 푸른 사과, 복숭아의 신선한 향기와 함께 타임, 오레가노, 샤프란 등 허브 향이 잘 어우러져 있다. 피에몬테 토착품종인 아르네이스 품종으로 만든 와인으로, 상쾌한 산도와 깔끔한 청량감이 기분 좋게 느껴진다. 아르네이스는 피에몬테 방언으로 '작은 악당'이라는 뜻을 가졌는데 재배하기 까다로운 까닭에 붙여진 이름이다.

비알레토 로소
Vialetto Rosso

- **와이너리** Istituto Enologico Italiano
- **생 산 국** 이탈리아
- **생산지역** 베로나
- **타 입** 레드
- **포도품종** 카베르네 소비뇽, 메를로
- **보 디** ●●●○○
- **용 량** 750ml
- **음용온도** 8~10℃

풍부한 과일의 풍미와 깔끔한 달콤함을 함유한 이탈리아 스위트 레드 와인으로 다양한 음식과 편하게 어울릴 수 있는 와인이다.

안심 양상추 굴소스 볶음

Match Point

튀긴 쇠고기 안심과 각종 채소 굴소스를 곁들인 음식이다. 중식에서 굴소스는 여러 종류의 음식에 폭넓게 사용한다. 간장과 오이스터 오일의 농도에 따라 음식과 잘 어울린다. 후추와 계피향이 나는 스파이시한 미디엄 바디의 레드 와인과 풍부하고 복합적인 향을 가진 풀 바디의 레드 와인과도 잘 어울린다.

카델 보스코, 마우리치오 차넬라
Cadel Bosco, Maurizio Zanella

- **와이너리** Cadel Bosco
- **생 산 국** 이탈리아
- **생산지역** 프란차코르타
- **타 입** 레드
- **포도품종** 카베르네 소비뇽 50%, 메를로 25%, 카베르네 프랑 25%
- **보 디** ●●●●●
- **용 량** 750ml
- **음용온도** 17~19℃

이탈리아의 상징적 와인 중 하나다. 카델 보스코의 최고 포도밭에서 자란 포도만을 압착한 포도즙은 중력만으로 온도조절이 되는 발효통으로 옮겨지고 병입도 산소와 진동이 없는 조건에서 이루어져 와인의 보존력을 극대화시킨다. 잔에 따르면 느껴지는 복합적이고 견고한 향기는 시간이 갈수록 풍부하고 강렬한 과일향으로 발전하고 꽃, 민트, 코코아, 바닐라의 여운이 아름답게 더해진다. 힘 있는 스타일로 부드러운 질감에 녹아든 완숙한 탄닌, 그리고 놀라울 정도로 오래 지속되는 여운이 있는 와인이다.

샌포드 피노 누아
Sanford Pino Noir

- **와이너리** Sanford Winery & Vineyard
- **생 산 국** 미국
- **생산지역** 캘리포니아
- **타 입** 레드
- **포도품종** 피노 누아
- **보 디** ●●●○○
- **용 량** 750ml
- **음용온도** 14~16℃

샌포드 와이너리는 캘리포니아 센트럴 코스트의 산타 바바라에서 최초로 피노 누아를 생산한 선구적인 와이너리다. 산타 바바라 카운티는 최근 가장 주목받는 샤르도네와 피노 누아 산지가 되었고, 기존의 스타일과는 차별되는 뛰어난 품질의 와인이 생산된다. 투명하게 빛나는 루비빛, 라즈베리, 체리, 말린 꽃과 함께 후추, 계피 같은 스파이시한 향도 느낄 수 있다. 상쾌한 산도와 잘 익은 과일의 신선한 감미, 가벼운 탄닌이 조화를 이룬 와인이다.

양장피

Match Point 신선한 해산물과 채소요리에 매콤한 겨자소스를 곁들인 요리다. 소비뇽 블랑과 같은 옅은 향이 감도는 화이트 와인과 달콤한 아로마를 느낄 수 있는 풀 바디의 화이트 와인과도 무난히 잘 소화할 수 있다.

맥스 리세르바 샤르도네
Max Reserva Chardonnay

- 와이너리 Vina Errazuriz
- 생 산 국 칠레
- 생산지역 카사블랑카 밸리
- 타 입 화이트
- 포도품종 샤르도네
- 보 디 ●●●●○
- 용 량 750ml
- 음용온도 8~10℃

에라주리즈사는 칠레 와인의 개척자이자 칠레와인의 고급화를 이끈 유서 깊은 와인 명가다. 설립자인 돈 막 시미아노 에라주리즈는 칠레 생산자로는 처음으로 직접 프랑스에서 최상의 포도품종을 가져와 1870년 아콩카과 밸리에 최초로 포도밭을 조성한 선구자였다. 이 와인은 밝은 노란색을 띠며 잘 익은 과일과 바닐라, 버터 스카치와 같은 달콤한 아로마를 느끼게 해준다. 향긋한 감귤향이 아로마에 복합성을 더하며 샤르도네 특유의 크리미함이 입안에 퍼지며 적당한 무게감과 발랄한 산도가 느껴진다. 모난 데 없이 전체적으로 둥근 느낌의 풍미를 느낄 수 있다.

에라주리즈, 싱글 빈야드 소비뇽 블랑
Errazuriz, Single Vineyard Sauvignon Blanc

- 와이너리 Vina Errazuriz
- 생 산 국 칠레
- 생산지역 아콩카과 밸리
- 타 입 화이트
- 포도품종 소비뇽 블랑
- 보 디 ●○○○○
- 용 량 750ml
- 음용온도 8~10℃

이곳에서 제조된 싱글 빈야드 소비뇽 블랑은 옅은 그린색이 살짝 감도는 황금빛을 띠고 있다. 구아바와 패션프루트와 같은 열대과일향이 풍부하며 고급 소비뇽 블랑의 특징인 미네랄과 허브향이 균형을 완벽하게 이루어 바디감이 뛰어난 부드럽고도 상쾌한 맛이 나는 와인이다. 아콩카과 밸리의 해안에 위치한 지역으로 새로이 원산지 명칭을 부여받았다.

6 일식과 와인의 조화
Chapter

일식과 와인

일본 음식과 와인은 우리나라 음식에 비해 일찍 유럽문화를 수용해서인지 비교적 잘 어울리는 경향이 있다. 역사적으로 보면 일본은 중국과 한국 음식의 영향을 받아 유사한 점이 많으나, 그 속에서도 그들만의 독특한 음식문화를 발전시켰다.

일본인들은 음식을 만들 때 조화를 중요시하는데, 이것은 그들의 다양한 조리법에도 잘 나타나 있다. 음식을 담는 그릇과의 조화 또한 중요하게 여겨 요리 자체를 하나의 예술품으로 만들기도 한다.

나가사키를 통해 유럽과의 교역으로 와인문화가 흡수되었으며, 일본의 와인 역사는 1868년 '메이지유신'을 통해 정치적 변혁과 경제적·사회적 변화가 시작된 근대화에 발맞춰 시작되었다. 1877년 일본 최초로 야마나시 와인 회사의 설립을 기점으로 유럽의 와인양조와 포도재배 기술을 받아들이기 위해 쓰지야와 다카노라는 두 젊은이를 유럽으로 유학 보낸 후, 1879년부터 본격적인 와인양조에 돌입하지만, 당시 와인 수요가 많지 않았던 터라 회사는 곧 문을 닫게 된다. 이를 계기로 일본 음식과 일본 와인은 수십 년을 서로 보완, 발전시켜 와인의 본국인 이탈리아, 프랑스인에서 찬사를 아끼지 않는 '신의 물방울'을 통해 그들의 음식과 와인문화를 전 세계에 알리는 계기가 되어 와인 강국을 놀라게 했다.

우선 일본 음식문화의 역사적·문화적·지리적·환경적 배경을 살펴보면, 일본 음식은 눈과 입으로 먹는다고 표현할 정도로 시각적인 면을 중시한다. 음식의 종류나 계절에 따라 도자기, 칠기, 유리제품 등을 조화시킴으로써 음식의 공간적·시각적 아름다움을 살리고 있다. 또한 그릇과 음식의 균형에 유의하여 큰 그릇에 너무 조금 담거나 작은 그릇에 소복이 담는 경우는 별로 없으며, 그릇끼리의 색채와 모양을 고려하여 빨강과 파랑, 흰색과 검은색 등을 배색한다.

일본에서는 불교의 영향으로 육식문화가 발달하지 못한 대신 콩 소비 중심의 독특한 식생활문화가 정착하였다. 일본의 음식문화는 생선과 채소를 주로 쓰면서 발전해 왔는데, 일본도 한국과 같이 쌀을 주식으로 하고, 채소와 해조류를 많이 사용한다. 일본의 음식문화가 한국이나 중국의 것과 뚜렷하게 다른 점은, 일본에서는 육류문화가 발달하지 못했다는 점이다. 일본에서 공개적으로 동물의 고기를 먹기 시작한 것은 지금으로부터 100여 년 전인 메이지(明治) 시대로 알려져 있다.

현대 일본 요리는 예로부터 전해져 오는 전통요리의 조리법과 외국문화와의 교류로 들여온 여러 외국 음식의 조리법을 병용하여 그들만의 독특한 조리법을 창조해 내고 있다.

일본 음식은 지리적인 특성에 따라 관동지방 음식과 관서지방 음식으로 나누어지며 전반적으로 유럽의 화이트 와인이나, 레드 와인의 풍미 가득한 와인을 기대할 수 없다. 하지만 그 역사에 비해 훌륭한 맛과 향을 토대로 하는 일본 음식과의 어울림은 실로 놀라울 따름이다.

MEMO

갯벌참굴

Match Point

레몬향을 곁들인 참굴에 어울리는 와인은 샤르도네를 주품종으로 한 우아하고 부드러운 스파클링 와인과 산뜻한 시트러스향 및 산도가 적당한 소비뇽 블랑과 잘 어울린다. 혀 끝에 전 해지는 굴향과 라임향을 머금은 프랑스산 샤블리는 오작교를 통해 만나는 견우와 직녀의 해후라 하겠다.

프로세코 메들리
Prosecco

- **와이너리** Zardetto
- **생 산 국** 이탈리아
- **생산지역** 코넬리아노, 베네토
- **타 입** 스파클링
- **포도품종** 프로세코 95%, 샤르도네 5%
- **보 디** –
- **용 량** 750ml
- **음용온도** 10℃

크리스털과 같은 맑은 빛이 감돌며, 기분 좋은 하얀 거품과 매끄러운 감촉이 매력적인 스파클링 와인이다. 산뜻하고 유쾌한 향기와 우아하게 부드럽고 조화로운 맛은 식사 전에도 완벽한 즐거움을 선사한다. 프로세코는 이탈리아식 피자는 물론 조개요리 또는 생선튀김, 그리고 매콤한 동양요리까지 두루두루 어울리는 와인이다.

오이스터 베이 소비뇽 블랑
Oyster Bay Sauvignon Blanc

- **와이너리** Oyster Bay
- **생 산 국** 뉴질랜드
- **생산지역** 말버러
- **타 입** 화이트
- **포도품종** 소비뇽 블랑
- **보 디** ●●○○○
- **용 량** 750ml
- **음용온도** 6~8℃

반짝이는 초록빛이 감도는 연노란색에 청사과, 풋풋한 풀향이 느껴진다. 풍부하고 우아한 아로마가 입안에서 전해지며 산뜻한 산도와 고급스러운 미네랄 터치가 훌륭한 밸런스를 이룬다. 특유의 청량감과 발랄함이 돋보이는 와인으로 뉴질랜드 소비뇽 블랑의 위상을 드높인 와인이다. 겨울철 생굴, 사계절 굴요리와 완벽한 마리아주를 만든다는 평을 듣고 있다.

멘타이코

Match Point

명태알에 고춧가루를 넣어 만든 요리로 명태알의 담백하고 고소한 맛과 매운 고추의 맛이 어우러지는 요리다. 레몬향이 감도는 상큼한 화이트 와인과 잘 어울린다.

피오 체사레, 가비
Pio Cesare, Gavi

- **와이너리** Pio Cesare
- **생 산 국** 이탈리아
- **생산지역** 피에몬테
- **타 입** 화이트
- **포도품종** 코르테제 100%
- **보 디** ●●○○○
- **용 량** 750ml
- **음용온도** –

1881년에 설립되어 5대째 이어지고 있는 피오 체사레는 피에몬테를 대표하는 와인 명가다. 이곳에서 제조된 이 와인은 감귤류의 상큼한 향기와 함께 정향, 너트메그 같은 향신료의 향도 느낄 수 있다. 생생하고 깔끔한 산도와 가벼운 생크림 같은 무게감이 어우러진 상쾌한 와인이다. 가비는 피에몬테의 남쪽에 위치한 지역으로 100% 코르테제 품종으로 만든 화이트 와인을 생산한다. 이탈리아 화이트와 인으로는 가장 먼저 세계적인 인지도를 얻었으며, 현재도 가비는 피에몬테를 대표하는 화이트 와인이다.

산타 크리스티나 비앙코
Santa Cristina Bianco

- **와이너리** Antinori
- **생 산 국** 이탈리아
- **생산지역** 움브리아
- **타 입** 화이트
- **포도품종** 그레케토, 프로카니코
- **보 디** ●○○○○
- **용 량** 750ml
- **음용온도** –

이탈리아 최고의 와인 명가 안티노리사가 1946년부터 생산하기 시작한 와인 '산타 크리스티나'는 오랫동안 이탈리아 뿐 아니라 세계 와인업계에서 와인양조의 모범으로 여겨졌다. 투명하고 밝은 레몬 빛을 띠는 와인으로 신선하고 우아하며 꽃향기와 과일향이 어우러진 향기가 풍부하다. 입에서는 부드러운 감촉과 신맛의 밸런스가 좋아 기분 좋은 목넘김을 느낄 수 있다. 독특한 꽃내음이 지속되어 피니시가 상쾌하다.

라멘샐러드

Match Point

일본 퓨전요리로 샐러드에 생면을 삶아 곁들인, 이탈리아식 찬 파스타와 비슷한 요리다. 미디엄 바디의 화이트 와인과 과실향이 풍부한 로제 와인과도 잘 어울린다.

돈나푸가타 루메라
Donnafugata Lumera

- **와이너리** Donnafugata
- **생 산 국** 이탈리아
- **생산지역** 시칠리아
- **타 입** 로제
- **포도품종** 시라(Syrah), 네로 다볼라(Nero d'Avola), 피노 네로(Pinot Nero), 탄낫(Tannat)
- **보 디** ●○○○○
- **용 량** 750ml
- **음용온도** 10~12℃

맑고 투명한 장밋빛에 석류, 건포도, 산딸기와 같은 과실향과 아카시아와 같은 꽃향이 생생하게 느껴지고 상큼한 산도와 부드러움이 완벽하게 균형을 이룬다. 다양한 요리와 함께 즐길 수 있는 매혹적인 로제 와인이다.

케이머스 메르 – 솔레이 샤르도네
Caymus Mer - Soleil Chardonnay

- **와이너리** Caymus Vineyards
- **생 산 국** 미국
- **생산지역** 나파 밸리
- **타 입** 화이트
- **포도품종** 샤르도네
- **보 디** ●●●○○
- **용 량** 750ml
- **음용온도** 10~13℃

감귤류, 무화과, 배, 파인애플, 멜론 등 온갖 과일향이 풍부하며 굉장히 활력있는 산도가 긴 여운을 드리우며 응집된 여러 맛들이 입안에서 마치 폭발하는 듯한 강렬한 느낌을 주는 흔치 않은 와인이다.

돈코쓰라멘

Match Point

돼지고기를 소재로 한 일본의 후쿠오카 지역의 대표적인 면요리다. 국물은 진한 편이고 간장을 곁들인 국물라면 요리다. 돈가스의 크리스피한 빵가루가 국물에 배어 묘한 맛을 내며 국물과 면을 같이 먹으면 우리나라 상주식 잔치국수를 먹는 느낌이다. 버섯향과 스파이시한 맛이 나는 피노 누아, 메를로 품종의 미디엄 바디의 레드 와인과 잘 어울린다.

산테로, 안젤리 로소
Santero, Angeli Rosso

- **와이너리** Santero
- **생 산 국** 이탈리아
- **생산지역** 피에몬테
- **타 입** 스파클링
- **포도품종** 브라케토 100%
- **보 디** ●●○○○
- **용 량** 750ml
- **음용온도** 18~20℃

이탈리아 피에몬테에 위치한 산테로사는 이탈리아 스파클링와인인 스푸만테를 전문적으로 생산하는 가족회사다. 산테로사는 최신기술과 품질연구소를 구비한 양조장 및 우수한 인재를 바탕으로 소비자를 만족시키는 가격과 품질로 이탈리아 뿐만 아니라 해외시장에서 각광받는 스푸만테를 생산하고 있다. 브라케토 특유의 붉은 과일의 향이 풍부하고, 산딸기와 같이 달콤한 첫 맛과 새콤한 끝맛을 모두 가진 레드 스위트 와인이다. 톡톡 튀는 스파클링이 어우러져 입안에서 터지는 느낌이 산뜻하다.

애러건트 프로그 카베르네 메를로
Arrogant Frog Cabernet Merlot

- **와이너리** Paul Mas
- **생 산 국** 프랑스
- **생산지역** 랑그도크
- **타 입** 레드
- **포도품종** 카베르네 소비뇽, 메를로
- **보 디** ●●●●○
- **용 량** 750ml
- **음용온도** 18~20℃

프랑스 남부 랑그도크 지방의 주목받는 와인 생산자 도멘 폴 마스를 대표하는 와인 시리즈 '애러건트 프로그'. 프로그 와인 시리즈는 가격 대비 뛰어난 품질의 새로운 스타일의 프랑스 와인이다. 이 와인은 남프랑스의 풍부한 햇살을 듬뿍 받은 포도로 생산하여 진하고 생생한 붉은빛을 느낄 수 있다. 잘 익은 블랙베리의 신선하고 풍부한 향과 모카, 송로버섯, 스파이스, 바닐라의 향기가 어우러져 있고 균형잡힌 산도와 탄닌이 입안에 즐거움을 전한다.

사시미

Match Point

흰살 생선과 붉은살 생선은 그 맛과 향이 차이가 나므로 와인 선택의 폭이 매우 복잡하다. 생선요리와 잘 어울리는 시트러스 계열의 과일향이 풍부한 샤르도네 품종의 미디엄 바디의 화이트 와인과 풀 바디의 로제 와인과도 잘 어울린다.

오이스터 베이 샤르도네
Oyster Bay Chardonnay

- **와이너리** Oyster Bay
- **생 산 국** 뉴질랜드
- **생산지역** 말버러
- **타 입** 화이트
- **포도품종** 샤르도네
- **보 디** ●●●○○
- **용 량** 750ml
- **음용온도** 8~10℃

옅은 금빛에 잘 익은 감귤향과 부드러운 오크 터치가 느껴진다. 입안에서는 농축된 시트러스 계열의 과일향과 고소한 바닐라 맛 그리고 상큼함이 더해져 신선함이 전해진다. 미네랄 터치와 크리미한 텍스처가 복합적이며 훌륭한 구조감을 형성하고 있다. 상큼한 산미와 열대과일의 풍미가 돋보이는 매력적인 뉴질랜드 샤르도네.

아모니테 블랑 드 블랑 그랑 크뤼
Ammonite Blanc de Blancs Grand Cru

- **와이너리** Greg Linn Wines
- **생 산 국** 프랑스
- **생산지역** 샹파뉴
- **타 입** 화이트
- **포도품종** 샤르도네 100%
- **보 디** ●●●○○
- **용 량** 750ml
- **음용온도** 6~8℃

이 와인은 마치 수백만 개의 별을 담아놓은 듯한 작고 균일하며 지속성 있는 별들이 입안으로 쏟아진다. 마지막 잔을 따를 때까지 지속되는 버블은 '아모니테'의 등급을 다시 한 번 상기시켜 준다. 백도, 구운 빵 그리고 섬세한 미네랄이 복합적으로 이루어져 있고, 이런 복합성은 입안을 가득 채우고 생동감 있는 마지막을 장식해 준다.

지라시스시

Match Point

관동지방의 스시 요리로 잘게 썬 생선, 달걀부침, 오이, 양념한 채소를 초밥에 곁들여 위에 고명으로 김을 얇게 썰어 얹은 요리다. 샤르도네 계열의 품종 와인과 잘 어울리며, 연노란색이 감도는 풋풋한 미디엄 바디의 소비뇽 블랑과도 잘 어울린다.

마페이
Maffei

- 와이너리 Villa Maffei
- 생 산 국 이탈리아
- 생산지역 베네토
- 타 입 화이트
- 포도품종 피노 비앙코, 샤르도네
- 보 디 –
- 용 량 750ml
- 음용온도 8~10℃

이탈리아 동북부의 베네토 전체를 대상으로 조달한 포도로 만들어진 매우 프루티하며 신선한 흰 꽃의 향취가 배어 있는 와인이다. 과실의 신선한 느낌과 청명한 산도를 지키기 위해 스테인리스 스틸 탱크에서 저온 발효되었다. 가볍고 상쾌한 바디와 적당한 산도, 적당한 단맛이 이 와인을 누구나 즐길 수 있게 해준다.

오이스터 베이 소비뇽 블랑
Oyster Bay Sauvignon Blanc

- 와이너리 Oyster Bay
- 생 산 국 뉴질랜드
- 생산지역 말버러
- 타 입 화이트
- 포도품종 소비뇽 블랑
- 보 디 ●●○○○
- 용 량 750ml
- 음용온도 6~8℃

반짝이는 초록빛이 감도는 연노란색에 청사과, 풋풋한 풀향이 느껴진다. 풍부하고 우아한 아로마가 입안에서 전해지며 산뜻한 산도와 고급스러운 미네랄 터치가 훌륭한 밸런스를 이룬다. 특유의 청량감과 발랄함이 돋보이는 와인으로 뉴질랜드 소비뇽 블랑의 위상을 드높인 와인이다.

전복버터구이

Match Point

전복을 버터에 구워낸 요리로 부드럽고 쫄깃한 식감과 고소한 버터향이 어우러지는 요리다. 버터의 고소한 풍미가 우아함을 갖춘 샤르도네 품종의 미디엄 바디의 로제 스파클링 와인 및 미디엄 바디의 화이트 와인과의 조합은 밀레의 만종을 연상케 한다.

샤토 구맹 화이트
Chateau Goumin White

- 와이너리 Andre Lurton
- 생 산 국 프랑스
- 생산지역 보르도
- 타 입 화이트
- 포도품종 소비뇽 블랑, 세미용
- 보 디 ●●○○○
- 용 량 750ml
- 음용온도 8~10℃

선명하고 밝은 금빛을 띠며 꽃향기와 바닐라의 복합적인 아로마가 한데 어우러져 정교하고 상큼한 산도가 입안에서 훌륭한 밸런스를 이뤄 신선함을 느끼게 하는 와인이다.

카델 보스코, 퀴베 프레스티지 로제
Cadel Bosco, Cuvee Prestige Rose

- 와이너리 Cadel Bosco
- 생 산 국 이탈리아
- 생산지역 프란차코르타
- 수 입 사 나라셀라
- 타 입 스파클링
- 포도품종 피노 네로 75%, 샤르도네 25%
- 보 디 ●●●○○
- 등 급 DOCG
- 용 량 750ml
- 음용온도 8~9℃

카델 보스코의 기준을 완벽히 표현한 와인으로 화이트 스파클링의 섬세함과 레드 와인의 구조감을 담은 아름다운 와인이다. 레드와 화이트 품종을 별도로 양조해서 8개월간 정제시킨 후 마법과도 같은 블렌딩을 창조한다. 지하 셀러에서 12℃의 온도로 무려 30개월간 효모와 함께 숙성되는 이 로제와인은 스파클링 와인이 보여줄 수 있는 최상의 복합미와 품격, 우아함을 갖추게 된다. 탁월하고 섬세한 구조감이 인상적이며 싱그러운 붉은 과일향이 잘 배어 있다.

농어스테이크

Match Point

구운 농어와 채소를 곁들인 요리로 소스는 상큼한 레몬과 전분을 풀어 맛이 달고 상큼한 맛을 내는 담백한 요리다. 소스의 맛은 북경식 탕수육 소스와 비슷한 맛이 나며 샤르도네 품종을 기본으로 한 스파클링 와인이나 달콤하고, 열대과일향이 풍부한 풀 바디에 가까운 화이트 와인과도 잘 어울린다.

카델 보스코, 프란차코르타 퀴베 프레 스티지 375ml
Ca'del Bosco, Franciacorta Cuvee Prestige 375ml

- 와이너리 Ca'del Bosco
- 생 산 국 이탈리아
- 생산지역 프란차코르타
- 수 입 사 나라셀라
- 수상경력 –
- 타 입 스파클링
- 포도품종 샤르도네 75%, 피노 비앙코 10%, 피노 네로 15%
- 보 디 ●●●○○
- 등 급 DOCG
- 용 량 375ml
- 음용온도 8~9℃

카델 보스코의 기준을 가장 완벽히 표현한 와인으로 고소한 토스트향과 함께 배, 사과, 살구, 자두, 복숭아 등의 향이 코를 즐겁게 한다. 입안 가득 부드럽게 감싸는 섬세한 기포와 여운부의 바닐라와 버터의 흥취가 좋은 산도와 어우러져 우아한 스타일을 완성한다. 매우 조화롭고 신선한 고급 프란차코르타다.

카데 도크 샤르도네
Cadet d'Oc Chardonnay

- 와이너리 Baron Philippe de Rothschild
- 생 산 국 프랑스
- 생산지역 랑그도크
- 타 입 화이트
- 포도품종 샤르도네
- 보 디 ●●●○○
- 용 량 750ml
- 음용온도 8~10℃

'카데 도크'는 프랑스 남부에서 가장 오래된 와인 생산 지중 하나인, 랑그도크에서 생산되는 바롱 필립드 로칠 드사의 단일품종 와인이다. 연한 볏짚 색깔을 띠며 망고, 파인애플 등의 달콤한 열대과일향이 잘 느껴진다. 모난 데가 없고 튀지 않는 적당한 산도가 있으며, 미디엄 바디에 마시기 편한 화이트 와인이다.

돼지고기홍차찜

Match Point

일본 퓨전요리로 홍차를 이용한 돼지고기 찜요리다. 레몬 폰즈소스로 맛이 상큼하다. 말린 꽃 향과 후추, 계피 같은 스파이시한 향이 나는 피노 누아 계열의 미디엄 바디의 레드 와인과 감미로운 향이 감도는 미국산 진판델과 잘 어울린다.

켄달 잭슨, 빈트너스 리저브 진판델
Kendall-Jackson, Vintner's Reserve Zinfandel

- **와이너리** Jackson Family Wine
- **생 산 국** 미국
- **생산지역** 캘리포니아
- **타　　입** 레드
- **포도품종** 진판델, 시라, 메를로, 카리냥
- **보　　디** ●●○○○
- **용　　량** 375ml
- **음용온도** 16~18℃

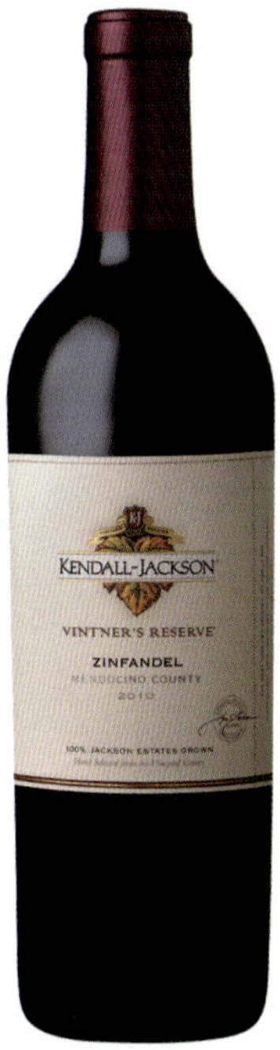

1982년 빈트너스 리저브 샤르도네로 시작한 잭슨 패밀리 와인은 꾸준히 성장하여 현재 미국, 프랑스, 이탈리아, 칠레에 포도밭을 소유한 대규모의 회사가 되었다. 켄달잭슨 빈트너스 시리즈는 켄달 잭슨의 대표적인 브랜드이며 자국 내 판매 1위를 차지, 국민 와인으로 자리매김하였다. 강한 라즈베리, 스파이스, 흰 후추의 향과 함께 감미로운 블랙베리와 스트로베리가 조화를 이룬다. 진판델의 견고한 탄닌과 삼나무향이 지속되며 여운이 긴 와인.

샌포드 피노 누아
Sanford Pino Noir

- **와이너리** Sanford Winery & Vineyard
- **생 산 국** 미국
- **생산지역** 캘리포니아
- **타　　입** 레드
- **포도품종** 피노 누아
- **보　　디** ●●●○○
- **용　　량** 750ml
- **음용온도** 14~16℃

샌포드 와이너리는 캘리포니아 센트럴 코스트의 산타 바바라에서 최초로 피노 누아를 생산한 선구적인 와이너리다. 산타 바바라 카운티는 최근 가장 주목받는 샤르도네와 피노 누아 산지가 되었고, 기존 스타일과는 차별되는 뛰어난 품질의 와인이 생산된다. 투명하게 빛나는 루비빛, 라즈베리, 체리, 말린꽃과 함께 후추, 계피 같은 스파이시한 향도 느낄 수 있다. 상쾌한 산도와 잘 익은 과일의 신선한 감미, 가벼운 탄닌이 조화를 이룬 와인이다.

삼겹살 데리야키

Match Point

데리야키 소스를 첨가한 삼겹살 구이에 파와 양파를 곁들인 요리다. 블랙베리향과 바이올렛향이 잘 어울리는 풀 바디의 레드 와인과 잘 어울린다. 육수, 진간장, 설탕, 파, 레몬으로 걸쭉한 농도로 졸여 만든 데리야키 소스는 일본식 소스 중에서 가장 무거운 맛을 낸다. 시트러스, 후추향이 강하게 느껴지는 론 지역의 샤토네프 뒤 파프와의 조합은 최고의 마리아주일 것 같다.

마르케제 안티노리 키안티 클라시 코리세르바
Marchese Antinori Chianti Classico Riserva

- **와이너리** Antinori
- **생 산 국** 이탈리아
- **생산지역** 토스카나
- **타 입** 레드
- **포도품종** 산조베제, 카베르네 소비뇽
- **보 디** ●●●●●
- **용 량** 375ml
- **음용온도** 16~18℃

'안티노리의 후작'이라는 뜻의 '마르케제 안티노리'를 생산하기 위해 안티노리사는 최고의 포도만을 엄선하여 가문의 위상을 지킨다. 진한 루비레드의 색상을 띠며 잘 익은 과일, 특히 블랙베리, 자두, 야생체리의 향이 풍부하다. 입안에서는 부드러운 탄닌과 좋은 구조감을 느낄 수 있다. 긴 여운은 이 와인이 지닌 숙성 잠재력을 일깨워 준다.

도멘 드 라 모르도레 뱅 드 페이 뒤가 르 르네상스
Domaine de la Mordoree Vin de Pays du Gard Renaissance

- **와이너리** Domaine de la Mordoree
- **생 산 국** 프랑스
- **생산지역** 론
- **타 입** 레드
- **포도품종** 메를로
- **보 디** ●●●●●
- **용 량** 750ml
- **음용온도** 18~20℃

강한 붉은빛에 붉고 검은 산딸기, 블랙베리 등의 과일향과 바이올렛의 아로마를 느낄 수 있다. 입안에 꽉 차며 감칠맛이 나고 충만하며 집중도와 긴 피니시를 느낄 수 있다. 소스를 곁들인 붉은 육류, 구운 고기류, 반 숙성 치즈류와 잘 어울린다.

〈참고문헌〉

강원철, 전문이탈리아요리, 다이어리알, 2017.

김대철, 와인과 음식, 한올출판사, 2009.

김상철, 서양조리, 지구문화사, 2012.

김한식, 현대인과 와인, 나래출판사, 2006.

김한원·박원규·이경훈, 이탈리아 정치와 경제, 대선문화사, 1994.

이탈리아 레스토랑의 200가지 요리집, 시전서점.

이탈리아 지방요리의 탐구, 시전서점.

최영준·서진우, 소믈리에 제2판, 대왕사, 2012.

최태호, 서양조리입문, 대왕사, 2004.

치즈의 지식과 응용, 주식회사구라푸사.

케빈 즈벨리, 와인바이블, 한스디어(주), 2008.

하라다, 이탈리아 와인북, 주식회사와인왕국, 2011.

http://blog.naver.com/formytears?Redirect=Log & logNo=100008711983

http://france.co.kr

http://Herbmall.co.kr

Paul Bouse, New Professional Chef, CIA, 2002.

Paul Hamlyn, Larousse Fastronomique, Reed International Books Ltd,. 1995.

〈참고문헌〉

[네이버 지식백과] 까바 [Cava](와인 & 커피 용어해설, 2009, 백산출판사)

[네이버 지식백과] 보트리티스 시네레아 [Botrytis Cinerea]
(와인 & 커피 용어해설, 2009, 백산출판사)

[네이버 지식백과] 샤또 [Chateau](와인 & 커피 용어해설, 2009, 백산출판사)

[네이버 지식백과] 아펠라시옹 [Appellation](외식용어해설, 2010.11.11, 백산출판사)

[네이버 지식백과] 안젤리카 [angelica, アンゼリカ](용어해설)

[네이버 지식백과] 탄소 메서레이션 [Carbonic Maceration]
(와인 & 커피 용어해설, 2009, 백산출판사)

나보영의 와인 기행 3, 미식의 도시, 산 세바스티안(San Sebastian), 2014.09.12.

남부론 Reserve de Armoiries 와인 메이커스 디너, 2014.09.17.

미국의 샤토 마고, 스파츠우드 와인메이커스 디너, 2014.09.17.

변용진, 와인전문기자, winemaster@wine21.com

보르도 일급 포도원, 샤토 무통 로칠드의 '필리핀 드 로칠드' 별세…(3), 2014.09.11.

일본 고슈(甲州) 와인의 본고장, 야마나시 현을 가다(1), 2014.09.17.

일본와인, 고슈, 야마나시, 카츠누마, 머스캣베일리A, 후지산.

http://user.chollian.net/~ljwoo1/diction.html

http://www.wine21.com/16_WineSchool/wineschool05_list.php

https://www.wine21.com/16_WineSchool wineschool05_list.php?Term1=N

http://blog.naver.com/winemaster1.do class='lime'
target=_blank>JUNO KIM'S WINE DIARY

부록

1. 체질에 맞는 음식과 와인

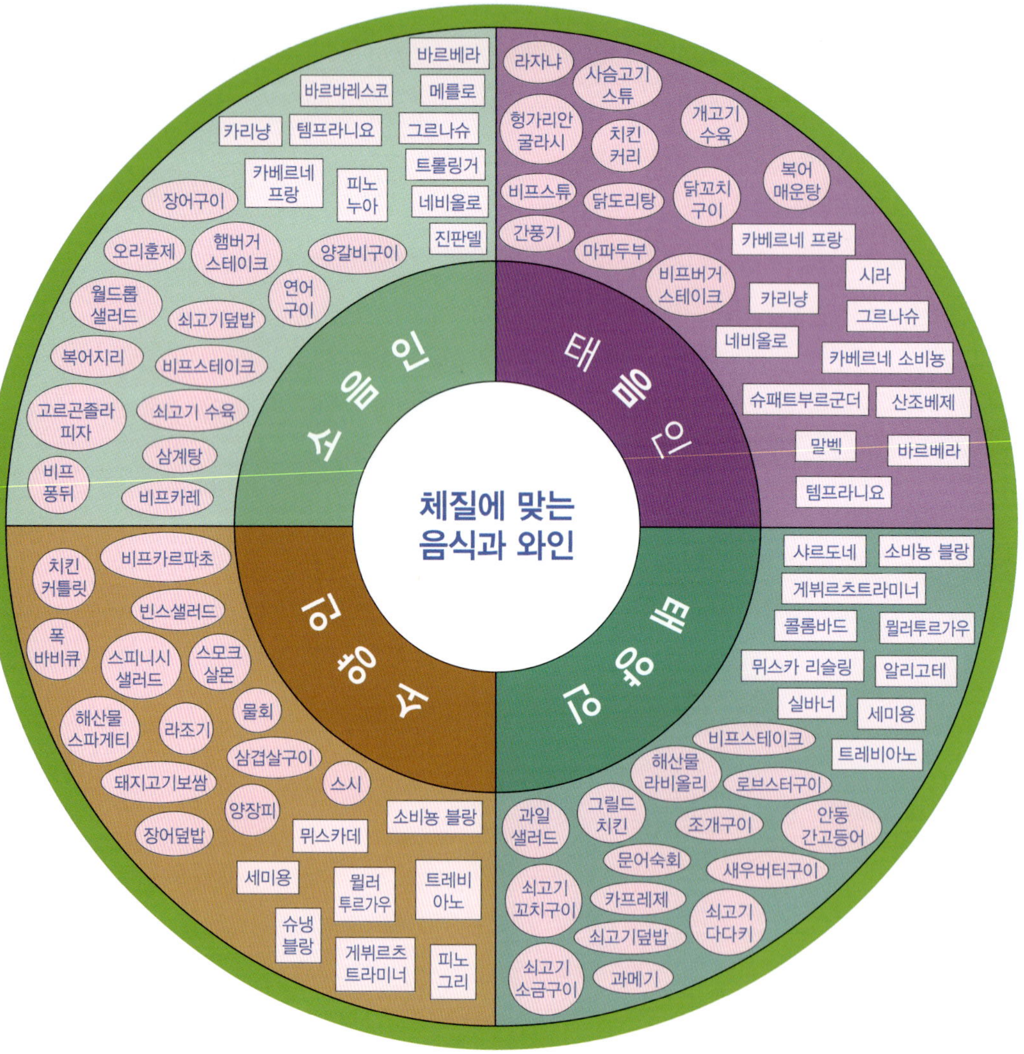

▶ 사상체질 및 음식과 와인의 조화

사상의학은 중국의 의학이 우리나라 사람에게 잘 맞지 않아 우리나라 현실에 맞게 한의학을 재구성한 이론이다. 필자는 한의학을 전공하지 않았지만 음식을 공부하면서 체질과 질병에 관심이 있어 사단법인 대한침구사협회에서 침술과 체질에 대한 공부를 하고 있으며, 우리 건강의 핵심인 먹고 마시는 것에 대해 일반적이고 객관적인 사항을 체질별로 서술하고자 한다.

사상의학은 체질별로 강한 장기의 기운을 돋우는 보식보다는 약한 장기의 기운을 높이는 보식이 좋다고 한다. 자기 체질에 맞는 올바른 음식과 와인을 소개한다.

지역 환경과 지역 먹거리에 따라 유전적인 형질이 형성되므로 그 지역의 재료로 만든 음식과 술이 잘 어울리게 된다. 현대인은 전형적인 사상체질에 속하는 사람은 드물고 거의가 복합적인 형태다. 왜냐하면 지금의 먹거리는 수많은 종이 혼재되어 있고, 식재료의 유통도 복잡하게 형성되어 예전의 뚜렷한 사상체질은 없지만, 이제마 선생님의 사람 체질의 구분에서 수곡지기(水穀之氣)와 발산지기(發散之氣)로 구분하는 기본적인 원리에 입각하여 서술하였다.

예를 들면 소음인 성질이 70%, 태음인의 성질이 20%, 소음인 10%, 이런 식으로 해석하면 좋다.

▶ 음인과 양인의 구별법

- 따뜻한 음식을 먹어 편하면 음인으로 본다.
- 시원하게 먹는 음식이 편하면 양인으로 본다.
- 더위를 잘 느끼고 땀을 많이 흘리면 양인이다.
- 갈증을 잘 못 느끼고 따뜻한 것을 좋아하면 음인이다.

▶ 사상체질의 특징

- 소양인의 특징: 시원한 음식을 먹으면 속이 편하다. 땀을 많이 흘리면 답답하거나 머리가 아픈 사람
- 소음인의 특징: 위가 약해 소화력이 떨어져 음식을 따뜻하게 먹어야 속이 편하고, 땀을 흘려도 잘 견디는 사람
- 태음인의 특징: 따뜻한 음식을 좋아하고, 땀을 흘리면 몸이 가뿐하고 상쾌한 사람
- 태양인의 특징: 체형은 야위었으나 소화력이 중간이고, 음식을 시원하게 먹으면 속이 편하고 땀을 흘리면 몸이 늘어지고 가슴이 답답한 사람

1) 소음인 체질의 특징

소음인은 수실토허(水實土虛)의 체질로서 신장, 방광의 기운은 실하고 중초비위(中焦脾胃)가 허약하고, 몸이 차며, 위가 약해 소화력이 떨어져 몸이 허약하다. 상체보다는 하체가 발달하여 위아래의 균형이 잘 잡혀 있다. 엉덩이가 크고 가슴둘레가 빈약하다. 피부가 부드럽고 땀이 적으며 침착하며 논리정연하다. 성격은 내성적이고 비사교적이며, 추진력이 약하다. 찬 음식은 가급적 먹지 말아야 한다.

<table>
<tr><th colspan="5">소음인</th></tr>
<tr><td></td><td>어울리는 식자재(따뜻한 성질의 식자재)</td><td>안 어울리는 식자재(찬 성질의 식자재)</td><td>잘 어울리는 와인</td><td>와인과 어울리는 음식(따뜻한 성질의 음식)</td></tr>
<tr><td>곡류</td><td>쌀, 현미, 찹쌀, 조, 통밀가루, 흰콩</td><td>보리, 팥, 메밀, 수수, 검은콩, 녹두, 율무, 땅콩, 검은깨, 들깨</td><td rowspan="4">피노 누아, 메를로, 카베르네 프랑, 카리냥, 진판델, 그르나슈, 네비올로, 템프라니요, 바르베라, 트롤링거, 바르바레스코</td><td rowspan="4">비프스테이크, 비프 퐁뒤, 연어구이, 고르곤졸라 피자, 비프카레, 월드롭 샐러드, 오리훈제, 장어구이, 쇠고기 덮밥, 햄버거 스테이크, 양갈비 구이, 삼계탕, 쇠고기 수육, 복어지리</td></tr>
<tr><td>과・채소류</td><td>양배추, 시금치, 양파, 마늘, 고추, 취나물, 가지, 호박, 사과, 귤, 옥수수, 감자, 고구마</td><td>수박, 멜론, 감, 곶감, 백포도, 잣, 배, 미나리, 셀러리, 도라지, 더덕, 참외, 당근, 오이</td></tr>
<tr><td>해산물</td><td>미역, 김, 다시마, 파래</td><td>흰살 생선, 조개, 새우, 게, 굴, 오징어, 낙지, 갈치, 고등어, 청어</td></tr>
<tr><td>육류</td><td>닭고기, 쇠고기, 개고기, 양고기, 염쇠고기, 노루, 꿩</td><td></td></tr>
<tr><td colspan="5">*과식을 삼가고 소식할 것, 감정 기복이 심하고 예민하니 마음을 느긋하게 하는 훈련이 필요함</td></tr>
</table>

2) 소양인 체질의 특징

소양인은 소음인과 반대로 토실수허(土實水虛)의 체질로서 비장, 위장의 기운은 실하여 음식을 잘 먹고 소화력은 좋으나 수기(水氣)가 약하여 몸은 덥고 잘 먹어 비만이 되기 쉬우며 양체질이라 성격은 쾌활하다.

비만이 되기 쉬운 체질이며 성격은 활달하다. 평소 열이 많고 성질이 급해 일을 꾸미고 추진하는 데 소질이 있고, 양인답게 추진력이 좋고 민첩하지만, 지구력이 부족한 편이어서 무슨 일이나 빨리 시작하고 빨리 끝내기 때문에 실수가 많을 수 있다.

소양인				
	어울리는 식자재 (찬 성질의 식자재)	어울리지 않는 식자재(따뜻한 성질의 식자재)	잘 어울리는 와인	와인과 어울리는 음식
곡류	쌀, 녹두, 보리, 검은색의 잡곡류, 통밀가루, 메밀, 검은깨, 들깨, 땅콩	붉은색 곡류, 찹쌀, 차조, 수수, 붉은팥, 율무, 현미, 옥수수	소비뇽 블랑, 세미용, 슈냉 블랑, 뮈스카데, 게뷔르츠트라미너, 뮐러투르가우, 트레비아노, 피노 그리	치킨 커틀릿, 폭 바비큐, 비프 카르파초, 빈스샐러드, 스피니시 샐러드, 스모크 살몬, 해산물 스파게티, 삼겹살구이, 돼지고기보쌈, 물회, 장어덮밥, 스시, 라조기, 양장피
과·채소류	배, 곶감, 백포도, 참외, 녹색채소, 시금치, 열무, 미나리, 셀러리, 신선초, 오이, 마늘, 연근, 토란, 우엉, 가지, 호박, 배추, 상추, 두릅, 씀바귀, 당근, 죽순	감자, 고구마, 도라지, 양파, 당근, 더덕, 사과, 귤, 오렌지, 레몬, 밤, 고추, 생강, 마늘, 파		
육류	흰살코기 돼지고기, 달걀, 오리고기	닭고기, 개고기, 노루고기, 양고기, 염소		
해산물	대부분 잘 어울림 가물치, 새우, 우렁이, 자라, 굴, 멍게	미역, 김, 다시마		
기타		녹용, 꿀, 생강, 카레, 후추, 겨자, 참깨, 참기름, 백설탕		

*더운 음식을 좋아하지 않으며, 겨울에도 찬 것을 좋아하는 특징이 있다. 급한 성미를 절제하고, 느긋한 행동을 습관화하여 건강을 유지해야 한다.

3) 태음인 체질의 특징

태음인은 목실금허(木實金虛)의 체질로 간장, 담의 기운과 허리가 발달하였다. 대장, 폐, 목, 위가 허약하며, 발산기능이 약하다. 외관상 골격이 굵고 키가 크며 비대한 사람이 많다. 사상인 중에서는 가장 체격이 큰 편이며, 특히 손발이 큰 편이 다. 피부근육이 실하며 이 체질은 어느 정도 땀을 흘려야 정상적인 건강이 유지되며 만약 땀을 전혀 흘리지 않으면 병적인 증세로 보아야 한다. 다른 체질에 비해 폐가 약하므로 호흡기 계통에 늘 주의해야 한다.

태음인				
	어울리는 식자재(따뜻한 성질의 식자재)	어울리지 않는 식자재(찬 성질의 식자재)	어울리는 와인	와인과 어울리는 음식
곡류	붉은 빛깔의 곡류, 쌀, 현미, 통밀가루, 찹쌀, 차조, 수수, 율무	검은 빛깔의 곡류, 메밀, 보리쌀, 흰 밀가루, 검은콩, 검은팥, 녹두, 검은깨, 들깨	카베르네 소비뇽, 시라, 카베르네 프랑, 말벡, 카리냥, 그르나슈, 산조베제, 네비올로, 템프라니요, 바르베라, 슈패트부르군더	비프스튜, 헝가리안굴라시, 치킨 커리, 사슴고기스튜, 라자냐, 비프버거스테이크, 개고기수육, 닭도리탕, 깐풍기, 복어 매운탕, 닭꼬치구이, 마파두부, 꼬리곰탕, 갈비탕, 사골곰국, 육개장
과・채소류	사과, 귤, 수박, 시금치, 양배추, 푸른 상추, 취나물, 마늘, 파, 양파, 생강, 호박, 연근, 마, 토란, 죽순, 당근, 매실	감, 곶감, 포도, 대추, 참외, 멜론, 모과, 배추, 케일, 신선초, 미나리, 숙주나물		
해산물	미역, 김, 다시마, 명태, 조리, 명란, 민어, 청어, 우렁이, 대구	흰살 생선, 게, 새우, 굴, 오징어, 문어, 낙지, 갈치, 꽁치, 삼치		
육류	쇠고기, 개고기, 닭고기	돼지고기		
*음의 체질이라 생각이 많음. 평소에 유산소운동을 통하여 땀을 발산하여 건강을 지키는 것이 좋다.				

4) 태양인 체질의 특징

태양인은 금실목허(金實木虛)의 체질로서 폐장, 대장의 기운은 강하며 몸매가 Y자형에 가깝다. 간장, 담의 기운은 허약한데 발산하는 기운은 강하고, 언변이 좋으며 먹기는 하나 살은 잘 찌지 않으며 고집이 세고 남의 말을 들으려 하지 않으나 성격은 쾌활하고 독선적이고 영웅심이 강하다. 태생이 강한 체질이나 성미가 급해 남의 잘못을 쉬이 용서하지 못하고 본인의 뜻이 성사되지 않으면 화가 나는 성격이라 마음병으로 고생하는 경우가 많다. 전반적으로 리더십은 있지만 독선적이다. 전체 사상인 체질 중에서 가장 수가 적은 체질이다.

<table>
<tr><th colspan="5">태양인</th></tr>
<tr><th></th><th>어울리는 식자재
(찬 성질의 식자재)</th><th>어울리지 않는 식자재(따뜻한 성질의 식자재 및 기름기 많은 식자재)</th><th>어울리는 와인</th><th>와인과 어울리는 음식(찬 성질의 음식)</th></tr>
<tr><td>곡류</td><td>쌀, 통밀가루, 보리, 검은팥, 검은콩, 호밀, 검은깨, 들깨, 메밀</td><td>찹쌀, 차조, 수수, 흰 밀가루, 흰콩, 율무, 땅콩</td><td rowspan="3">샤르도네, 소비뇽블랑, 세미용, 뮈스카, 리슬링, 실바너, 게뷔르츠트라미너, 뮐러투르가우, 트레비아노, 콜롬바드, 알리고테</td><td rowspan="3">비프스테이크, 쇠고기 꼬치구이, 쇠고기소금구이, 그릴드 치킨, 과일샐러드, 새우버터구이, 해산물 라비올리, 카프레제, 조개구이, 쇠고기 다다키, 로브스터구이, 안동간고등어, 문어숙회, 과메기, 쇠고기덮밥</td></tr>
<tr><td>과 · 채소류</td><td>배추, 양배추, 케일, 푸른상추, 취나물, 가지, 오이, 토마토, 배, 감, 곶감, 포도, 귤, 오렌지, 모과, 복숭아, 살구, 딸기, 바나나, 파인애플, 머루, 다래, 앵두</td><td>찬 과일류 참외, 멜론, 수박, 열무, 미나리, 셀러리, 사과, 밤, 대추</td></tr>
<tr><td>해산물</td><td>새우, 조개, 게, 굴, 오징어, 청어, 고등어, 김, 미역, 다시마, 붕어, 전복, 소라, 문어, 낙지, 주꾸미, 오징어, 해삼</td><td>붉은살 생선, 기름기 많은 생선</td></tr>
</table>

육류	담백한 쇠고기는 무난하다.	기름진 육류		
*음식은 더운 것보다는 차고 담백한 음식을 선호한다.				

부록

2. 와인 용어

◈ A

- **Abboccato** 이탈리아어로 '달콤한'이라는 뜻
- **AC/AOC** 프랑스 정부에서 규제한 와인등급 체계 또는 프랑스의 원산지 통제명칭 와인
- **Acidity(산도)** 와인이 숙성되어 가면서 생긴 산 성분에서 느껴지는 시큼한 맛
- **Aftertaste(애프터 테이스트)** 와인을 삼킨 후 입안에 남아 있는 맛의 느낌
- **Aging(숙성)** 최고의 와인을 생산하기 위해 특정 조건을 갖춘 환경에서 와인을 보관하는 것을 말한다.
- **Angelica(안젤리카)** 주로 호박색이고, 독특한 향이 거의 없는 달콤한 디저트와인을 말함
- **Annata(아나타)** 이탈리아어로 빈티지
- **Aperitif Wine(아페리티프 와인)** 식사 전 입맛을 돋우기 위해 가볍게 마시는 식전 와인
- **Appellation(아펠라시옹)** 특정한 포도가 자란 지역이나 지방을 말함. 미국의 경우 이 'Appellation'의 공식적인 용어는 American Viticultural Area(AVA)이고, 프랑스의 경우는 Appellation d'Origine

Controlee(AOC)이다.

- **Aroma(아로마)** 와인의 원료로 사용된 포도 자체에서 나오는 향기를 말함. 예를 들면 건포도 냄새, 흙냄새 등이다.
- **Astringency(수렴성)** 와인에 있는 탄닌에 의해 느껴지는 맛의 감각을 의미하며 주로 '떫다' , '쓰다' 등으로 표현된다.
- **Auslese(아우스레제)** 독일어로 '선택된'이라는 뜻을 지녔으며 독일에서 아우스레제란 잘 익은 포도송이만을 골라서 만들어진 와인이라는 특별한 의미가 있다.

◈ B

- **Bacchus(바커스)** 와인의 신. 신화 속에서 와인을 만들어낸 신이라고 알려져 있다.
- **Balance(밸런스)** 와인을 평가할 때 사용되는 용어. 산도, 당분, 탄닌, 알코올 도수와 향 등이 조화를 이룰 때 '밸런스가 있다'라고 말한다.
- **Beerenauslese(베렌아우스레제)** 독일어로 '선택된 열매'라는 뜻이며 좋은 포도알을 골라 만든 고가의 와인
- **Berry(베리)** 낱개의 포도알을 뜻함
- **Bianco(비앙코)** 이탈리아어로 화이트 와인
- **Blanc de Blancs(블랑 드 블랑)** 샤르도네와 같은 청포도품종으로 만든 화이트 와인이나 샴페인
- **Blanc de Noir(블랑 드 누아)** 피노 누아와 같은 적포도품종으로 만든 화이트 와인이나 샴페인
- **Blending(블렌딩)** 향미의 개선을 위해서 두 가지 이상의 와인을 혼합하는 과정
- **Body(바디)** 입안에서 느껴지는 와인의 무게감이나 점성도, 질감을 표현하

는 용어로 와인의 바디는 알코올, 글리세린, 당의 함량에 따라 달라진다.

- **Botrytis Cinerea(보트리티스 시네레아)** 특정한 기후조건에서 생기는 회색 곰팡이의 학명으로, 일명 귀부(고귀한 부패)를 만드는 곰팡이. 포도 껍질에 이 곰팡이가 자라면 포도 내의 수분을 증발시켜 당도가 높아지고 특별한 맛을 지니게 된다. 전 세계적으로 유명한 디저트 와인인 독일의 트로켄베렌스아우스레제나 프랑스의 소테른 등은 이 곰팡이 때문에 만들어진 와인이며 아주 적은 양만 만들어지기 때문에 매우 비싼 것으로도 유명하다.
- **Bouquet(부케)** 발효와 숙성과정에서 일어나는 와인의 화학적 변화에 의해 형성된 향기를 말하며 오크 향, 숯 향 등이 있다.
- **Brandy(브랜디)** 와인을 증류하여 만든 술
- **Brut(브뤼)** 가장 드라이(달지 않은)한 샴페인

◈ C

- **Cabernet Sauvignon(카베르네 소비뇽)** 전 세계적으로 가장 많이 재배되는 레드 와인의 대표 품종으로 껍질색이 진하고 두꺼우며 씨가 많은 것이 특징
- **Capsule(캡슐)** 코르크와 병 입구를 둘러싼 장식
- **Carbonic Maceration(탄소 매서레이션)** 포도알을 으깨지 않은 상태에서 발효 탱크에 이산화탄소를 넣고 발효시키는 것으로 색이 밝고, 과일 맛이 나며, 탄닌(Tannin)의 양이 적게 나옴. 보졸레 와인과 같이 영한 상태에서 마실 수 있는 와인을 만드는 데 주로 사용
- **Catawba(카토바)** 주로 미국 동부지역에서 생산되는 혼성 포도품종. 발포성 와인, 로제 와인, 과일 성향이 강한 화이트 와인 등을 만들 때 사용
- **Cave(카브)** 스페인에서 와인을 제조하여 저장하는 곳. 또는 샴페인 방식의 발포성 와인을 가리키는 말

- **Cellar(셀러)** 포도주를 저장·보관하는 시설이나 장소
- **Chablis(샤블리)** 프랑스 부르고뉴 지방의 최북단에 위치한 와인산지로 화이트 와인을 주로 생산
- **Champagne(샴페인)** 프랑스 샹파뉴 지역에서 생산된 스파클링 와인으로 샹파뉴 지방은 포도를 재배하기에 연평균기온이 매우 낮다는 악조건을 갖고 있지만, 오히려 이러한 기후조건 덕에 신맛이 강하고 세심한 맛의 와인이 제조될 수 있게 되었다.
- **Character(캐릭터)** 맛의 스타일을 이야기하는 와인 테이스팅 용어
- **Chardonnay(샤르도네)** 부르고뉴 지방과 샹파뉴 지방의 대표적인 화이트 와인품종으로 전 세계적으로 널리 재배되는 고급품종
- **Chateau(샤토)** 프랑스어로 성(Castle)이라는 뜻으로 와인과 관련해서는 '포도원'이라는 뜻으로 통용된다. 재배에서 병입까지 한 포도원에서 일어났을 경우 라벨에 샤토를 붙일 수 있다.
- **Chenin Blanc(슈냉 블랑)** 프랑스의 발 드 루아르 지방에서 많이 재배되는 화이트 와인용 포도품종으로 신선하고 매력적인 부드러움이 특징이며 껍질이 얇고 산도가 좋고 당도가 높은 편이다.
- **Chianti(키안티)** 이탈리아 토스카나 지역에서 생산되는 테이블 와인으로 중간 바디에서 풀 바디에 이르는 바디감을 가지고 있다.
- **Clarity(투명성)** 와인에 뿌연 느낌이나 침전물이 없이 투명한 경우에 사용되는 용어
- **Cognac(코냑)** 프랑스 코냑 지역에서 생산되는 브랜디 와인
- **Cork Charge(코르크 차지)** 자기가 보관하고 있는 와인을 전문 레스토랑에 들고 가서 마실 경우 서빙받는 조건으로 와인 가격의 일부, 혹은 병당 일정 금액을 내는 것
- **Cork(코르크)** 참나무 줄기의 겉껍질을 원통모양으로 잘라서 만들며 탄력

이 뛰어나 와인이 산화되지 않고 숨을 쉬게 도와주므로 와인병마개로 사용

- **Cru(크뤼)** 재배 또는 포도원을 뜻하는 프랑스어로 현대에는 높은 품질의 와인을 지칭할 때 사용

◈ D

- **D.O.C.(디오시)** Denominazione di Origine Controllata라 하여 이탈리아의 와인 인증 기준의 약자. 와인병 라벨에 이 등급이 부여되면 좋은 품질임을 인증하는 것이다.
- **D.O.C.G.(디오시지)** Denominazione di Origine Controllata e Garantita의 약자. 이탈리아의 DOC보다 높은 등급이자 최상급 카테고리에 있는 와인에 부여된다.
- **Decanter(디캔터)** 투명한 유리로 만들어진 바닥은 넓고 입구는 약간 좁은 큰 용기
- **Decanting(디캔팅)** 와인병 속 침전물을 제거하기 위해 와인을 조심스럽게 다른 병으로 옮겨 담는 과정. 와인의 향기를 살리고 부드럽게 만드는 역할을 하며 보통 와인을 서빙하기 1~2시간 전에 이루어진다.
- **Delicate(델리킷)** 와인의 향기나 아로마가 강하거나 진하지 않고 연하고 부드러운 경우 사용하는 테이스팅 용어. 섬세하다는 뜻이 있다.
- **Demi-sec(드미 섹)** 샴페인이나 스파클링 와인에 사용되는 용어. 중간 정도의 당도를 의미한다.
- **Dionysos(디오니소스)** 그리스의 와인의 신
- **Dolce(돌체)** 달콤하다는 의미의 이탈리아어
- **Doux(두)** 프랑스어로 스위트
- **Dry(드라이)** 당분을 느끼지 못할 정도의 건조한 와인

◈ E

- **Eiswein/Ice wine(아이스바인/아이스 와인)** 영하 7~10℃ 이상 내려간 상태로 10일간 유지되어 꽁꽁 언 포도를 한겨울에 수확하여 제조하는 와인이다. 농축된 꿀 같은 단맛과 함께 복합적인 향기를 선사한다. 독일, 캐나다 등지에서 생산되며 고가이다.
- **Elegance(엘레강스)** 와인이 진하지 않고 미묘하고 섬세할 때 사용하는 '우아하다' 라는 뜻의 용어
- **Elevage(엘레바주)** 프랑스어로 발효에서 병입까지의 전반적인 와인 제조과정을 뜻하는 용어
- **Enoteca(에노테카)** 이탈리아어로 와인숍 혹은 와인바를 뜻함
- **Ester(에스터)** 에스테르. 와인의 향을 형성하는 주성분

◈ F

- **Fattoria(파토리아)** 이탈리아어로 농장이란 의미이며 작은 규모의 포도밭을 말한다.
- **Fermentation(퍼먼테이션)** 발효. 효모에 의해 포도즙의 당분이 알코올로 분해되는 과정을 지칭하며 원래 말은 '열을 가하지 않은 상태에서 끓인다' 라는 뜻이다.
- **Finish(피니시)** 와인을 마신 후 입안에 남는 마지막 느낌 혹은 여운을 뜻하는 테이스팅 용어로 좋은 와인일수록 피니시가 길다.
- **Fino(피노)** 스페인어로 훌륭함을 뜻함
- **Flat(플랫)** 산미와 생동감이 결여된 밋밋한 와인을 플랫 와인이라 한다. 플랫 와인은 향이 좋다 해도 마시기가 어렵다. 스파클링 와인에서 플랫이라는 뜻은 와인에 탄산가스가 결여되었다는 뜻이기도 하다.
- **Fortified Wine(포티파이드 와인)** 주정강화 와인. 와인 양조과정에서 발효

도중에 브랜디를 첨가하여 알코올 함량을 높인 와인. 디저트 와인으로 많이 사용된다.

- **Full/Full-bodied(풀 바디)** 와인이 무게감이 있으면서 입안이 꽉 찬다는 느낌의 테이스팅 용어

◈ G

- **Gamay(가메)** 프랑스 보졸레 지방에서 주로 생산되는 대표적인 적포도품종
- **Gewurztraminer(게뷔르츠트라미너)** 향기로우면서 스파이시한 느낌도 있는 독특한 화이트 와인. 프랑스 알자스 지방에서 생산되는 것이 유명하다.
- **Gluhwein(글뤼바인)** 한겨울에 과일과 정향, 시나몬 등을 넣고 따끈하게 데워 마시는 달콤한 맛의 따끈한 와인. 프랑스에서는 뱅쇼(Vin Chaud)라 부른다.
- **Grand Cru(그랑 크뤼)** 프랑스 부르고뉴나 알자스 지방에서 최고급 포도원이나 최고급 와인을 만드는 마을을 가리킨다.
- **Grenache(그르나슈)** 프랑스의 론 지방과 프로방스와 같은 남부지역에서 많이 생산되는 레드 와인의 품종. 가뭄과 고온에 잘 적응하므로 호주와 캘리포니아에서도 많이 생산된다. 이 품종은 주로 다른 포도품종들과 혼합하여 풍부한 탄닌과 산미를 얻을 수 있도록 도와주는 역할을 한다.

◈ H

- **Hard(하드)** 지나치게 탄닌이 많고, 쓰거나 떫은맛이 강할 때 표현하는 테이스팅 용어
- **House Wine(하우스 와인)** 레스토랑에서 잔으로 판매하는 와인을 뜻한다.

◈ J

- **Jug Wine(저그와인)** 1.5리터 혹은 더 큰 용기에 담아서 저렴한 가격으로 판매되는 와인.

◈ K

- **Kabinett(카비네트)** 독일 와인 품질 등급에서 슈패트레제(Spatlese)보다 1단계 아래 등급의 와인. 약간의 단맛과 새콤한 맛이 잘 어우러지는 경쾌한 와인이다.

◈ L

- **Late Harvest(레이트 하비스트)** 늦수확한 와인을 의미한다. 포도 자체의 당도가 높아 주로 달콤한 디저트 와인을 만든다.
- **Legs(레그)** 와인 잔을 돌리면 글라스 표면에서 투명한 액체가 천천히 그리고 불규칙적으로 흘러내리는 것을 볼 수 있는데 이것을 와인의 '눈물' 또는 '다리(leg)'라 고 부른다. 와인의 알코올 농도가 높을수록 더 많이 흘러내린다.
- **Light(라이트)** 와인을 마신 후 입안에서 가벼운 느낌이 들 때 사용하는 테이스팅 용어

◈ M

- **Maceration(마세라시옹)** 포도 껍질과 과즙의 색상과 탄닌을 축출하는 작업으로 주로 레드 와인에 사용되는 방식
- **Madeira(마데이라)** 대서양에 있는 포르투갈 섬에서 생산되는 셰리(sherry)와 같은 달콤한 디저트 와인
- **Malbec(말벡)** 보르도의 레드 와인을 구성하는 주요 포도품종 중 하나

- **Malic acid(말릭 아시드)** 와인 발효과정에서 생기는 강한 산으로 2차적인 젖산 발효를 통해 대부분 사라진다.
- **Medoc(메도크)** 최고의 레드 와인을 생산하는 프랑스 보르도 내에 위치한 와인 생산 지역
- **Mellow(멜로)** 거칠지 않고 부드러운 느낌의 와인을 의미하는 테이스팅 용어
- **Merlot(메를로)** 보르도의 주요 포도품종 중 하나로 캘리포니아, 칠레, 호주 등 많은 곳에서 이 품종으로 고품질의 레드 와인을 만들고 있다.
- **Muscat(뮈스카)** 주로 달콤하고 풍부한 향과 맛의 디저트 와인을 만드는 포도품종

◈ N

- **Nebbiolo(네비올로)** 이탈리아의 피에몬테 지역에서 와인을 만들 때 사용되는 적포도품종
- **Negociant(네고시앙)** 와인 중개상. 와인을 구입하여 숙성, 블렌딩한 후 병입하여 판매한다.
- **Nero(네로)** 이탈리아어로 검다는 의미
- **Noble Rot(노블롯)** 귀부병. 주로 보트리티스 시네레아(Botrytis Cinerea)라고 하며 귀부와인이라는 훌륭한 디저트 와인을 만드는 유익한 곰팡이균
- **Nouveau(누보)** 프랑스에서는 햇포도로 와인을 만들었을 때 누보란 말을 사용한다. 대표적인 것이 보졸레 누보이며 프랑스에서는 매해 보졸레 누보 축제가 개최된다.

◈ O

- **Oak(오크)** 와인을 숙성하거나 보관할 때 사용하는 통을 만드는 나무의 종류. 오크통에서 숙성된 와인인 경우 좋은 탄닌과 바닐라향을 느낄 수 있다. 고급와인 양조시 많이 사용한다.
- **Oily(오일리)** 와인의 점성도가 끈적하거나 미끌거릴 때 사용되며 약간의 부정적인 뉘앙스가 있는 테이스팅 용어

◈ Q

- **Quinta(킨타)** 스페인어로 농장, 포도원을 뜻함

◈ R

- **Red Wine(레드 와인)** 적포도품종을 사용하여 포도 껍질에 있는 색과 타닌을 최대한 축출해 내는 작업을 거쳐 만들어진 루비와 같은 아름다운 색상을 지닌 와인. 오크통 숙성을 하고 출하하는 경우가 많다.
- **Remuage(르뮈아주)** 샴페인 양조과정 중 한 단계로 규칙적으로 병을 회전시켜 샴페인병 속에서 발생한 찌꺼기를 병목 입구에 모으는 작업
- **Rhein(라인)** 독일의 유명한 강 이름으로 라인강을 따라 포도원이 형성되어 있으며 독일의 유명한 와인들은 이 라인강을 따라 위치한 포도원에서 생산된다.
- **Rhone(론)** 프랑스 남부에 위치한 꽤 큰 규모의 와인산지 명칭
- **Rich(리치)** 와인의 맛과 향이 깊이가 있으며 전체적인 맛과 아로마가 풍부할 때 사용하는 와인 테이스팅 용어
- **Riesling(리슬링)** 화이트 품종으로 새콤달콤한 맛의 매우 훌륭한 와인을 만든다. 독일산이 유명하나 알자스, 호주 등지에서도 생산된다.
- **Rioja(리오하)** 스페인에서 가장 잘 알려진 테이블 와인 생산지역

- **Rosato(로사토)** 로제 와인이란 의미의 이탈리아어
- **Rose(로제)** 프랑스어로 핑크색 와인이라는 뜻. 전 세계적으로 사용되는 용어
- **Rosso(로소)** 레드 와인이란 의미의 이탈리아어

◈ S

- **Sangiovese(산조베제)** 이탈리아 토스카나 지방에서 생산되는 대표적인 적포도품종으로 키안티가 유명
- **Sangria(상그리아)** 스페인의 와인펀치로 레드 와인에 레몬·오렌지·설탕·소다수 등을 넣어 마시는 달콤한 맛의 음료
- **Sauternes(소테른)** 프랑스 보르도에 위치하고 있는 와인산지로 매우 고급스러운 달콤한 디저트 와인을 만드는 곳으로 유명
- **Sauvignon Blanc(소비뇽 블랑)** 드라이한 맛의 화이트 와인을 만드는 청포도품종
- **Sec(섹)** 프랑스어로 단맛이 없고 건조하다는 의미
- **Secco(세코)** 이탈리아어로 드라이하다는 의미
- **Semillon(세미용)** 그라브(Graves) 혹은 소테른(Sauternes)과 같이 보르도 지역에서 생산되는 포도품종 중 하나로 화이트 와인 제조 시에 사용
- **Semisecco(세미세코)** 약간 달콤한 맛을 의미하는 이탈리아어로 주로 스파클링 와인에 많이 사용된다.
- **Sherry Wine(셰리 와인)** 브랜디를 첨가한 달콤한 강화 와인
- **Smoky(스모키)** 와인에서 나무 연기와 같은 훈연의 향이 느껴질 때 표현하는 테이스팅 용어로 주로 오크통 숙성을 한 와인의 경우에 많이 느껴진다.

◈ T

- **Table Wine(테이블 와인)** 식사 시 함께 즐길 수 있는 와인을 의미한다. 14% 미만의 알코올 도수를 함유한 와인들을 이 범주에 넣고 있다.
- **Tannin(탄닌)** 와인을 마실 때 느끼는 껄끄럽고 떫은 맛이 바로 탄닌으로 인해오는 맛이다. 주로 적포도에서 발견되는데 포도의 껍질과 씨앗 등에서 생기며 오크통 숙성 시에 생기기도 한다. 탄닌이 풍부할수록 와인은 쉽게 변질되지 않는다.
- **Tastevin(타스트뱅)** 주로 은으로 만들어진 작고 납작한 잔으로 와인 테이스팅을 하기 위해 쓰인다.
- **Tasting(테이스팅)** 와인을 느끼는 것으로 와인의 색, 향기, 그리고 와인의 맛을 본다. 보통 와인을 평가할 때 테이스팅을 하게 된다.
- **Tempranillo(템프라니요)** 스페인의 대표적인 적포도품종. 주로 리오하 지방에서 생산된다.
- **Terroir(테루아르)** 포도가 자라는 데 영향을 주는 지리적인 요소, 기후적인 요소, 포도재배법 등을 모두 포괄하는 단어다. 가장 근본적인 요소인 토양뿐만 아니라 기후, 강수량, 토질, 지역의 지방색 등 복합적인 요소들이 한데 모여 테루아르를 형성하게 된다.
- **Tokay(토카이)** 헝가리에서 생산되는 화이트 스위트 와인. 귀부 영향을 받은 포도를 가지고 만든 고급 디저트 와인이다.
- **Trockenbeerenauslese-TBA(트로켄베렌아우스레제)** 건조된 포도만을 엄격하게 선별한다는 의미이며 독일 품질등급에 사용된다. 귀부 영향을 받은 포도를 가지고 만드는 매우 고급스럽고 값비싼 디저트 와인이며 강하게 농축된 듯한 달콤함과 복합적인 향기를 가진 매력적인 걸작품이다.

◈ V

- **Vin Chaud(뱅쇼)** 따끈하게 데워 먹는 달콤한 와인을 칭하는 프랑스어
- **Vin de Pay(뱅 드 페이)** 프랑스의 와인등급에서 Vin de Table과 VDQS 사이의 등 급
- **Vin de Table(뱅 드 타블)** 프랑스의 와인등급에서 최하위에 있는 등급의 와인
- **Vin Santo(빈 산토)** 성스러운 와인이란 의미를 지닌 이 와인은 수확 후 말린 포도를 가지고 매우 달콤한 와인을 만든다. 토스카나의 전통 와인이다.
- **Vin(뱅)** 와인이란 의미의 프랑스어
- **Vina(비나)** 포도원이란 의미의 스페인어
- **Vineyard(빈야드)** 포도밭, 포도원
- **Vino Bianco(비노 비앙코)** 화이트 와인이라는 뜻의 이탈리아어
- **Vino(비노)** 이탈리아어·스페인어로 와인이라는 뜻
- **Vintage(빈티지)** 포도가 수확된 해를 의미
- **Vintner(빈트너)** 포도 재배자

◈ W

- **Wein(바인)** 독일어로 와인이라는 뜻
- **Weingut(바인굿)** 독일어로 와이너리라는 뜻
- **White Wine(화이트 와인)** 주로 청포도를 사용하며 가끔씩 레드 품종을 사용하는 경우도 있다. 화이트 와인의 경우 신선한 상태에서 포도과즙만을 짜내어 상큼하고 가벼우면서도 신선한 맛을 내는 경우가 많다.
- **Wine Maker(와인 메이커)** 양조장에서 와인 제조를 책임지는 사람으로 포도주의 발효, 숙성, 그리고 병입작업까지 책임진다.
- **Wine(와인)** 포도즙의 발효에 의해 생산된 알코올이 있는 음료. 그러나 와

인에 대한 정의는 각 나라별로 약간씩 다르다.

- **Winery(와이너리)** 와인을 제조하는 곳.

◈ Y

- **Yeast(이스트)** 와인을 만드는 과정에서 꼭 필요한 곰팡이과에 속하는 효모로 당분을 분해하여 알코올로 변화시킨다.
- **Young(영)** 와인이 충분히 숙성되지 않았을 경우에 사용하는 테이스팅 용어

◈ Z

- **Zinfandel(진판델)** 캘리포니아에서 널리 생산되는 포도품종으로 레드 와인을 제조할 때 사용된다.

▣ 저자 소개

강 원 철

현)혜전대학교 호텔조리외식계열 교수

순천향대학교 관광경영학 박사

서울 힐튼호텔 이태리식당 근무

㈜본뽀스또 이탈리아 전문레스토랑 주방장 & CEO

〈저서〉

전문 이탈리아 요리, 다이어리알(공저)

박 인 수

현)대전과학기술대학교 식품조리계열 교수

경기대학교 관광대학원 박사

서울 프라자호텔 조리부 근무

조리기능장

〈저서〉

전문 이탈리아 요리, 다이어리알(공저)

이 기 섭

현) ㈜와이넬 전무

(사)한국관광학회 이사

청운대학교 겸임교수

강릉원주대학교 관광학 박사

밀레니엄서울힐튼호텔 식음료부장

한국호텔리조트학회 이사

조 재 덕 현) 한국호텔관광실용전문학교 호텔소믈리에&바리스타 전임교수
경기대학교 일반대학원 호텔경영학 석사
한국외식음료협회 수석부회장 / 와인위원장
(주)한화호텔&리조트 식음사업부 근무
〈저서〉
에센스 메뉴관리론, 지구문화사(공저)
Wine 소믈리에(Sommelier) 와인의 세계, 백산출판사(공저)

최 태 호 현)혜전대학교 호텔조리외식계열 교수(서양식 전공장)
한국외식산업교수협의회 부회장
한국외식경영학회 부회장
서울 힐튼호텔 조리부 근무(Ass't Chef)
〈저서〉
최신서양조리기술

와인과 음식 Wine & Food

2018년 08월 19일 초판 2쇄 발행

지 은 인　강원철 · 박인수 · 이기섭 · 조재덕 · 최태호
펴 낸 곳　(주)다이어리알
교 정　편집부
디 자 인　영애드

저자와의 합의하에 인지 생략

등 록　2009년 2월 19일 제320-2009-8호
주 소　서울시 서초구 방배천로 24길 25번지 시현빌
전 화　02-536-4912
팩 스　02-533-8075
홈페이지　www.diaryr.com

ISBN　978-89-98740-19-1
값　28,000원